中国文化科技融合战略发展研究报告

文化和科技融合有效机制的探索与创新

主编　宋洋洋

中国人民大学出版社
·北京·

图书在版编目（CIP）数据

中国文化科技融合战略发展研究报告 ：文化和科技融合有效机制的探索与创新 / 宋洋洋主编. -- 北京 ：中国人民大学出版社，2025. 2. -- ISBN 978-7-300-33680-0

Ⅰ. G12

中国国家版本馆 CIP 数据核字第 2025WK2236 号

中国文化科技融合战略发展研究报告

文化和科技融合有效机制的探索与创新

主编　宋洋洋

Zhongguo Wenhua Keji Ronghe Zhanlüe Fazhan Yanjiu Baogao

Wenhua he Keji Ronghe Youxiao Jizhi de Tansuo yu Chuangxin

出版发行	中国人民大学出版社		
社　　址	北京中关村大街 31 号	**邮政编码**	100080
电　　话	010－62511242（总编室）		010－62511770（质管部）
	010－82501766（邮购部）		010－62514148（门市部）
	010－62515195（发行公司）		010－62515275（盗版举报）
网　　址	http://www.crup.com.cn		
经　　销	新华书店		
印　　刷	唐山玺诚印务有限公司		
开　　本	720 mm×1000 mm　1/16	**版　　次**	2025 年 2 月第 1 版
印　　张	14.5	**印　　次**	2025 年 2 月第 1 次印刷
字　　数	191 000	**定　　价**	79.00 元

编委会

编写单位

中国人民大学创意产业技术研究院

支持单位

中国（南京）文化和科技融合成果展览交易会组委会

江苏文创文化发展有限公司

重庆市永川区人民政府

重庆云谷·永川大数据产业园

中国人民大学文化科技园西部分园

腾讯可持续社会价值事业部（简称 SSV）

腾讯研究院

目录

第一部分 **中国式现代化文化科技融合的关系、逻辑与演进** 001

一、文化科技融合的范畴、演进与价值 001

二、文化科技融合的发展现状与支撑体系 016

三、文化科技融合的难点与关键节点 041

四、中国式现代化语境下文化科技融合的新阶段 051

五、文化科技融合观点拾遗 084

第二部分 **中国式现代化文化科技融合典型场景探索** 153

一、重点应用领域——文化遗产数字化的“探元”探索 153

二、重点产业集聚——重庆云谷·永川大数据产业园 194

三、重点展示平台——中国（南京）文化和科技融合成果展览交易会 210

附 录 **文化科技融合重要政策梳理** 221

第一部分

中国式现代化文化科技融合的关系、逻辑与演进

一、文化科技融合的范畴、演进与价值

（一）文化科技融合的研究综述

1. 文化科技融合的概念内涵

党的二十大报告提出了建成科技强国、文化强国的目标。加快建设社会主义文化强国、科技强国已成为全面建成社会主义现代化强国的重要路径。文化和科技融合作为文化自信和科技自立自强的重要支撑，已成为“双循环”背景下提升我国经济发展效能的重要引擎。文化和科技两大领域相辅相成、协同共生，在不断推动我国经济发展转型升级的同时，相互渗透，打破传统产业发展壁垒，使传统产业的边界与范畴日益模糊。目前，学界、业界尚未在文化科技融合领域形成共识性看法和进行概念定义。

从文化科技融合的时代要义来看，陈少峰（2013）强调文化与科技融合，尤其是数字文化产业的发展已经成为文化产业发展模式的新方向[①]；于平（2014）也认为文化科技融合创新的内在机理和路径选

① 陈少峰．以文化和科技融合促进文化产业发展模式转型研究．同济大学学报（社会科学版），2013（1）.

择已成为新的经济发展方向[①]。文化与科技的深度融合已成为不可避免的时代浪潮。可见，凭借强大的后发力量，文化科技融合已成为文化数字化转型过程中的重要驱动力。

从文化科技融合的概念来看，我国学者多从文化科技融合的文化价值、经济学意义和整体发展入手进行定义。从文化价值的角度出发，姜念云（2012）认为，文化科技融合是整合各类文化元素、内容、形式和服务，并与科学技术实现有机结合，从而提升产品的价值和品质，更好满足人民精神和物质文化需求的创新过程。[②] 傅才武和李国东（2015）从文科两层价值入手，认为文化科技融合以文化内容为核心，通过现代科技创新文化生产、传播和服务的方式，在这一过程中提升了文化和科技双方的价值内涵。[③] 崔木花（2015）更强调科技对文化价值的提升作用，认为文化科技融合是以文化内涵为核心，运用现代科学技术，充分展示和创新文化的内容和形式、创新文化服务方式及提升文化体验，使文化产品被赋予更强的传播力、感染力和吸引力，从而创造更大价值的过程。[④] 学界对文化科技融合发展对文化内涵价值的提升功能已形成基本共识。从经济学意义来看，彭英柯和宋洋洋（2013）从产业融合角度出发，认为文化科技融合的实质是产业融合，是文化产业依托技术产业的技术手段或产出结果，拓宽传统文化产业的表现形式和传播手段，提升文化产业的服务水平，并催生新的文化产品乃至文化业态。[⑤] 尹宏（2015）强调，文化科技融合是科技与文化本体形态的融合，二者经过交叉重组后融为一体，更新了文化的技术形态，并改变了文化的经济形态，可以看作是一种由技

① 于平．城镇化进程与文化科技融合创新．艺术百家，2014（6）.

② 姜念云．文化与科技融合的内涵、意义与目标．中国文化报，2012-02-14（3）.

③ 傅才武，李国东．促进文化科技融合的模式与政策路径分析．艺术百家，2015（6）.

④ 崔木花．文化与科技融合：内涵、机理、模式及路径探讨．科学管理研究，2015（1）.

⑤ 彭英柯，宋洋洋．文化科技融合理论研究——基于产业融合机制角度的分析．经营与管理，2013（8）.

术诱发的产业发展模式。[①] 综上，在文化和科技相互渗透、跨界融合的过程中，数字技术对文化产业的深度赋能将引发行业质变，作为底部驱动力的科技创新正在逐步拓展文化产业的业态范围、表现形式与经济形态。

通过对学界、业界流传范围较广、使用频次较高的概念进行总结创新，我们可以认为文化科技融合是以文化内容为核心关键、以科学技术为重要载体和表现形式，能够通过创新文化产品、改进生产链条、提升文化体验、催生新型业态等层面释放文化内核潜力、拓展文化产业边界的增值过程。

2. 文化科技融合的研究范畴

文化科技融合是文化领域和科技领域不断融合和相互渗透的过程，对其的研究可从融合主体、融合对象、融合技术和融合场景四个层面入手。从融合主体来看，文化科技融合的主体应包含文化产业上游的内容供给商、中游的内容创作加工和产品生产商及下游的内容传播与产品销售等环节的主体，具体应包括文化科技类企业、文化和科技融合基地、高校研究院所等具有一定规模和实力的主体，以及工作室和个人等小规模、分散式主体。技术侧的技术供应商、技术服务商等支撑链条也应是文化科技融合研究的重点和关键。在融合对象方面，科技对文化产业的赋能给文化产业带来了美学展示和视觉形式的革命，文化产业的思维形式、生产方式、展现模式和传播途径等都将实现数字化转型，与文化科技融合相互促进。在融合技术方面，文化科技融合突破了以往科技圈层与文化圈层信息、技术、资源互通的壁垒，能够为文化产业发展匹配相应领域的前沿技术。技术研究内容包括思维拓展技术池、内容创作工具池、产品转化应用池和传播推广技术池，四大池的应用技术能够实现互联互通，加速文化科技融合进程。在融合场景方面，在技术支持下，文化科技融合不仅能够拓展文

① 尹宏．文化科技融合促进文化产业发展研究．江西社会科学，2015 (4).

化产业、文化事业的内部场景，还能够打破文化圈层场景壁垒，加速跨产业场景融合，主要包括影视、游戏、动画、会展等文化产业场景和文化馆、博物馆、学校等文化事业场景。

3. 文化科技融合的动力系统

文化和科技的融合已成为建设“数字中国”的必然要求，也是建设社会主义文化强国的必经之路。纵观市场发展，科技和文化遵循着协同、耦合的发展模式，以政策支持、市场引导、思想转变为代表的外源动力和以科技创新、需求迭代为代表的内源动力共同组成推动文化和科技深度融合的内外动力系统。

（1）外源动力。

在外源动力层面，政策、市场和社会三大关键增强文化科技融合支撑力。

政策支持是实现文化科技融合的关键动力，为文化科技融合发展提供了明确的方向指引和活力保障。一方面，政策保障能够引导文化科技融合发展。近年来，我国对文化和科技融合发展的重视程度日渐提升，2019 年科技部等六部门印发的《关于促进文化和科技深度融合的指导意见》提出了加强文化共性关键技术研发、完善文化科技创新体系建设、加快文化科技成果产业化推广、加强文化大数据体系建设等八大文化科技融合任务，是文化科技融合发展的“导航灯”。另一方面，政策激励是文化科技融合实现高速发展的活力保障。政府通过税收减免、财政补助等方式托底“文化产业＋科技”发展，通过多套“组合拳”协助规避文化科技融合的市场风险，进一步激发了文化企业、事业单位等文化生产创作主体的内容创作生产欲望。

作为社会发展的关键动能，数字经济从主体吸引和供需匹配等方向为文化和科技融合发展注入市场动力。在主体吸引方面，中小型文化企业是数字经济发展的关键主体，也是文化科技融合实现创新性、灵活性发展的重要空间载体。在新旧动能快速转换的背景下，数字技术开始向文化各领域渗透，文化产品市场出现了一批创新能力强、技术含量高、内容涵盖全的新型产品，在带动产品市场活跃的同时，也契合了消费者日益增长的对个性化、碎片化和多样化文化产品的需求。在数字经济背景下，供需链条的发展成为文化科技融合的重要动力。

此外，思想解放和社会观念的转变为文化科技融合发展提供了适宜的土壤和气候。数字技术的不断发展夯实了我国基础信息教育，传统“纸上教学”的方式逐渐走向智能化、数字化和虚拟化，加速了思想解放。业界、社会等主体对文化和科技融合的理念观念也从“被动接受”走向“主动拥抱”。数字技术和文化内涵双向渗透、融合共生的发展是社会思想的选择。

(2) 内源动力。

在内源动力部分，数字技术和社会需求共同推动文化产业内部供需转型。

科技是第一生产力，更是推动文化科技深度融合的核心驱动力。科学技术正在渗透资源整合、产品生产和营销传播等文化产业的关键环节，推动实现“文化＋科技”的深度融合发展。大数据、人工智能(AI) 等数字技术的迭代为文化资源“上云用数”提供了重要途径。数据整合和分析能力的提升则助力文化多层次、跨领域、跨圈层的数据整合应用。数字技术的进步为文化产品生产带来了革命性转变，文化产品或服务的科技含量与文化需求存在正向关联，并决定了文化产品的社会吸引力。如运用了虚拟摄制等技术制作的《阿凡达：水之道》《流浪地球 2》等影片通过延伸消费者的感知力，为消费者提供了视听盛宴。电视、广播、报纸等传播媒介正呈现多媒体融合发展趋势，以突破传统文化传播形式的表现手法，拓展了文化的社会触及面。

在社会需求方面，数字技术助力文化产品满足个性化、碎片化和多元化的消费需求，助力释放消费动能。在低欲望社会，消费者的消费倾向逐渐从以“大牌意识”为主导的物质消费转向以“情怀性”“实用性”等为主导的精神消费。在此环境下，数字技术能够赋能文化产品生产链条，改变传统文化产品生产的大规模、同质化模式，实现“千人千面”的产品生产模式，契合消费者对文化产品的精神需求，带动市场消费。

（二）文化科技融合的两条主线、四个方向、六大领域

文化科技是一个不断融合、发展和演进的概念，我们可以从微观创新、文化发展、产业组织、创新链条、重点业态等多个视角来描述，但每个视角似乎都难以全面涵盖其动态变革的范围，这也是理论界、产业界至今缺乏共识定义的原因。因此，本书并不对文化科技融合下限定性定义，而是把它作为一个历史发展、宏观变化的范畴尝试进行描述。

从文化生产力发展的角度看，从最初的社会性文化事业，到如今相对体系化的文化产业，再到下一步文化与经济发展高度融合，其内核是以科技为工具、载体，将文化生产力释放成具体业态，促进交易形成，达到双效统一。从科技发展的角度看，从数字化到信息化再到智慧化，文化和军事一直是最先应用、深度结合的领域。因此，文化科技是依托现代信息技术的泛文化领域的工具集、载体集、业态集、交易集。

文化科技融合依托“科技进文化”和“文化进科技”两条主线，形成了四个方向：一是新科技与新生活方式交融催生文化新业态；二是科技改造现有文化业态，助力现有文化产业升级；三是新技术让公共文化资源效能释放，进入消费领域；四是利用科技将文化元素融入实体经济和制造领域。根据这四个方向，文化科技融合形成了六大重点领域：数字内容、影视出版、文化展演、文化旅游、公共文化、创意设计。

（三）文化科技融合进入新阶段——文化数字化阶段

随着 5G、人工智能、大数据中心、云计算、物联网等“新基建”日渐完善，新一轮的技术革命正在深度影响和重构文化的形态、结构

和价值追求。文化产业当前处于由“量”到“质”跃升的关键期，产业变革呈现出多领域、多产业和多区域迭代更新的发展特征。政策规划、技术革命和产业变革合力推动我国文化科技融合进入新阶段——文化数字化阶段。这个阶段呈现出四个新的特征：

1. 文化数字化成为文化强国建设和数字经济发展的交叉领域

近年来，我国对文化强国、科技强国及数字经济发展作出了新部署：一方面，党的二十大报告强调要实施国家文化数字化战略，紧抓数字时代发展契机，以文化数字化推动文化强国建设；另一方面，中共中央办公厅、国务院办公厅印发《关于推进实施国家文化数字化战略的意见》，文化数字化首次上升为国家战略，该意见也成为推动文化领域“产业数字化、数字产业化”的指导性文件。国家对文化数字化的重视程度不断提升，这是坚定不移实施文化体制改革、促进文化事业繁荣与文化产业高质量发展的必由之路。

文化与科技的融合将会改变传统文化的保护与传承方式，赋予传统文化新的时代生命力；将会重塑文化产业链条和商业模式，引领文化产业高质量发展；将会通过对外输出发达形态的文化产品，形成真正的文化软实力。

《关于推进实施国家文化数字化战略的意见》提出八项重点任务，包括关联形成中华文化数据库、夯实文化数字化基础设施、搭建文化数据服务平台、促进文化机构数字化转型升级、发展数字化文化消费新场景、提升公共文化服务数字化水平、加快文化产业数字化布局、构建文化数字化治理体系。这些政策和指示，为文化科技融合进入文化数字化阶段注入了一针强心剂，为其奠定了发展基调，指明了发展重点，树立了新定位，明确了新方向。

2. 文化科技融合开始向实体经济领域辐射

过去，文化科技融合以“科技进文化”为主，主要表现为新科技在文化领域集成应用，以提升公共文化服务效能、促进传统文化产业转型升级、推动文化新业态萌生发展。最近几年一个特别明显的变化就是文化以科技为载体逐渐融入实体经济、城市更新、乡村振兴领域，成为推动经济社会发展的新引擎，更好地满足了人们日益增长的美好生活需要。

具体而言，文化科技融合领域不断发展，产业规模不断扩大，疫情后文化领域产业发展逐渐向好，文化科技融合在后疫情时代发挥了推动经济增长的重要作用。根据国家统计局数据，2022 年，我国文化企业实现营收 121 805 亿元，较上年增长 0.9%。同时，数字经济作为文化科技融合的重要应用领域，日益成为经济增长的新引擎。根据《中国互联网发展报告 2022》，2022 年我国数字经济规模已达 50.2 万亿元，总量稳居世界第二，同比增长 10.3%，占 GDP 的比重已提升至 41.5%。数字经济已成为我国经济增长的关键核心动力。

3. “元宇宙”从概念走向现实

随着 5G、人工智能、大数据中心、云计算、物联网等“新基建”的布局和完善，新一轮的技术大爆发将加速科技向文化产业渗透；3D 建模与重建、空间和边缘计算、脑机接口（BCI）等技术的落地应用正在不断拓展现实生活空间；文化科技融合自主创新步伐不断加快，“元宇宙”从概念走向现实。

一是概念成型。“元宇宙”是数字文化产业应用场景乃至文化和科技融合领域的一个全新概念，也是数字文化产业集大成的生态系统。二是产业加速，头部企业纷纷布局。Roblox、Facebook、Epic Games、腾讯、字节跳动等企业纷纷加速完善元宇宙生态。三是“双侧”推动助力快速发展。需求侧方面，疫情影响推动虚拟世界发展需求增长；技术侧方面，5G、云计算、扩展现实（XR）、数字孪生等元宇宙底层技术助力元宇宙布局。四是资本追逐成为投资热点。被称为“元宇宙第一股”的游戏公司 Roblox 上市首日股价上涨 54.4%，市值超过 400 亿美元。中青宝、汤姆猫等元宇宙概念股全线爆发。

4. 文化科技成为消费再升级的主动力

2022 年是我国数字经济全面发力的关键之年。我国消费市场随着疫情形势的不断向好，呈现全面恢复的态势，全年消费支出拉动GDP增长1.0个百分点。作为拉动经济增长的“三驾马车”之一，消费对经济增长的贡献率达到32.8%，消费仍是经济发展的重要驱动力。在此背景下，一方面，文化助力消费跃迁，文化为消费注入美学创意、设计创新等，助力消费需求从“物质型”向“精神型”跃迁；另一方面，科技助力文化植入，全新消费群体、消费偏好、场景偏好要求数字技术作为催化剂，将文化元素导入消费领域，提升消费品质。

5. 文化数字化加速中华文化全景呈现

国家文化数字化战略实施的重要目标之一是实现中华文化的全景呈现，进而达到中华文化的全民共享，其中，立足于文化数字化基础之上的媒体融合成为推动这一目标实现的关键。媒体融合通过多种媒体形式，包括文字、图片、音频、视频等，呈现信息和故事，使得中华文化的展现形式更加丰富多元，给予观众更多的参与感。

具体来说，跨媒体叙事、数字图书馆和文物数字化这三个方面在助力中华文化全景呈现中起到了关键作用。跨媒体叙事可以借助不同的媒体形式共同讲述一个故事，将历史事件、人物、场景等以多元化的方式呈现出来，让观众有更多的参与感和体验感。比如，对于一个历史事件，可以通过文字介绍其背景和进程，通过图片展示其场景和人物，通过音频播放当时的音乐或语言，通过视频模拟事件的发生，这些方式有效增强了历史的真实感和生动感。数字图书馆能将传统的图书馆资源进行数字化处理，形成拥有多种媒体内容的数字化信息资源，通过为用户提供方便、快捷、高水平的信息化服务，加速文化信息资源在社会公众层面的展示、传播和分享。文物数字化借助数字孪生等各类相关技术将文物信息记录下来，实现对文物信息的数字化存储，然后对数据进行解构、分析和重组，开展深层次利用，满足文物数字化保护和展示需求，实现文物资源的信息共享和传播。

（四）文化数字化的边界与演进

文化数字化生态体系包含要素层、核心层和应用层三个层面：要素层内是标准化、可流通、可交易的文化数据，构成文化数字化的生产资料；核心层内是文化数字化技术全程贯穿的文化产业链、版权价值链、科技创新链“三链”融合体系，构成文化数字化的生产过程；应用层是文化数字化成果广泛应用的智能化实体空间和虚拟空间，构成文化数字化的应用场景。由此推出，文化数字化生态体系是文化数据资产化、文化产业数字化和文化空间智能化“三化融合”的生态系统（见图 1-1）。

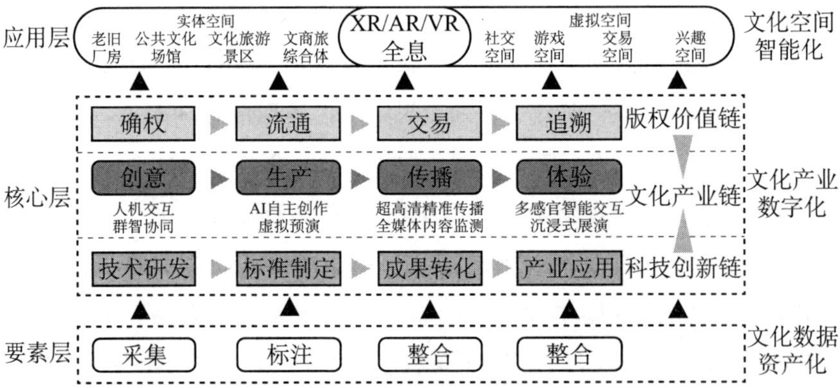

图 1-1　文化数字化生态体系

1. 文化数据资产化：可溯源、可量化、可交易

文化数据资产化指的是零散分布的各种文化资源数据经数字化采集、标准化标注、解构与关联转化为可交易的文化资产，成为文化数字化的核心生产要素的过程。文化数据资产化的主要特征是可溯源、可量化、可交易。

可溯源：遵照统一标准生成唯一的文化数据标识，即基于 AI 算法的深度合成技术和随机纹理嵌入等技术，在文化数据中嵌入唯一标识，通过文化数据标识提取与解析进行数据溯源。

可量化：依托海量数据样本和无形资产评估相关理论构建文化数

据价值评估模型，经AI训练，循环修订模型指标，可对文化数据的价值进行精准评估。

可交易：经价值评估，明码标价的文化数据可在基于区块链和云计算等技术驱动形成的透明通证的文化数据服务平台流通交易。

2. 文化产业数字化：全业、全程、全息

文化产业数字化指的是数字化技术全程贯穿文化产业链、版权价值链、科技创新链各个环节，“三链”融合加速文化要素流通、文化科技成果转化与场景应用。文化产业数字化的主要特征是全业、全程、全息。

全业：数字化技术既改变了新闻、出版、影视、演艺、文博等传统文化业态的产品形态、商业模式，推动了传统文化业态转型升级，又推动了短视频、直播、网络游戏等新业态弯道超车、纵深发展。

全程：数字化技术贯穿了文化产业的创意—生产—传播—体验全链条、全过程。在创意环节，数字化技术推动了人机交互设计，使创意和设计的门槛一再降低；在生产环节，AI自主创作和AI辅助生成，有效提升了文创产品生产效率；在传播环节，个性推荐、智能分发技术推动了文化内容精准传播；在体验环节，数字化技术推动了数字交互娱乐、沉浸式展演繁荣发展。

全息：数字虚拟仿真等技术推动了文化产业突破各种介质、载体及时空界限，实现了文化创意跨载体呈现、跨时空交互，从而无限拓展了文化产业新业态和新场景。

3. 文化空间智能化：空间再生、服务智慧、虚实结合

文化空间智能化指的是文化产业数字化成果广泛应用于老旧厂房、公共文化场馆、生活美学场景等实体空间智能创意提升以及多维虚拟空间搭建，不断拓展新应用场景。文化空间智能化的主要特征是空间再生、服务智慧、虚实结合。

空间再生：引入数字文化业态推动老旧厂房向文化创意空间活化，融入当地特色文化和数字科技打造智能便捷、时尚潮流的城市美

学新空间和网红打卡地。

服务智慧：利用数字化技术推动智慧文博场馆及设施建设，发展“云”上数字文化产品和服务，打造智能交互体验场景，改进公共服务场馆的运营管理流程。

虚实结合：运用全息投影、数字孪生等数字技术打造多维虚拟空间，运用AR（增强现实）、XR等新技术打造虚实结合的新文化空间，实现跨时空交互。

（五）文化数字化的时代价值

1. 突破文化产业鲍莫尔成本病困境

美国经济学家鲍莫尔于1967年构建了一个两部门宏观经济增长模型，其中一个部门是“进步部门”，另外一个部门是“停滞部门”。“进步部门”的生产率相对快速增长将导致“停滞部门”出现相对成本的不断上升。传统的文化产业属于人力密集型产业，生产率低下，属于典型的“停滞部门”。数字技术广泛应用，重塑和升级了文化产业链条，大大缩短了从创意到产品的转化周期，颠覆和重构了传统文化业态，并推动了文化新业态迅速发展，极大地提升了文化产业生产效率，使得文化产业不再是“停滞部门”，颠覆了鲍莫尔成本病成立的基础。

2. 重组文化生产关系

文化科技尤其是数字技术的发展不仅使文化生产力发生了重大变化，而且重构了生产关系：一是文化生产由线性生产走向网状生产，由原来的生产者生产什么、消费者就消费什么向基于消费者的消费偏好进行多样化、定制化生产转变。二是文化由专业化生产走向社会化生产。随着数字技术的应用，创意和设计的门槛不断降低，普通人也能广泛参与文化创作，推动文化生产由专业化生产向社会化生产转变。三是文化生产全链条由内部分工走向社会化大分工。伴随着5G等数字技术的发展，万物互联成为现实，形成了一个透明的服务网络，促进了整个社会的文化生产进行大分工。文化产业链条上的不同生产主体以产品或服务为导向发挥各自的优势，主攻产业链条上的强项节点，避免进行全产业链重复开发，造成资源浪费。

3. 重构生产流程

数字技术在文化产业的应用，使得很多传统行业的创作与生产得到高效简化，由单向性向并行性、由线性向矩阵式转变，重构了生产流程：一是游戏引擎、XR 等技术在电影拍摄、CG（电脑图形设计）制作等领域的应用，重构了电影制作流程。随着游戏引擎的大力发展，"游戏引擎（算法）＋扩展现实（高清大屏）"技术手段嵌入拍摄流程中，相关人员能够以最快的速度实时监控镜头的构图、运镜轨迹，各个环节的可视化有助于导演指导拍摄，能够迅速提高拍摄效率和质量，重构了 CG 的制作流程。二是融媒体技术与平台的发展重构了新闻采编发流程。通过融媒体，不少纸媒打通了新闻策划、采集、编辑、播发整条内容生产链，进一步推动了"中央厨房"式的采编与传播体系落地，完成了"一次采集、多元生成、多渠道分发"的流程再造。

4. 畅通跨产业通道

数字内容 IP 是跨产业应用的关键要素。文化科技融合加速了文化数字化进程，有利于夯实文化赋能其他产业的链接基础，通过"一个平台、多业共享"，打通跨产业接口，充分发挥其外部效应。根据《2022 中国品牌授权行业发展白皮书》，近几年我国授权商品零售额和授权金规模持续增长，从授权市场的 IP 类型分布来看，娱乐类 IP 占比达 57.5%，其中，卡通动漫类 IP 占比为 28.2%，艺术文化（含博物馆）类 IP 占比达到 18.5%（见图 1-2）。随着文化数字化应用场景的不断发展，越来越多文化事业单位接入 IP 发展领域，以数字化赋能文物新生。

5. 匹配新消费特征

在当前数字经济时代，人们具有不受时空限制、自由自在享受多

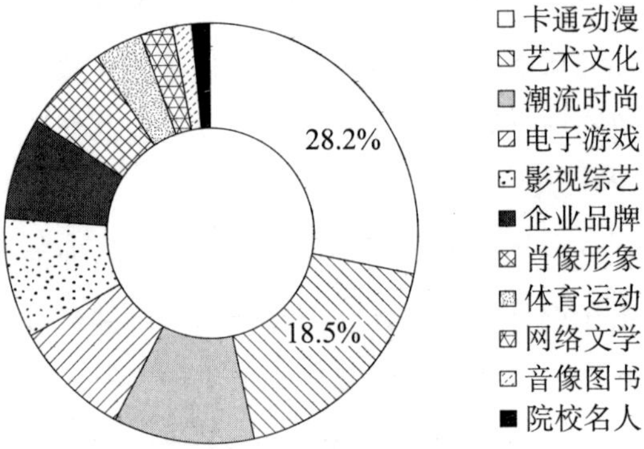

图 1-2 授权市场的 IP 类型分布

层次文化产品与服务的消费需求。文化科技融合正在通过扩大数字文化产品供给、培育新型文化业态等路径契合人们的这一需求。在当下的品质消费阶段，人们对美好生活的需求日益旺盛，更加追求有文化气质、有设计感、个性十足、智能便捷、能引发情感共振的产品和服务。文化数字化通过作用于智慧设计、智能生产、精准传播、互动体验等领域，以提升文化内涵、简化使用流程、促进情感共鸣等，满足人们的这一需求。

6. 延长文化生命力

数字化作为一种保存和传播文化的有效手段，可以极大地延长文化的生命力：一是通过数字化技术，对文物、非物质文化遗产等进行数字化保护，实现长期保存和传承。二是数字化技术有助于提高公众对传统文化的认识和理解，促进传统文化的普及与推广。利用社交媒体、虚拟现实（VR）、AR 等技术，能够创造新的文化体验和交流方式，以沉浸式、体验式等属性吸引更多的观众关注和参与文化活动。三是通过数字化的文化资源，业界、学界和社会能够更方便地获取和研究各种文化信息，进一步推动教育和研究的进步。同时，数字化技术可以提供丰富的资源和工具，支持文化教育和研究。例如，教师可以利用数字资源来编写课程、组织活动，增强学生的学习兴趣和参与感；研究人员可以利用数字工具来分析和研究文化现象、文化遗产、文化产业等，提高研究的效率和深度。

7. 推动社会文明发展

数字技术的高速发展还将促进社会发展与人文关怀，深化社会关系网络，紧密串联社会价值观，优化数字时代的社会发展环境：一是数字化技术有助于提高公众对文化的认识和体验，从而提高公众整体文化素养。数字化的文化资源可以跨越地域和时间的限制，让世界范围内的消费者能够接触并理解多元文化。这不仅有助于传播和推广本地的文化价值观，也有助于接触和理解其他地区的文化价值观。接触多元文化的语言门槛正日益降低，全球性的文化交流和理解将有助于构建共享的价值观和认同感，推动世界和谐与进步。二是文化数字化有助于传递和弘扬人类的共同价值观和精神追求，增强社会凝聚力。文化数字化提供了丰富和便利的学习资源，可以提高公众的文化素养和批判性思维能力，进一步增强文化的社会价值和影响力，提高社会层面的人文关怀意识，进而提升社会层面的群体凝聚力。例如，通过数字化的教育资源，人们可以自主学习历史、艺术、哲学等文化知识，提高自己的文化素养；通过社交媒体和在线论坛，人们可以参与文化讨论和批判，提升自己的批判性思维能力和公民素养。

8. 实现文化全民共享

数字化技术使得文化资源的共享变得可能，人们可以在任何地方、任何时间通过数字设备获取和分享文化信息：一是数字化技术提供了一种新的社会参与方式。通过网络社区、社交媒体等平台，人们可以参与文化创作、文化批评和文化交流，有效增强了公民的文化参与感和社会责任感。二是文化科技的深度融合提高了文化交流和理解的广度与深度。科技正在通过数字化的方式为人们提供在线查阅和学习各种文化资源，如艺术作品、历史文献等的途径，为公众提供深入了解和欣赏不同文化的途径，使得公众能够在理解和尊重文化多样性的基础上，更积极地参与社会活动。三是科技发展创新了各类社会参与形式，如物联网和5G等信息基础设施建设提供了崭新的社会参与形式，如在线投票、众筹、网络直播等，提供了更直接、更便捷的社会参与途径，降低了社会参与门槛。

二、文化科技融合的发展现状与支撑体系

为更好地理解新时代的文化科技融合，本书根据产业发展现状构建了五位一体的文化科技融合动力模型（见图 1－3）。具体来看，即以产业增长为主动力，以“新基建”为底层架构，以场景创新、民生应用为重点领域，以现代化文化治理体系贯穿文化科技融合全链条。

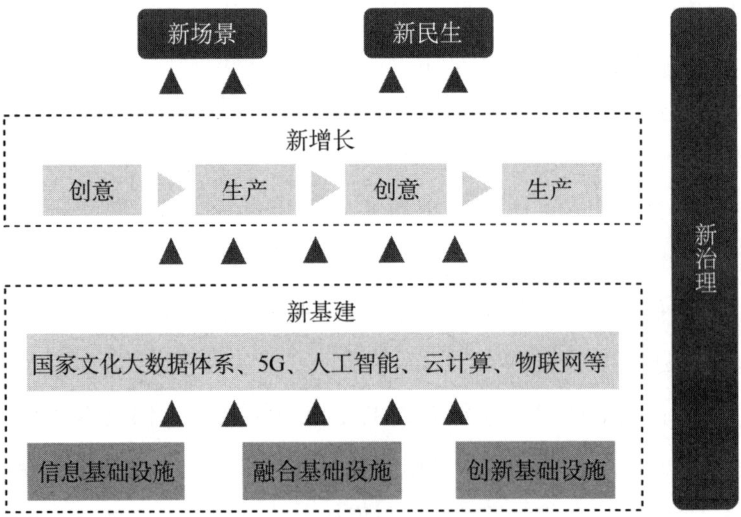

图 1－3 文化科技融合动力模型

（一）新增长：文化科技融合发展的主动力

1. 关键载体基地持续提质增效

科技部、中宣部会同中央网信办、文化和旅游部、广播电视总局等部门，分别于 2012 年、2013 年、2019 年、2021 年分四批共认定了 85 家国家文化和科技融合示范基地，示范基地在区域分布、产业特

色、示范带动领域总体呈现以下三方面特征。

(1) 基本形成“三极凸显、东部带动、多点辐射”的区域格局。

随着产业发展与文化科技要素资源不断集聚，基地初步形成各具特色、差序发展、优势互补的区域分布格局：一是极核效应显著。京津冀、长三角和粤港澳大湾区是基地发展集聚度最高的三极，这三个区域的基地数量占全国的49.4%。二是东部带动效应明显。东部地区有53家基地，占比62.3%，处于主导地位；中部地区有14家基地，占比16.5%；西部地区有18家基地，占比21.2%，形成了东部地区带动、中西部地区跟进的示范带动效应。

(2) 基本形成以内容创新为核心、以科技创新为支撑的融合业态。

基地围绕文化大数据、公共文化服务、数字出版、文化装备制造、媒体融合、文旅综合服务等重点方向，构建了服务传统文化产业转型升级、培育文化产业新业态的特色产业集群。从具体示范领域来看，在41家单体类示范基地中，数字文化是重点发展方向，数量为9家，占比21.9%；智慧文博、文化装备制造领域次之，数量均为7家，占比17.1%；文化旅游、媒体融合、数字出版领域数量均为5家，占比12.2%；智慧广电领域3家，占比7.3%（见图1-4）。

(3) 基本形成覆盖重点领域和关键环节的文化科技创新体系。①

基地聚焦文化科技重大方向，助力形成文化科技创新体系：一是创新主体不断发展壮大。在41家单体类示范基地中，规模以上企业38家，占比92.7%；国家级高新技术企业21家，占比51.2%；上市企业21家，占比51.2%。这些基地作为行业领军企业，在文化科技创新中起到领头羊作用。二是研发创新取得重要进展。85家基地的研发投入与购买技术服务的费用总计552.9亿元，41家单体类基地中具

① 本部分引用数据为2018年数据。

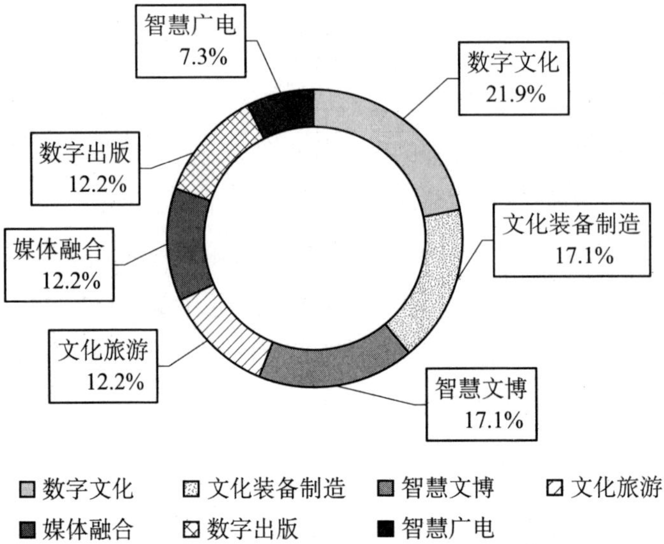

图 1-4　单体类国家文化和科技融合示范基地的示范领域分布

有本科以上学历人员占员工总数的比例平均达到 65.7%，获得自主知识产权数量达 15 504 项。三是科技成果转化成效得到极大提升。第四批单体类基地科技成果转化数量达 1 398 项，被文化企事业单位采用的成果数量达到 13 196 项，文化科技产品收入达到近 226 亿元。四是创新创业服务得到不断完善。44 家集聚类基地经省级以上（含省级）相关部门认定的公共服务平台数量达 1 152 个，为建立健全文化科技创新产业体系和服务体系贡献了重要力量。

2. 新业态企业主体不断发展壮大

随着文化科技融合的日益深化，文化新业态企业主体发展迅猛，上市企业和独角兽企业在数量和效益上不断增长，已逐步成为我国文化产业转型升级和提质增效的重要动能。

（1）文化新业态企业引领作用增强。

据国家统计局 2022 年全国规模以上文化及相关产业企业营业收入情况，数字文化新业态特征较为明显的 16 个行业小类实现营业收入 43 860 亿元，比上年增长 5.3%，高于全部规模以上文化企业 4.4

个百分点；文化新业态行业营业收入占全部规模以上文化企业营业收入的36.0%，较上年提高1.5个百分点。在16个行业小类中，13个行业营业收入比上年增长，增长面达到81.3%，表明我国数字文化新业态已进入迅猛发展期。数字出版、娱乐用智能无人飞行器（无人机）制造、互联网文化娱乐平台、增值电信文化服务和可穿戴智能文化设备制造等五个行业实现两位数增长，其中，数字出版和娱乐用智能无人飞行器制造两个行业小类增长达到20%以上，分别增长30.3%和21.6%，彰显了文化科技融合的强劲市场发展潜力。

在数字出版方面，《出版业“十四五”时期发展规划》已将“产业数字化水平迈上新台阶”作为行业转型的具体目标。数字出版行业围绕“壮大数字出版产业”的重点任务，正不断着力推出一批契合数字化趋势、消费者需求的精品数字出版产品，成为变革出版行业的重要引擎。在无人机制造方面，近年来我国针对民用无人机产品出台了一系列发展支持政策，夯实了发展底座，有效拓展了消费级无人机的市场前景；娱乐用无人机生产企业结合VR/AR、5G等数字技术，开创了体感飞行等一系列新玩法，正在不断开拓民用无人机的消费蓝海，积极探索数字文化业态新赛道。

（2）互联网文化上市企业占据近半壁江山。

随着经济形势稳步复苏，互联网文化上市企业业绩逐渐恢复，企业市值也实现大幅回升。据第51次《中国互联网络发展状况统计报告》，截至2022年12月，在互联网上市企业中，文化上市类企业占到42.2%，其中网络游戏类企业数量最多，占20.8%，其次是文化娱乐类企业和网络媒体类企业，分别占15.1%和6.3%（见图1-5）。据中国信息通信研究院数据，从具体领域来看，截至2022年第四季度，我国互联网上市企业收入排名前四的业务分别为电子商务、游戏、社交/在线社交和音视频，其中，游戏业务占比达7%，社交/在线社交和音视频业务占比均为6%（见图1-6），彰显了“互联网+文化”强劲的发展势头。

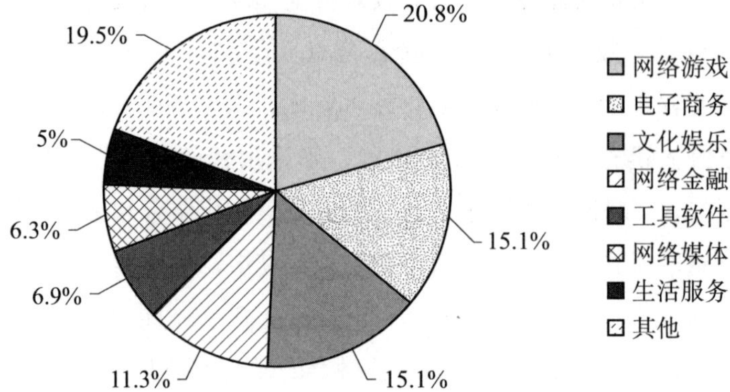

图 1-5　我国互联网上市企业类型分布

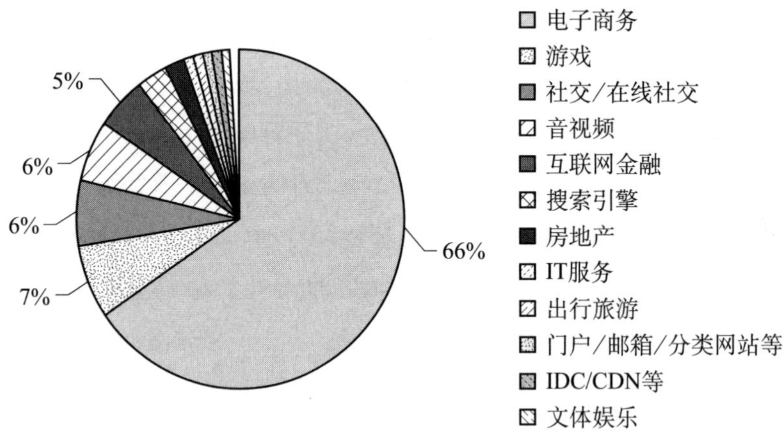

图 1-6　我国互联网上市企业收入占比

（3）数字文娱成为独角兽企业竞争新赛道。

据《中国独角兽企业研究报告 2022》，2021 年中国独角兽企业共有 316 家（见图 1-7），总估值超 1.1 万亿美元，数字文娱、新零售、金融科技、智慧物流、新能源与智能汽车赛道的独角兽企业估值额分列前五，约占整体的 58.3%。其中，字节跳动、喜马拉雅、淘票票等数字文娱赛道独角兽企业有 17 家，总估值约 3 330 亿美元（见表 1-1）。依托丰富的文化资源和强劲的科技实力，字节跳动已连续两年蝉联我国独角兽企业榜首，2021 年估值高达 3 000 亿美元，实力强劲。

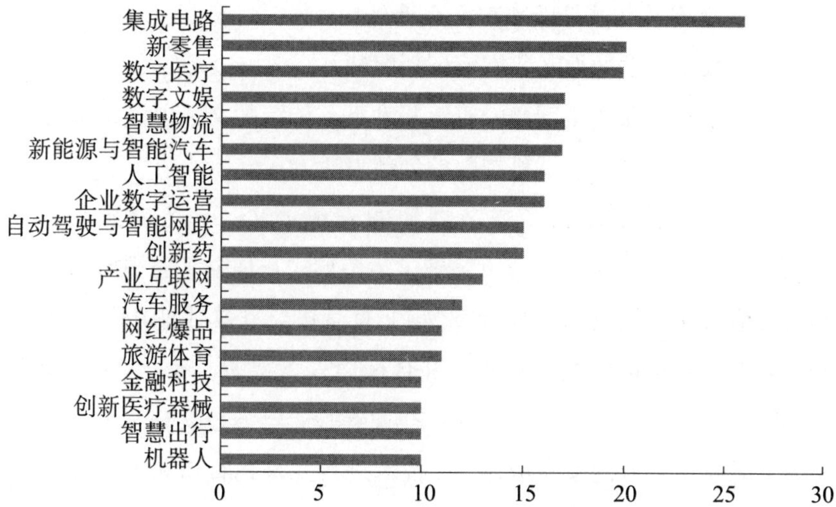

图 1-7　2021 年各赛道独角兽企业数量分布

表 1-1　2021 年数字文娱赛道独角兽企业及其估值

序号	企业名称	2021 年估值（亿美元）
1	字节跳动	3 000.0
2	华人文化	61.5
3	喜马拉雅	46.5
4	一下科技	30.0
5	乐元素	24.6
6	淘票票	21.1
7	英雄互娱	20.0
8	快看漫画	20.0
9	一点资讯	16.0
10	界面	15.0
11	聚好看	12.0
12	柠萌影视	11.5
13	得到	10.8
14	太合音乐	10.8
15	画你文创	10.0
16	卡游动漫	10.0
17	连尚文学	10.0

3. 文化科技相关产业实现复合升级

（1）数字技术助力文艺展演创新突破。

在数字技术和文化创意的双轮驱动下，传统的文艺展演逐渐形成了“历史＋艺术＋创意＋科技”的创新表达方式。

一是数字技术革新了文艺展演的表现手法。文艺展演在5G、AR、XR等数字技术的加持下突破了传统形式，加强了对视听效果的提升和表现手法的创新。如2022年北京冬奥会开幕式使用数字表演与仿真技术解构传统艺术形式，综合运用人工智能、5G、AR、裸眼3D和云等科技成果，结合5G基础信息建设，全方位展现了冰雪视觉盛宴；并全球首次规模化应用8K技术进行开幕式直播和重点赛事报道，以科技手段实现了视听效果的自我革新。中央广播电视总台的2023年春节联欢晚会多次运用8K超高清影像、虚拟现实、扩展现实等技术，为传统文化赋予时代新义，以当代审美表现了中华传统美学。

二是数字技术推动了文艺展演商业模式创新。数字技术尤其是网络技术推动文艺展演不仅可以通过传统的电视晚会形式进行制作，还可以采用网络综艺、网剧等新形式打造系列节目，以实现可持续传播，契合年轻受众的消费需求。例如，2021年爆火“出圈”的河南卫视《唐宫夜宴》《端午奇妙游》《中秋奇妙游》等“晚会连续剧”系列节目突破了传统晚会形式，将传统文化与前沿科技创新交融，以“网剧”＋“网络综艺”的形式架构，通过“5G＋AR”将虚拟场景和现实舞台结合，让舞蹈与国宝梦幻联动，以文化自信为根基成功在各个领域破圈。又如，随着数字信息技术对文化遗产赋能程度的不断深入，爱奇艺持续发挥“登场了!”网络综艺IP的社会影响力，接连推出《登场了！敦煌》、《登场了！洛阳》和《登场了！北京中轴线》等沉浸式网络综艺节目，以“5G＋实景演绎”彰显了我国博大精深的传统文化的优秀内涵，激发了大众强烈的民族自信心。

三是数字技术重构了文艺展演的艺术形式，以沉浸式、体验式、交互式场景实现了文艺展演的情景交融。随着虚拟现实、增强现实、混合现实（MR）及全景声效、近眼现实、特效渲染、感知交互等数字技术的立体式融合应用，现实文艺展演与虚拟应用场景的边界逐渐模糊，实景表演“虚拟化”成为文艺展演的时代新趋势。如多媒体音乐剧《冒险小王子》以“文化＋科技＋时尚”为融合点，综合运用裸眼3D和全息影像等多媒体技术，实现了舞台与场景的虚实相生、情景交融，实现了观众从“外部参与者”到“内部体验者”的角色身份转换，进一步放大了观众的情感体验。

（2）电子竞技从游戏竞技向智能硬件竞技拓展。

随着游戏产业和电子竞技的不断发展，传统游戏竞技和智能硬件竞技呈现出齐头并进的发展态势。

一是传统游戏竞技规模波动上升，逐渐步入稳定期。据《2022年中国电子竞技产业报告》，2022年，我国国内共举办电子竞技赛事108项，游戏用户规模达到4.88亿人，我国拥有全球规模最大的电子竞技用户群体；我国电子竞技游戏产业收入为1 445.03亿元，其中，电子竞技游戏收入为1 178.02亿元，占比达81.52%，电子竞技内容直播收入占比达15.28%。传统电子竞技产业的发展正不断带动直播、赛事、装备等其他关联产业协同共进。

二是智能硬件竞技成为电竞新赛道。智能硬件竞技是人工智能、信息技术、机器人、智能制造等高新技术在数字文化产业的重要应用场景。随着技术进步与传统电竞产业的转型升级，无人机、无人车、机器人等智能硬件竞技逐渐成为电竞项目的重要赛道，这是探索计算机科学和人工智能深度融合的产物，将有效推动人工智能思维的培育。立足于“中国制造2025”和《新一代人工智能发展规划》，IVISTA智能网联汽车挑战赛、CCF大数据与计算智能大赛、中国智能机器人格斗及竞技大赛等IT领域专业性高、前沿性强的赛事纷纷设立了智能无人车、无人机等赛道，进一步加快了人工智能产业在智能控制、即时通信、传感技术、控制理论等领域的技术融合进程。如2022

年底举办的中国机器人大赛暨 RoboCup 机器人世界杯中国赛吸引了全国近 220 所高校超过 4 500 名参赛人员在 18 个智能硬件领域角逐，为我国智能硬件设备和人工智能技术的高速发展营造了良好的行业生态环境。

（3）文化科技加速影视衍生链延伸。

一方面，数字技术大幅缩短了影视衍生品开发周期，加速了 IP 衍生品转化。影视衍生品的开发周期通常要半年以上，数字技术、网络技术的发展极大提升了影视作品的传播广度及影视衍生品的开发速度。例如，2021 年奈飞出品的韩语自制剧《鱿鱼游戏》自 9 月 17 日上线以来，不到 4 个星期，全球观看人数为 1.11 亿，成为奈飞史上开播观看量最高的剧集。影视剧爆火不到一个月，联名衍生品、相关游戏、线下“椪糖”生意、沉浸式展馆等业态的迅速涌现，加速了 IP 向衍生品的转化。《流浪地球 2》借助网络众筹等方式加快衍生品开发，仅用 8 天便获得 1.2 亿元众筹金额，预售产品近 20 万件，成为最快破亿元的影视剧衍生品。

另一方面，数字技术拓展了影视衍生品的发展类型和方向，影响衍生品从传统的实体化、产品化向数字化、演艺化不断发展，其技术含量正在不断提升，其衍生规模正在不断扩张。传统影视衍生品开发以“影视＋旅游”“影视＋游戏”“影视＋娱乐玩具”等类型为主，而科技与影视的深度融合从时间和空间的多场景进一步激活了影视衍生品的传播力、感染力和吸引力，“影视＋数字藏品”“影视＋主题公园”等类型逐渐兴起。例如，我国精品国产动画《灵笼》与国内二次元数字藏品发行平台“玩贰＋”及新锐数字藏品发行方 GSV 达成合作，发布了“灵笼创世 AR 数字盲盒”，实现了影视文创从“现实三维”到“虚拟二维”的空间转换。此外，围绕国内热度持续走高的《流浪地球》系列影视 IP，市场上创造性地开发出影视潮玩、智能设备等新型文创产品，中国电影股份有限公司表示将借助国内掀起的科幻浪潮，筹建“中国科幻电影乐园”。

（4）沉浸式娱乐产业链条逐渐完善。

沉浸式娱乐产业作为新兴的文化业态，在快速发展的同时，已经初步构建了产业链条（见图 1－8）。

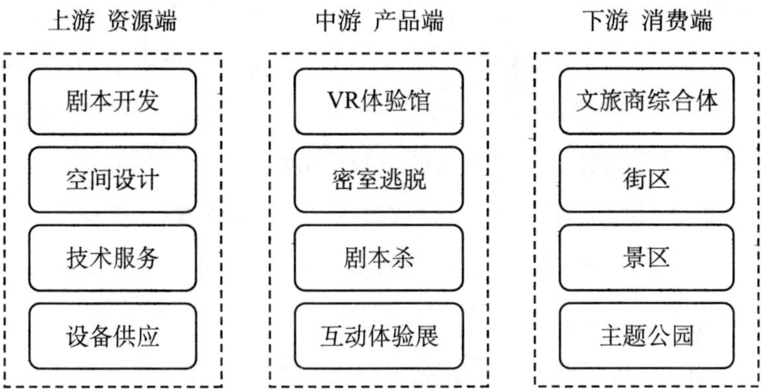

图 1－8 沉浸式娱乐产业链条示意图

产业链上游为资源端，主要包括技术服务商、设备供应商等。无论是剧本开发、空间设计还是 VR/AR 技术、3D 全息技术、人工智能技术等，技术设备的供应都在逐步完善。随着剧本杀、密室逃脱等沉浸式娱乐新业态的不断涌现，上游产业链的要素配置与资源优化正逐步走向完善。在技术服务层面，部分剧本开发已有数字化模式介入，如通过引入线上游戏小程序、兴趣推荐算法、SaaS 库存管理系统等数字技术完善剧本创作与剧本管理，有效提升了剧本生产效率和质量；在设备供应方面，据相关统计数据，我国 VR 专利申请量占全球总申请量的 47.91%，华为、HTC 等 VR 龙头企业正在加速布局 VR 硬件设备，提升线下游艺设施的沉浸感和可玩性。

产业链中游为产品端，VR 体验馆、密室逃脱、剧本杀、互动体验展等产品和服务日益丰富，消费市场潜力亟待释放。随着消费模式的转变，VR 体验馆等新型娱乐业态已成为各大立体式休闲商业区集聚消费力、升级传统娱乐商品的重要手段。据统计数据，目前我国 VR 线下体验店已突破 3 000 家，并诞生了幻境、奥秘世界等虚拟现实线下连锁体验品牌项目，消费市场仍有较大潜力。近年来，沉浸度高、社交性强的密室逃脱已成为娱乐热点领域，恐怖、武侠和宫廷仍为三大热点主题。随着我国密室逃脱产业进入规模化、专业化、智能化发展阶段，密室逃脱产品应加快向多元性、体验性、可玩性等方向调整，提升产品的生命力、游玩度。当前，我国剧本杀市场仍具有较强发展后劲，桌面剧本杀和实景剧本杀等产品类型逐步从同质化走向多样化；后续应借助微博、微信等社交平台引流，开发出剧本杀App/小程序等服务，不断推动产品触及市场，使产业链条逐步完善。

产业链下游为消费端。沉浸式娱乐产品广泛应用于商业综合体和街区、景区、主题乐园、公共文化场馆等文旅场景，沉浸式娱乐产品的井喷式增长为线下文旅场景输入了新鲜血液，并以“线上+线下”双向贯通的模式实现了娱乐场景的自我革新。智能舞台装置、互动投影、虚实结合等数字技术将线上的虚拟数字空间引入线下场景，让观众实现了从传统文旅场景的“被动接受者”向沉浸式场景的“主动参与者”的身份转换，加深了消费者与文旅场景的情感连接，构建并完善了沉浸式文旅产业闭环。如沉浸式戏剧《不眠之夜》(Sleep No More) 在上海已驻演超过 1 600 场次，自 2023 年春节假期后，单日售票量较 2022 年整体上涨 130%，已成为上海文娱新地标。

(5) 云游戏与技术升级引领游戏业提质。

数字技术的快速革新为游戏产业带来了技术革命和产业变革的持续深化，其中以云游戏、游戏引擎和人工智能三大升级为关键重点。

一是云游戏革新游戏产业模式。5G、云计算、大数据等信息技术的发展正在推动云游戏领域实现自我变革，信息基础设施的改善有效解决了过去云游戏的高延迟、低带宽、低画质等问题。依托云端服务器系统，游戏输入、游戏渲染、游戏传送等环节实现了一站式操作，重塑了游戏产业链与产业运行模式，带动更多相关产业入局游戏领域。同时，云游戏的发展使硬件不再成为桎梏，主机、电脑和手机可实现三端合一，打破主机端、电脑端和手机端三大玩家主体间的固有屏障，极大扩展市场边界，将形成崭新的游戏商业模式和竞争格局。例如腾讯建立 Start 云游戏平台，在云端实时完成高精度渲染和仿真，破解了云游戏技术的传输质量低、视觉效果差等痛点问题，以强技术力让玩家摆脱硬件和平台的束缚，实现了“随时随地，云端秒玩”。

二是游戏引擎技术升级提升游戏品质。游戏引擎是游戏生产制作的核心与支撑骨架，游戏引擎技术的升级将在游戏素材整合、特效制作等环节引起技术革命，助力游戏产业提质增效。虚幻引擎 5（UE5）的成功研发为游戏生产提供了整合性高、技术力强的游戏技术中台，在提升游戏制作质量的同时简化了制作流程，避免了传统多个制作软件同时切换引起的低效制作等问题。虚幻引擎 5 将包含数亿个或数十亿个多边形的电影品质的源艺术直接导入虚幻引擎中，可以对场景和灯光变化做出反应，能大大提升界面质量和保真度，助力游戏质量的进一步提升。

三是人工智能助力解放游戏生产力。电子游戏与人工智能二者相伴相生，协同共进。电子游戏的高速发展为人工智能及相关产业明确了市场发展定位和方向趋势，人工智能的深度学习与落地应用进一步提升了游戏开发的质量与效率。一方面，人工智能能通过语言学习深化游戏的策略性，如近年大热的 ChatGPT 能够通过深度语言学习，进一步提升 NPC 对话系统的智能性，并通过 AI 策略生成等完成游戏制作前置工作，便于制作者聚焦核心剧情和策略创作；另一方面，人工智能生成内容（AIGC）能大幅缩减人工重复性操作，通过生成多元化、复杂化的图片、视频等内容，自动扩充游戏内容，完成游戏底部的重复性、低技术性、低创造性等内容生成工作，保证开发者聚焦高质量、高技术内容，助力开发者实现低成本、高效率的游戏内容制作。

（6）人工智能解放高质量网络文学生产力。

作为新的生产手段，经过深度学习的人工智能将为网络文学领域提供稳定性强、可持续性高的创作能力，从文学生产成本、生产效率和融合衍生等环节解放网络文学生产力，缩短生产创作周期，加快行业自我变革。

一是 AI 应用冲击模式化、同质化的低质文学。我国网络文学长期存在写作模式化、类型同质化、内容低内涵等痛点问题，呈现出高质量精品网文和低品质模板网文两极共存的生态局面，难以全方位、立体化展现网络文学的发展实力。人工智能技术的不断迭代正在推动网络文学内容生产环境的革新，AI 智能写作将通过整合大量文学资料等，替代模式化的流水线文字产品，进一步倒逼网络文学创作者回归文学创作初心，避免重复性、程序化的文学作品挤占精品网络文学的生产空间，维护良好的网络文学生产创作环境。

二是 AI 翻译降低人工成本，提升网文出海速度与效率。据相关数据，2022 年我国已累计向海外输出网文作品 16 000 余部，上线翻译作品 9 000 余部，我国网络文学已成为讲好中国故事、弘扬中华优秀传统文化的重要载体。随着 AI 翻译技术的不断提升与自我迭代，它已经能达到人工翻译准确度的 95%，高速度、高质量、高效率的 AI 翻译将大幅降低网络文学的人工翻译成本。通过完成文学翻译的上游环节，AI 翻译能够为翻译员在精翻、校对等质量把控和提升环节释放更多时间和精力，提升网络文学出海的速度与效率，真正解放人工翻译生产力。如推文科技自主研发的 AI 翻译生产网络，实现了监测、抓取、翻译和发表的文学作品翻译闭环，将行业效率提高了近 3 600 倍，成本降至传统流程的 1%。

三是 AI 加速网络文学向游戏、影视等业态的结合与赋能。为契合 5G 时代的产业转型趋势，人工智能与网络文学的深度融合将加速网络文学的 IP 转化，实现网络文学 IP 在数字空间的智慧转型。AI 技术将进一步加快网络文学 IP 和广播剧业态的融合趋势。作为适应视听感知转化和广播行业发展的衍生产物，广播剧与网络文学的泛 IP 联动正在为网络文学注入新鲜血液，能够将平面化的文字转化为立体化、沉浸式的听觉体验，扩大网络文学的用户群体规模。

（7）视频平台深度学习实现数实融合。

依托快速发展的5G、大数据等数字技术，我国正迎来“视频＋”业态的爆发式增长。智能AI赋能视频平台从多角度变革“视频＋”产业，实现视频制作、分发、推流等环节的提质增效。

一是提升虚拟制作能力，实现在线在场的沉浸式体验。经过深度训练的AI智能系统能够满足视频平台大规模、个性化、碎片化的视频需求，如爱奇艺运用AI智能虚拟制作能力，实现视频内容生产与互联网市场的深度融合，通过深度拆解视频内容生产的创作、拍摄、美术等环节，制作出4K影视级虚拟制作片及动画测试片，并基于《苍兰诀》等高热度IP视频内容，推出3D互动新体验数字资产，为消费者提供了线上欣赏影视内容的沉浸式体验，提升了原有剧集的影响力和生命力。

二是强化流量预测能力，综合观看、互动、分享等数据预测网络视频的商业价值，实现价值挖掘最大化。借助高速高效的运行算法，AI技术能够智能识别用户在平台的操作数据，并通过用户标签、场景识别等能力，实现视频内容和广告宣传的精准投放，进一步扩大视频内容的触及范围和提升广告投放的有效性，助力视频平台实现内容的二次转化，增强增量变现能力。如字节跳动旗下的抖音短视频平台通过大量训练AI系统，逐步分析并掌握用户对视频内容的偏好与兴趣标签，生成“千人千面”的数据模型，并借助垂直分发的推送模式使推送内容精准契合用户需求，以强算法提升用户黏性，颠覆了传统视频平台的运营模式。

（8）数字技术加速推进文物保护活化应用。

大数据、人工智能、VR/AR等数字技术可将物理形态的文物转化为数字形态的文物数据，在完整科学保存文化遗产信息的同时，挖掘并利用文物在美学、社会等层面的附加价值，实现数字时代文博领域与游戏、会展等行业的融合发展。

一是数字孪生将实现低成本、低损耗和高效率的文物数据采集工作。截至 2021 年底，我国共有可移动文物 1.08 亿件（套），不可移动文物 76.7 万处，保护形式单一、保护技术落后等痛点对文物数字化采集与转化提出了便捷性、轻量化、高精度等需求。数字孪生、游戏引擎等数字技术对文物挖掘与采集环节的赋能，能够助力构建文物数据采集、渲染、场景合成等一站式闭环链条，避免文物数字化过程中出现流程长、信息流失等问题。如腾讯在全球范围内首次运用数字技术对长城展开毫米级高精度数字还原，运用自主研发的游戏引擎和 PCG（程序化内容生成）技术采集长城数据，为现实文化遗产提供了虚拟世界的立体“分身”，实现“永久保存”。

二是机器学习将创新文化遗产内容挖掘新范式。数字技术能够在文物数字化采集的基础上，通过数据标注和各类分析算法，构建以“数据解构—数据归类—数据关联”为基础的知识图谱，在文物系统中串联各文物之间的时代关联，挖掘文物的内涵价值，为文化遗产研究、艺术表达与宣传教育等提供全新思路。随着国家对文化遗产重视程度的不断提升，文化遗产知识图谱的大范围落地应用将有效整合相关文物数据，并针对不同环节需求提供数据转化和管理应用等解决方案，创新文化遗产内涵挖掘与时代新义新范式。

三是大数据技术助力强化文化遗产数字化管理。随着文化遗产数字化进程的不断加快和技术对文物领域的深度赋能，文化遗产智慧管理逐渐突破传统的单一性、平面化模式，转向以视觉表征为主要呈现方式的立体化模式，以“二维数据—三维图像”的转换有效提升了文化遗产管理的可读性、智能化和交互性，为文化遗产数据的活化利用奠定了坚实的管理基础。

四是虚拟现实技术带动文化遗产活化利用新体验。当前，我国文化遗产活化利用已从传统线下、实体、小规模的应用场景向线上线下双通道、虚拟现实双融合、规模质量双强调的方向转变。5G、VR/AR、MR 等数字技术的赋能最大程度拓展了文化遗产活化利用的空间范围。如《画游千里江山》通过沉浸式光影展，挖掘中华传统文化与文化遗产的丰富内涵，将古代书画场景与现代生活场景紧密串联，以巨幅动态投影、虚拟现实混合剧场等多元交互形式赋能文化遗产展陈新局面。

（二）新基建：国家文化大数据重大基础性工程

2020 年 5 月，中央文化体制改革和发展工作领导小组办公室发布《关于做好国家文化大数据体系建设工作的通知》，指出建设国家文化大数据体系是新时代文化建设的重大基础性工程，也是融通文化和科技，推动文化数字化成果走向网络化、智能化的重要举措。2022 年，中共中央办公厅、国务院办公厅印发《关于推进实施国家文化数字化战略的意见》，明确指出，到 2035 年，建成物理分布、逻辑关联、快速链接、高效搜索、全面共享、重点集成的国家文化大数据体系，中华文化全景呈现，中华文化数字化成果全民共享。

国家文化大数据重大基础性工程通过“三库两场景”的重点建设，打造文化产业数字生产闭环。所谓“三库两场景”，即供给侧的中国文化遗产标本库建设、中华民族文化基因库建设和中华文化素材库建设，以及需求侧的文化体验园建设和文化体验馆建设。通过国家文化专网建设，将“三库”中采集的数据存储、传输，链接到需求侧的“两场景”和旅游景区、社区等，同时链接生产端的数字文化生产线，并通过国家文化大数据云平台建设，为文化生产和文化消费的终端用户提供云服务。

可以说，在我国新基建全面推进的当口，推进国家文化大数据体系建设，标志着数字时代我国文化发展即将迈入新阶段，即以新基建为基础支撑、以文化数据为关键要素、以体系化应用激活文化生产力。

1. 信息基础设施建设助力数字文化生态探索

新一代信息技术变革促进了我国信息基础设施建设的自我迭代。

以 5G、物联网、工业互联网等为代表的通信网络基础设施，以云计算、区块链和人工智能为代表的新技术基础设施和以智能计算中心为代表的算力基础设施等将为国家文化数字化战略提供坚实基础，为打造文化数字化数据传输、数据处理和数据分析等环节的全体系闭环提供强力支持。依托有线电视网络设施、5G 和大数据互联互通平台等信息基础设施建设，国家文化专网将加快数字文化生态探索，加快推动文化数字化布局。

2. 融合基础设施建设支撑虚实融合创新发展

以智能交互平台等多功能设施为代表的融合基础设施建设能够集聚海量文化数字化资源，借助深度应用互联网、大数据和人工智能等技术，关联并融合影视、网络文艺、新闻出版等多个领域的数据，实现文化数据在虚拟空间的创造性转化和在现实空间的创新性发展。如中国广电坚持广播电视的文旅宣传属性，依托电视服务数据，聚力打造“线上为主，线下共生”的在线在场一体化视听消费新体验，通过搭建在场的沉浸式、体验式数字化文化体验场景，营造出虚实融合的文化公园展示体验空间，以融合发展和内容展示等模块突出特色文化优势。

3. 创新基础设施建设的公益属性提升文化社会效益

创新基础设施建设对国家文化数字化战略的落地实施意义深远，能够从科学研究、技术开发、产品研发等领域提供技术支撑，破解传统科技圈层和文化圈层的固有屏障，带动技术领域深度赋能文化领域，推动文化大数据的跨区域、跨系统、跨领域的开放治理，并激发文化数据特有的社会属性，助力中华文化数字化成果的全民共享。国家文化数字化战略的实施对云计算和超算能力提出了更高要求，相关领域应积极布局机器学习、情感计算、云计算等功能，建构区域性集群式超算中心、智能计算中心等科技基础设施，打造一站式、高速度、高效率的算力服务体系，为国家文化数字化战略提供算力技术保障。

（三）新场景："云模式"成新风尚，传统行业积极拥抱新技术

1. 数字技术革新传统文化的保护与传承

一方面，数字技术赋能文化遗产数字修复与智能生成。数字修复技术可对破损文物进行数字化保护，能够将数字三维可视化、交互动态图像设计、数字雕塑等理念融入数字文化遗产内容开发环节。目前，我国文化遗产的数字化保护力度仍然较弱、方向仍较有局限性，文物事业和文化产业难以形成联动支持效应，产业端难以清晰对接文物保护端的多样化需求、文物保护需求端和科技供给端存在技术壁垒、难以掌握可支配技术资源等痛点不断要求数字技术深度赋能文化遗产保护与传承，实现文物保护的自我革命。在智能生成领域，数字技术可借助图像分析解构、语义理解等技术分析并提取文物中的文化元素，实现文化元素的结构化、分层化和关联化，并建立"解构—分析—转化—生成"的闭环链条，为文物数据的智能设计与应用奠定基础，实现文化遗产的创新性发展。例如三江侗族非遗剪纸图案的数字修复与智能生成：使用神经网络算法，学习传统剪纸图案，根据输入的图像进行数字修复或生成新的剪纸图案。同时，湖南大学的"基于智能设计方法的中国风格数字文化创新与设计应用"项目，构建了具有中国风格的文化元素与数据库平台，有效延长了文化元素的数字生命周期。

另一方面，数字技术助力文化资源上云与智慧体验。随着5G、人工智能、VR、AR、全息影像等数字技术在文化领域的深入应用，博物馆传承传统文化的方式也在不断创新，正在借助云端与现场体验融合的新型传承模式、"在线＋在场"双向贯通的展陈模式革新文化遗产内涵传播的视觉范式，在推动数据资产转化的同时也加快了文物的数字化保护进程。例如，非遗保护机构可依托VR、AR、全息影像等技术，建立全面的保护系统，展示并传播非物质文化遗产的内涵与魅力，为非物质文化遗产提供"数字永生"的可持续保护路径，推进

"从在线到在场"的体验式创新。同时，在国家文化数字化战略的背景下，故宫博物院打造"数字文物库"项目，对外发布了总数超过10万件的文物高清数字影像，以数字技术赋能文化事业发展，破解文物数据圈层的"数据孤岛"痛点，进一步契合学界、业界和社会对文物研究、学习等的多样化需求。在智慧体验层面，中国大运河博物馆的"运河上的舟楫"展厅重塑了大型沉浸式古代场景，设计出"知识展示＋密室逃脱"的互动体验，使博物馆的文化教育和娱乐体验达到最佳融合。

2. 沉浸式体验覆盖文旅新兴消费领域

随着文化日益深度融入消费者的日常生活场景，消费者对消费形态和消费体验提出了沉浸式、交互式和深度创意融合的新需求，要求数字技术从多方面覆盖文旅消费领域，构建"消费场景—技术支持—契合需求"的沉浸式消费新路径。

一方面，沉浸式娱乐广泛融入文旅消费场景。依托AR、VR、人工智能、全息投影等技术的沉浸式娱乐以其强科技感、高互动感契合了文旅消费升级趋势，广泛融入文商旅综合体、文旅景区、夜间消费集聚区等文旅场景建设。作为沉浸式体验和实体商业结合最紧密的一种商业形态，沉浸式文商旅综合体已成为城市立体化发展更新的重要趋势。例如，苏州"姑苏八点半"通过"文化资源＋场景体验＋文化消费"的模式，以多媒体声光电、全息等技术创新互动体验，重现千年姑苏之夜的橹声灯影；成都安仁古镇深度发掘在地文化旅游资源，锚定古镇文化优势和自然风景，构建"文博＋文旅＋文创"的"三文"立体式融合发展模式，以《今时今日安仁》等沉浸式演艺节目为链接点，借助光影特效、全息镜像、激光矩阵等现代光影技术活态利用文旅资源，促进了商业景区的数字化、沉浸式升级。

另一方面，超级IP转化不断衍生线下沉浸式体验场景。随着IP经济的不断盛行，众多IP品牌通过明确产业定位、集聚品牌效能、打响品牌名号等方式打造出一系列"超级IP"。"超级IP"通过联动游戏、剧本杀等文化新业态，依托 AR、VR 等数字技术进一步释放其发展效能，实现现实消费场景的沉浸式、体验式和虚拟化，并进一步向实体经济落地转化。例如，芒果 TV 的《明星大侦探》综艺节目衍生了线下实景推理主题馆“芒果 MCITY”，自带流量的《明星大侦探》IP 吸引了众多粉丝前来探店；“梵高再现”沉浸式光影展基于 3 000 多幅梵高名画和稿件，通过最新的 SENSORY4 感映技术、多通道投影设备以及原声系统，打造超强视觉沉浸盛宴；凤凰卫视联合故宫博物院，运用科技化、艺术化手段整合《清明上河图》《千里江山图》等国宝级画卷资源，衍生出沉浸式光影展、数字主题馆等线下体验场景，带动中华优秀传统文化走进大众视野，引领我国沉浸式娱乐产业的创新发展。

3. 公共文化服务场景的数字化、智慧化升级

在国家文化数字化战略实施的大背景下，精准提升公共文化的数字化服务水平已成为建设数字中国的重要任务。在城市数字化更新和智能化转型的时代浪潮中，传统公共文化服务体系的迭代升级已刻不容缓。借助 AR/VR、大数据、云计算等数字技术，公共文化服务体系将从产品、服务、场景、服务方式等多个角度解决传统服务体系的均等化、低质化等问题。

一是融入多媒体与音视频、VR/AR、多点触控等数字技术，提升公共文化场馆的展陈空间设计水平。在多媒体、信息基础设施等技术的支撑下，我国公共文化场馆的建设正逐步击破传统场馆的功能单一化、设施老旧化、内容落后化等痛点问题，公共文化场馆成为新时代中华优秀传统文化传播推广的重要空间载体。综合运用多媒体、AR 交互装置等技术，敦煌研究院建立了莫高窟数字展示中心，为游客提供《千年莫高》等沉浸式数字体验节目；并借助增强现实技术推出“飞天专线游”，以科技赋能莫高窟文化展陈，将实体洞窟“搬进”展示中心，减少了人流对莫高窟壁画的消耗性损害，为消费者提供了清晰度高、细节性强、内容性全的游览体验。

二是运用无线射频识别（RFID）、大数据等技术搭建文物数据库、设立游客流量监测系统等，助力公共文化服务管理水平提升。数据是实施国家文化数字化战略的关键要素，数据的流通效率是数字化、智能化转型升级的重点影响要素。目前，我国的文化类数据仍存在“数据孤岛”情况，数据流通不顺畅、数据归类不明确等问题亟待解决。借助可视化和语义关联等数字技术，国家图书馆与北京大学数字人文开放实验室合作，共同设计研发“《国家珍贵古籍名录》知识库”，展现了我国古籍在类型、文字、历史阶段、地域分布等层面的情况，为学界、业界和社会提供了古籍查阅、统计的宝贵路径。在运用管理方面，敦煌研究院积极探索“总量控制、线上预约、数字展示、洞窟体验”的可持续旅游新模式，通过线上预约和游客预测限流等方式，有效缓解了大规模游客承接和文物保护的矛盾，实现了敦煌文化的有效保护和可持续发展。

三是采用线上云逛展、云直播与线下智慧导览、智能交互体验相结合的方式提升服务和参观体验。数字技术的高速发展正在推动我国生产生活方式的快速变革，要求城市公共文化服务积极接入线上智慧性、数字化和交互性业务，借助云服务、智慧导览、交互体验等形式补齐线下服务短板。例如，“国家公共文化云”服务平台锚定“云直播”“享活动”“学才艺”“订场馆”“读好书”“赶大集”六大核心功能，以数字技术整合文化资源，为公众提供了线上和线下双向贯通的文化服务体验，以云服务打通了公共文化传播的“最后一公里”，增强了公共文化服务的情感调动力和社会影响力，满足了公众对个性化、沉浸式、交互性文化体验的需求。

4. 数字技术驱动文教数字化场景深化

信息技术正在深度赋能教育领域，为教育高质量发展注入强劲动力，文教数字化已成为贯彻落实科教兴国战略、人才强国战略和创新驱动发展战略的关键重点。大数据、人工智能、5G 等数字技术将从教育形式、教育内容和教育业态等方面引起行业的自我革新，集聚优秀教育资源，满足社会碎片化、个性化和多样化的学习需求，实现教育的高质量发展。

一是线上教育形式逐渐多样化。智慧教育平台、录播课、直播课、电子教材等多种数字化教学方式正在使技术加速融入日常文化教育。利用网络的高覆盖性、强便利性等特征，云课堂能够最大程度地提高学生在碎片化时间的学习效率，为数字化教育的稳健发展提供有效支撑。目前，我国"三通两平台"建设已颇具成效，全国中小学教学的互联网接入率已达100%，丰富的互联网数字教育资源契合了不同学龄段、不同课程、不同区域的教育发展需求。同时，教育部还启动了"教育数字化战略行动"，不断完善国家数字教育资源公共服务体系。文化教育公共服务平台与数字技术的深度结合能够进一步提升师生的数字素养，营造出良好的社会文教氛围。

二是数字技术加快知识流通，消除传统文教领域"资源孤岛"痛点。国家文化数字化战略的实施为文化教育资源的社会化、透明化、公开化流通奠定了基础。目前，我国文化教育资源存在资源分配不均、质量参差不齐、共享途径缺失等问题，亟待数字技术深度赋能资源分配环节，提升文化教育综合水平和能力。为不断完善数字化教学体系、提升资源流通效率，国家数字化学习资源中心开发并引入优质数字化课程近8万门、各类媒体资源超37.8万条，不断拓展优秀文化教育资源的触及范围，纾解文化教育领域的资源难题。

(四) 新民生：文化科技融合赋能扶贫和就业

近年来，文化科技融合已成为新时代乡村振兴的重要抓手，部分乡村地区已经认识到文化科技融合的重要性，积极开展文化科技融合在乡村生产、生活、生态方面的相关应用，取得了良好的效果。

一是电商扶贫。通过"互联网+"带动农产品"出村进城"，使农产品从销售后端走到市场前台，有效提升农产品销售收入，助推共建脱贫。为加速推进电子商务进农村，我国推行了“电子商务进农村综合示范工作”，完善县、乡、村三级的电商物流、配套服务、运营培训等产业链条，挖掘“乡村振兴+电商”的市场潜力，推动现代农村市场体系的建立。例如，快手开展了“百城县长、直播助力”系列活动，截至 2020 年 10 月累计成交额达 3.6 亿元。2022 年，全国农产品网络零售额达到 5 313.8 亿元，同比增长约 9.3%，增速较 2021 年提升近 6.4 个百分点，大数据技术已成为农产品拓展销售市场的重要发展方向。2022 年，农村网络零售额实现同步增长，零售额达到 2.17 万亿元，同比增幅达到 3.6%，互联网电商为农产品扶贫架起信息“高速路”。

二是通过“直播+乡村旅游”，创新乡土文化的数字化互动式体验，提升乡村旅游产品和服务的规模和质量，助力探索“乡村旅游+数字经济”新路径。直播平台可通过视频、画面、音乐等线上媒介全方位展现乡村生态环境，利用直播平台传播面积广、速度快、效率高等属性，培育“线上旅游+线下消费”的新型乡村旅游新模式，为乡村振兴增添新动能，加快乡村存量资源向市场增量效益转变。近年来，抖音积极发挥直播平台、短视频平台的用户基础和流量优势，推出“山里 DOU 是好风光”等公益项目，通过流量补贴和县域直播等方式，深度挖掘乡村特色文化，带动乡村旅游振兴。据抖音《乡村文旅数据报告》，2023 年，抖音平台乡村内容视频的累计播放量达到 23 901 亿次，乡村相关内容同比增长达 65%。视觉展现方式推动了乡村形象的蝶变，文化科技融合正以旅游综合消费方式打造乡村数字经济发展的新格局。

（五）新治理：推动形成现代化社会治理体系

1. 数字媒体助力网络安全

在数字媒体的助力下，网络投诉与举报渠道日益畅通，网络安全环境得到不断优化。5G、大数据等信息基础设施建设是保障我国数据安全的强力底座，是实现“数字中国”的安全屏障。近年来，各有关部门积极打造专业化网络辟谣平台，针对不同领域、不同受众群体等，以权威专业、形式多样、针对性强的网络安全手段实现全媒体辟谣，维护数字互联网安全。根据第51次《中国互联网络发展状况统计报告》，通过统计中央网信办违法和不良信息举报中心数据，截至2022年12月，全国各级网络举报部门共受理举报17 214.7万件，较2021年同期增长3.6%。《后疫情时代网络谣言治理社会价值研究报告》表明，单次网络谣言的生命周期更短，在热度排名前100的网络谣言中，单次谣言的平均留存时间约为5.3天，留存2天以内的占18%，38%的网络谣言7天内会消弭。

2. 数字媒体引导网络舆论健康发展

互联网具有信息传播速度快、面积广等属性，在数字媒体的助力下，主流舆论将得到引导，网络信息传播将得到有序维护，推动舆论环境健康发展。例如，在建党百年期间，数字媒体积极发挥社会责任，引导主流舆论，极大激发了广大人民群众爱党爱国的热情；河南特大洪涝灾害发生后，大量的现场视频信息、防汛预警信息、求助信息、抢险救援信息等通过互联网迅速扩散，保障防汛救灾工作稳妥推进。

3. 数字媒体助力社会管理能力数字化升级

一方面，打造全国一体化政务服务平台，为人民群众提供更便捷、更个性化的公共服务，例如在线办理身份证、护照、驾驶执照等，以及获取个性化的医疗、教育和就业建议。据相关数据，在省级行政许可事项中，平均承诺时限压缩了51.13%，99.55%的事项实现了网上可办，89.77%的事项实现了网上受理和“最多跑一次”，公众办事的便捷度与满意度不断上升。另一方面，巩固公共服务的兜底功效，加速构建完善的线上线下服务渠道，“村村通”等项目不断革新省、市、县、乡、村五级网上政务服务体系，破解了数字化政务服务的“最后一公里”难题，有效提升了基层社会服务的便利化水平。

4. 数字媒体构建协同开放的数据体系

打通全国政务大数据体系，强化数据管理，保障行政层面和个人层面的数据安全。目前，我国已初步形成覆盖国家、省、市、县等层级的政务数据目录体系，各地区、各部门依托全国一体化的政务服务平台汇聚编制的政务数据目录超过 300 万条，信息项超过 2 000 万个。全国政务大数据体系正不断突破“数据孤岛”困境，为市场经济运行、市场监管、公众服务和社会治理等职责的履行提供了强力保障。

5. 文化新业态带动灵活就业

数字化人才是“产业数字化、数字产业化”的核心要素，将成为缩小文化科技融合数字鸿沟、提升人才创意实力和释放数字附加价值的重要驱动力，文化科技的高速发展将为数字化人才灵活就业提供契机。在后疫情时代的就业大环境下，文化科技融合带动数以万计的创作者实现了灵活就业。据相关报告，截至 2022 年，我国主播账号累计超过 1.5 亿个，带动就业机会超 1 亿个，短视频、直播等文化新型业态企业吸引的求职者达到 50 万人。同时，文化科技融合催生了电子竞技员、电子竞技运营师、互联网营销师等多种新职业。据《2022 中国网络文学发展研究报告》，2022 年网络文学作者累计超过 2 278 万人，“90 后”作家已成为创作中坚力量。人力资源和社会保障部数据显示，2020 年，中国电子竞技员的从业规模超 50 万，但只有 15%的电子竞技岗位处于人力饱和状态，预计未来 5 年电子竞技员的需求将达 200 万。近年来，国内外 AIGC 的快速发展导致人才供需结构失衡，引起人才市场对自然语言处理（NLP）工程师、算法工程师、深度学习工程师等技术岗位的井喷式需求。据《2023AIGC 人才趋势报告》，2023 年 1—2 月 AIGC 人才招聘需求数量同比增长 31.3%，创历史新高，AIGC 带来的技术驱动正在引发新一轮人才革命。

三、文化科技融合的难点与关键节点

（一）当前发展难点

1. 供给侧数据孤岛和需求侧数据垄断并行

在供给侧，自“十二五”文化资源数字化工程被提升到国家行动层面以来，我国海量文化资源已基本完成数字化存储工作，但由于数据标准不统一以及受体制机制等因素的制约，这些数据大多为所属单位内部使用，形成了一座座数据孤岛，互联互通不足，尚未形成产业层面的生产力。如我国文化资源大数据云服务平台规模大、种类多，但各区域自设大数据平台，缺乏中央机构统一部署，导致大数据标准匹配难、流通效率低、场景应用窄等痛点频现，亟待供给侧开放数据共享和流通权限，减少数据信息梗阻，最大化释放供给侧数据效能。

在需求侧，大多数与文化科技相关的偏好数据、行为数据等被少数大型企业和超级平台垄断，服务侧马太效应明显，不利于激发全社会的创新潜能，阻碍了文化科技产品的质量革新与服务提升。需求侧数据垄断主要包含两个层面：一方面，龙头企业垄断存量数据。超级平台和互联网龙头企业依托用户规模优势、技术创新优势和设施服务优势等，收集大量内部数据，在提升企业的规模经济和范围经济的同时，强化了市场潜在的数据垄断风险。另一方面，存量数据转化后存在垄断数据功能。大规模存量数据重复使用的边际成本趋近于零，在云计算、物联网、超级计算等数字技术的支持下，存量数据又将逐渐转化为市场附加增量，并在市场转化中产生新的数据，强化了数据龙头的功能应用，但向下辐射力度较弱，导致中小型企业难以进一步提升自身市场价值，需求侧数据生态有待改善。

2. 生产制作端核心生产力技术严重滞后

目前，我国多数文化企业仍缺乏系统科学的创新理念和方法，文化科技领域的先进生产力技术和核心技术仍需从国外引进，核心关键技术的掌握程度仍然较低，技术知识产权落地应用仍存在较大空缺。

在创意生产工具方面，以创意生产最前端的设计为例，我国自主研发技术的介入力量仍然较小，关键生产力工具 Adobe、Maya、CAD 等皆由国外垄断，自主研发软件的国际竞争力有待提升。

在影视特效制作方面，中国的影视特效技术与好莱坞相比有很大的差距。国内工作室对好莱坞特效技术的掌握程度较低，很多电影镜头都靠人工完成。例如国产科幻电影《流浪地球》在空间站的一个镜头，采用 100 多块真屏幕后端连接 100 多台笔记本电脑控制方式，以全人工操作保障画面质量，尚未采用绿幕等技术和标准相对要求更高的生产组织方式。

在技术引擎保障方面，国外的虚幻引擎 5 凭借强大的素材整合、光影特效等功能解放制作端核心生产力，但目前我国仍未研制出能够实现一站式、全要素特效制造的技术引擎，核心技术力较为落后。

3. 产业链和创新链未形成良好对接

从产业链和创新链来看，文化科技创新成果和文化产业发展存在技术供给和产业需求双向脱节的困境，科技创新链与文化产业链尚未形成良好对接（见图 1－9）。整体而言，在产业侧，我国数字技术的高速发展对文化产业的赋能和支持还停留在表层，支撑力度有待加强；在消费侧，相关消费数据、体验、需求等无法及时反馈至研发层面，难以构建“技术研发—技术应用—技术反馈—技术再升级”的文化科技创新闭环。

在产业信息对称方面，科技企业对文化产业链各环节的技术需求和应用场景的关注不密切，文化企业对文化科技新技术了解不足、应用不深，科技圈层和文化圈层的技术壁垒尚未被突破。在协同机制与成果转化方面，文化企业、科技企业、科研机构等产学研合作脱节，高校院所产出的科研成果大部分处于理论原型阶段，高校院所对离开实验室的科技成果进行商业转化的角色存在缺位，但市场需要的是处

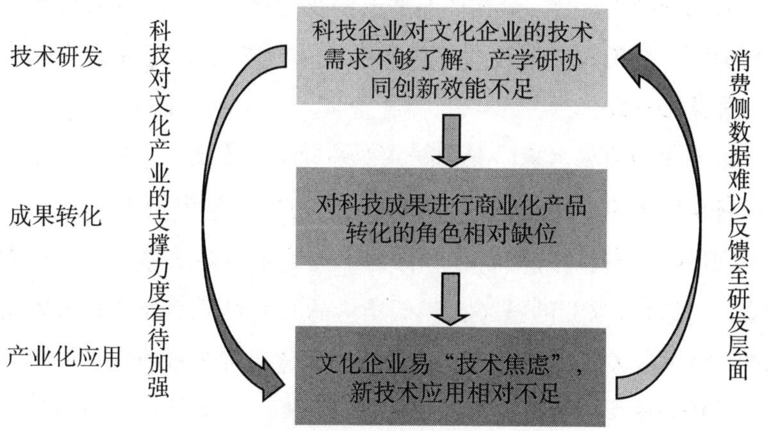

图 1-9　产业链和创新链未形成良好对接

于实践测试阶段的成熟成果，文化科技创新成果产业化转换成效有待提升。在产业化应用和商业化实践方面，由于文化产业仍未形成完善性高、智能化强、数字化高的产业闭环，科研成果难以快速投入产业化生产，产业效率不高。

4. 科技对版权保护、管理、应用支撑不足

随着人工智能和深度学习等技术的大规模商用，AIGC 内容逐渐渗透至各行各业，在解放创意内容生产力的同时敲响了版权保护的警钟。在互联网环境下，数字内容产品复制与传播成本低廉，边际成本接近于零，导致侵权容易、追踪困难，侵权案件高发，扰乱了数字内容产品的版权生态环境，难以调动生产者的创作积极性。数据显示，2022 年全国法院新收各类知识产权案件 526 165 件，审结 543 379 件。在 2022 年中国法院十大知识产权案件中，4 件属于文化科技融合及文化新业态领域，表明科技对文化创意产品版权保护、管理、应用支撑不足，亟须加强区块链、人工智能等技术在版权服务中的应用，加强全流程追溯、监测、保护。如数字藏品具有流通速度快、收藏价值高等属性特征，但“胖虎打疫苗”等 NFT（非同质化代币）数字作品侵权案暴露了我国以区块链为底层技术支撑的数字藏品领域存在版权不明晰、交易不明确、应用不全面等问题。所以，在积极发展文化科

技融合新业态的同时，应在产业链上游及时确认作品内容版权等，借助区块链、物联网、大数据等技术手段避免产品流转过程中出现侵权、盗版等风险。

5. 产品端供需匹配“供过于求”和“供不应求”并存

数字技术的高速发展为文化产业实现高质量发展架起了“高速路”，但文化产业供需两端非对称的结构性矛盾仍然存在。在产品供给端，“供过于求”的核心在于低质量的文化科技融合产品难以满足消费者对沉浸式、体验式和交互式新型文化消费体验的需求，新兴文化产品的科技含量与价值内涵低、匹配度低，“高科技＋弱内容”的低供给质量的局面难以激发消费者的热情，消费力无处释放。在产品需求端，数字经济的快速发展不断孕育出“IP 经济”“体验经济”等模式，消费者碎片化、个性化、多样化的需求要求文化科技融合产品进一步细化市场分类，借助大数据、云平台等技术制定“千人千面”的营销策略。但目前，我国数字创意产品的产业化水平仍无法满足消费者日益增长的对高质量文化科技融合产品的需求，消费者不同的文化背景和需求可能导致对文化科技融合产品的体验差异较大。开发者需要确保产品能够满足不同消费者的需求，在不同领域、年龄段和文化背景的人群中寻找合适的目标市场，避免产品“供过于求”和“供不应求”的市场不平衡现象的出现。

6. 数据生态安全和信息隐私存在“真空地带”

随着云计算、大数据、网络聚合等新技术的发展，文化大数据将实现跨行业、跨地域、跨场景的深层次渗透，但受数据权属、数据标准、数据接口等限制，各领域原有存量数据和新增数据难以深度融合，多元数据融合的生态安全难以保障。

在此背景下，信息和数据安全已成为数字时代高质量发展的核心痛点。在数据生态安全层面，数据收集、存储、管理、分析等环节的安全漏洞是推进“产业数字化、数字产业化”跨越式发展的“绊脚石”，如蔚来汽车用户数据、上海“随申码”数据等的泄露问题进一步强调了我国数据安全保护面临的严峻形势。在数据隐私安全层面，我国数据统筹和管理方面的发展仍落后于数据应用的发展，新的数据供给和外部威胁层出不穷，但管理上的“慢速跟跑”的局面将不可避免地造成信息隐私政策支持“真空”局面的出现，数字文化产业安全漏洞较为突出，亟须在行业标准、主体权属等方面进行重点突破。如何在保护用户隐私和激活数据效能之间找到平衡，已成为建设“数字中国”的关键挑战。

（二）未来关键节点

1. 数据：从文化资源到文化资产再到权力

（1）数据是数字时代文化产业的核心生产要素和重要文化资产。

数据是数字时代文化产业的核心生产要素。由于数据处理手段的重大突破以及人工智能领域计算能力的发展，文化数据已经成为文化产业的核心生产要素。例如，电影《阿丽塔：战斗天使》广泛运用数字技术，电影中的女主角阿丽塔由 8 000 多个数字制作的模拟人偶合成，整个影片数据占用的磁盘空间是《阿凡达》的 3 倍多，这些数据成为影片成片的重要素材。电影《流浪地球 2》则借助虚拟拍摄等技术，进一步强化影视特效成果，生成近 3 000 个视效镜头，虚拟拍摄镜头数量达 2 114 个，其中单个场景的数据元素数量达到 9 813 万个。庞大的视觉效果数据保障了影视作品的视听体验，《流浪地球 2》成为我国科幻电影发展之路上重要的“里程碑”。

文化数据经过整合和交易成为重要的文化资产。为了真正把文化数据变成文化资产，必须对文化数据进行有意义的交换和整合，让整个数据流通起来，成为真正可交易的产品，以数据驱动市场经济。各种资源形态的原始文化数据需要经过标准化标记、素材解构及逻辑关联等环节成为可流通、可交易的数据资源，并通过国家文化专网等接入数据交易平台，使数据能够实现供需对接，从而中间产品形态的文化数据即可转化为文化资产。

（2）数据资产化催生垄断，超级平台形成支配优势。

数据资产化催生垄断，数据从资产演变为权力。海量用户数据通过超级平台的人工智能算法测算后，成为用来预测未来和辅助决策的重要资产。但超级平台往往在不告知用户的前提下采集、占有并使用用户的私人数据，形成数据垄断，获得大数据支配优势。于是数据便从资产演变为权力——信息推送的权力、价格歧视的权力、任务分配的权力和资源配置的权力。

一是信息推送的权力。借助人工智能、算法推荐等机制，平台能够根据用户画像主动迎合用户的需求，进行信息推送，使人们只关注自己感兴趣的信息，在相关信息与其他信息之间形成一道无形的墙，形成“信息茧房”效应。数据拥有量与推送的精准度存在正向关联，数据规模越大，平台推送越精准，信息壁垒越会不断拓展。

二是价格歧视的权力。依托平台强大的市场竞争力和信息精准推送后巩固的用户黏性，平台算法还会进行大数据杀熟，形成价格歧视，即针对类型相同的产品和服务向不同用户群体采用不同的价格策略，这在实现企业利润最大化的同时忽略了消费者的合法权益。根据北京市消费者协会 2022 年 9 月公布的调查数据，76.77％的被调查者认为存在“大数据杀熟”现象，网络购物、在线旅游、外卖、网约车等成为大数据杀熟的高发领域，表明市场竞争秩序亟待监管。

三是任务分配的权力。在数字经济时代，数据的掌握量将为平台赋予分配任务的权力，由于数据的市场价值无法在数据流通环节中实现，不完善的利益分配天平逐渐向平台倾斜。例如平台算法根据骑手、买家、卖家等的信息，极限压缩配送时间，外卖骑手执行任务就被算法支配。

四是资源配置的权力。目前，我国大数据市场仍未形成较为完善的市场监管体系，超级平台利用技术、服务等优势掌握大量数据资源，提高了市场进入壁垒，扰乱了数据资源的供需配置，以排他性交易等手段提升了人力、金融等领域数据的获取难度，阻碍了数据市场的生产要素的合理流动。

未来，完善的数据统筹、分发、应用等环节形成闭环将成为推动建设“数字中国”的关键，维护并营造良好的数据市场竞争秩序刻不容缓。

2. 算法：数字时代文化产业的新流水线

（1）算法成为数字时代文化产业的新流水线。

作为数字时代的实用性语言，算法是为提升市场效率、拓展社会认知而创造的指令计算工具，能够通过运行过载数据、提升数据分发效率等重塑文化产业的生产链，变革传统文化产业内容生产、市场宣传、未来延伸的生产体系，打破工业时代生产的思维局限，以多样化、个性化的数字时代逻辑加速文化领域的产业数字化进程。

工业时代的流水线具有专业分工、批量生产、种类固定等特征。少品种、大批量生产能降低生产经营成本，进一步扩大批量，成为工业时代的逻辑，但这种逻辑在当下存在弊端：一方面，这种生产方式导致能源投入利用率低，资源浪费严重，忽略了市场经济对能源资源的合理配置功效；另一方面，工业时代模式化产出的产品种类单一、固定，难以满足当前千变万化的市场需求。

在数字时代，文化产业的新流水线是大规模算法，能够通过数字平台、物联网技术和数据处理能力重构生产内容和市场渠道，积极发挥数字技术和数据要素的渗透作用，提升产业链上下游之间的产品流、信息流、业务流、用户流等层面的效率。在数字时代，文化产业通过大规模算法进行多元化、智能化生产以及个性化、精准化匹配，形成以消费者为核心的产品供应网络，以数字经济提升产业链的附加价值，精准的算法已成为文化企业提升软实力的重要标志之一。如今，众多的头部互联网文化企业都有自己的算法，例如谷歌有负责信息匹配的 Pagerank 算法；今日头条有智能新闻匹配算法；携程、美团等 OTA（在线旅行社）平台有智能调度算法；抖音凭借强精准、高效率的用户推荐算法成为世界首屈一指的社交媒体平台，成功进入全球品牌价值榜前十。数字化产业链已成为数字时代文化企业生存发展的重要保障。

（2）算法匹配大数据形成新竞争优势。

作为计算机科学的核心领域，大数据算法技术并不独特，其开源操作的特征预示着算法的低壁垒性，微软、甲骨文等任何一家科技巨头都能实现大数据算法技术，算法已经成为文化企业实现数字化转型的核心助手与竞争优势。算法技术演变的关键是算法需要依托大量的场景、数据进行应用、测算和迭代。数据显示，我国的数据产量已从2017年的2.3ZB（十万亿亿字节）增长至2022年的8.1ZB，同比增长22.7%，进入爆发式增长阶段，而不断迭代的算法通过匹配海量数据可以构成文化科技新竞争优势。大数据算法应用数据的场景复杂性、数据分散性等特征要求我国建立完善的算法防护体系，为建设“数字中国”夯实竞争软实力。基于此，商务部、科技部在调整之后的《中国禁止出口限制出口技术目录》中增加了“基于数据分析的个性化信息推送服务技术”，为尚未攻克的算法领域核心技术研发保驾护航。

3. 网络：透明通证、万物互联的文化新生产环境

区块链技术加速形成透明通证的网络环境，助力解决文化领域的版权难题。移动互联网、物联网等技术的发展将人、信息、设备、商品紧密联系在一起，为文化产业提供了良好的生产和消费环境。但传统互联网下的文化产业生产环境由于存在数据标准不统一、信息不对称等技术缺陷，无法解决可信、评价、反馈等问题。在此背景下，基于区块链和云计算技术形成的透明通证网络，将加速版权流通，促进数字版权的开发利用。

在万物互联、泛在生存的生产环境下，未来文化产业的形态将发生巨大改变。过去，通过Facebook、微信等社交软件实现人与人的链接，通过谷歌、百度等搜索引擎实现人与信息的链接，通过亚马逊、淘宝、京东等购物网站实现人与商品的链接，通过共享单车、无人驾

驶等实现人与设备的链接。未来，以5G、移动互联网、云计算、大数据、物联网为代表的ICT潮流，将推动“物联网”时代进入“万物互联”时代，人将置身于无所不在的网络之中，实现在任何时间、地点，使用任何网络与任何人与物的信息交换。泛在生存带来了全民娱乐和全民IP化，人人都可以成为内容的制作者和消费者，文化产业将呈现升级、融合、重塑三大方向。

此外，边缘计算与云计算相生相伴、深度融合，革新了互联网的服务模式，提升了互联网的服务质量。随着物联网设备的日益增多，大量网络带宽被占用，以集中式运算为特征的云计算的数据负担也逐渐加重。在数据井喷背景下，数据的处理和分析越来越需要在设备附近的“边缘”进行，即将集中式云计算的数据资源分配到数据产生源附近，这在减轻云计算中心压力的同时，有效减少了网络传输延迟，极大提高了互联网服务的效率，满足了“产业数字化、数字产业化”场景在时效性、安全性等方面的需求。未来，在云计算和边缘计算的双重支持下，“文化产业＋数字技术”将借助“边缘”实时性激发创作活力，凭借云端集中壮大产业实力，实现文化科技的深度互联互通。

4. 装备：计算机视觉与人工智能参与下的硬件升级

（1）人工智能与计算机视觉彻底重构传统制作流程。

人工智能与计算机视觉参与的影视制作，通过智能拍摄、自动剪辑与生成、虚拟预演、可视化增强等流程再造，有效节省了人力和制作成本，大幅度提升了制作效率和质量，推动我国迈入影视工业化转型升级的“高速路”。

随着AIGC和深度学习等技术在影视行业深度赋能，人工智能正在全面洗牌影视行业，以“降本增效”带动影视制作进入智能工业时代。在AI辅助后期制作领域，爱奇艺打造了爱创媒资系统，可以实现身份识别、表情识别、镜头识别、自动剪辑等功能，辅助大型综艺节目制作。在AI辅助自动生产领域，影谱科技首创推出机器自动化生产视频内容引擎MAPE，可实现视频自动生成、可视化增强、智能剪辑、辅助安全审查等功能，有效降低了制作投入成本，提升了视频生产效率。同时，在引进国外PG-13分级电影时，片方借助AI技术对画面进行“视觉配音”，辅助优秀影视内容通过安全审查，为国内引进国外电影产品提供了内容和质量的双保险。在虚拟预演领域，电影《狮子王》采用实时虚拟预演系统，运用游戏引擎和游戏制作方法，实现动态实时渲染，全面完善了电影制作流程、剧组分工乃至电影的呈现方式。在国内掀起科幻浪潮、定义了我国科幻电影发展新里程碑的《流浪地球2》也采用了虚拟预演技术，通过全场景建模等技术，建构了能够任意推演的摄制沙盘，并能提前预演演员走位、摄像机位等，重构了传统拍摄、制作分离的流程体系，通过多角度、多方案对比有效提升了影视制作效率。

（2）新一代科技应用促进文化硬件设备迭代升级。

伴随着VR/AR、裸眼3D、全息投影、交互投影等技术的发展，文化体验装备将不断升级，应用场景也将不断拓展。在交互体验设备方面，索尼推出了空间裸眼虚拟显示器ELF-SR1，用户无须佩戴任何设备，通过眼动追踪技术就可以渲染逼真的3D对象；Nreal紧抓AR/VR等虚拟现实技术的风口，接连推出Nreal X、Nreal Air等AR智能眼镜，大幅降低了传统智能交互装备的自身重量，借助SLAM摄像头等技术装备有效提升了交互体验的实时性、逼真性和稳定性。在新一代投影设备方面，Moment Factory运用全息投影、投影映射、多媒体设备打造定制化、沉浸式夜游体验。在智能演出设备方面，庆祝深圳经济特区建立40周年大型无人机灯光表演秀，通过控制826架无人机组成各式各样的图案，点亮深圳夜空。2022年北京冬奥会开幕式同样采用了无人机灯光表演艺术，2 022架无人机共同组成“冰墩墩”和“雪容融”两大吉祥物，为奥运精神注入科技的时代基因。

5. 算力：信息系统运行的新生产力

随着我国信息基础设施建设的不断完善和通信技术的不断升级，

算力与互联网产业的边界日益模糊，逐渐形成“算力＋互联网”协同共生的数字网络格局：一方面，算力改变了现有生活方式，逐渐在新媒体、游戏、智慧家居、智能工业等场景落地，以“万物上云，互联互通”的发展趋势带动人类生产生活向二维拓展，激活社会创新力；另一方面，算力开始摆脱工具属性，借助人工智能和深度学习等，逐渐形成自我判断和思考能力，成为人类生产工具的延伸。

作为新基建的重要组成部分，算力已成为数字经济高质量发展的核心动能。综合来看，算力可理解为整合计算、存储、传输等多功能于一体的数据处理能力，主要包括四个部分：一是系统平台。系统平台具有数据存储和数据分析两大功能，是算力生产力的关键部分，能够通过技术创新提升生产分析性能。二是中枢系统。中枢系统能够根据数据应用场景实时协调数据，打造“一对一”业务系统，有效提升“数字中国”的治理能力。三是场景。算力网络具有网络延迟性低、计算精准度高等特征，能够为网络延迟敏感度高的应用场景提供算力网络一体化支撑，跨部门协同合作。如算力能够为云游戏领域提供精准度高、实时性强、传输速度快的在线渲染服务，通过“云游戏＋算力”场景推动云游戏产业链上下游的互联互通。四是数据驾驶舱。城市管理可依托算力打造数据协同化、智能化、实时化的服务平台，即“数据驾驶舱”，将算力转化为城市治理能力，实现精准决策，有效提升城市治理水平。如陕西省宝鸡市便将数据驾驶舱使用权下沉至社区街道，通过社区党建、居委会事务等17个数据模块，实现了高效能基层治理。

四、中国式现代化语境下文化科技融合的新阶段

（一）回顾文化科技融合的中国式演进

1. 路径变迁：文化科技融合从线性融合向立体融合转变

十几年来，中国文化和科技融合的路径经历了从“线性融合”向

"立体融合"的主线切换：一方面，过去很长一段时间，文化和科技呈现"科技进文化易、文化进科技难"的融合表征，在路径上表现为科技单向赋能文化，即科技改造、提升文化产业的规模与结构，这种线性融合取得了巨大的成就；另一方面，随着我国实体经济高质量发展，实体经济自身对文化科技的诉求不断提升，近年来，文化和科技开始双向、多向立体化融合，迎来了立体化融合的契机。

（1）科技单向赋能文化的线性融合。

科技改造、重构传统业态，助力传统业态释放文化生产力。在科技的助力下，传统文化业态的结构不断优化、规模不断提升。一方面，科技助力文化产业向支柱产业迈进。随着科技应用水平的不断提高，科技为推动文化产业向支柱产业迈进提供了重要力量：我国文化及相关产业的增加值已从 2012 年的 18 071 亿元增长到 2021 年的 52 385 亿元，其增加值占 GDP 的比重从 2012 年的 3.36%增长到 2021 年的 4.56%（见图 1 - 10），其中，文化核心领域增加值为 36 717 亿元，占文化及相关产业增加值的比重为 70.1%。另一方面，科技推动文化产业的结构优化与升级。文化新业态营收规模从 2018 年的 2.1 万亿元增长至 2022 年的 43 860 亿元，其占文化企业营收规模的比重从 2018 年的 21.5%上升至 2022 年的 36.0%。科技推动文化产业从数字经济领域的相对滞后部门转变为先进部门，进一步释放文化新业态市场活力。

科技孵化新兴业态实现从跟跑到并跑再到领跑。在科技的助力下，以网络游戏、网络文学、网络视听等为代表的新兴业态不断发展壮大，逐步实现了从跟跑到并跑再到领跑。在网络游戏方面，中国已成为全球最大游戏市场，占全球主要国家游戏市场份额的 28.95%；据 Appmagic 公布的 2022 年全球手游收入榜单，《王者荣耀》《PUBG Mobile》《原神》占据海外手游市场前三，收入分别达到 22.24 亿美元、17.25 亿美元和 15.62 亿美元，中国游戏大厂依托强大的研发实力和独特的内容风格彰显出强劲的海外竞争力。在网络文学方面，

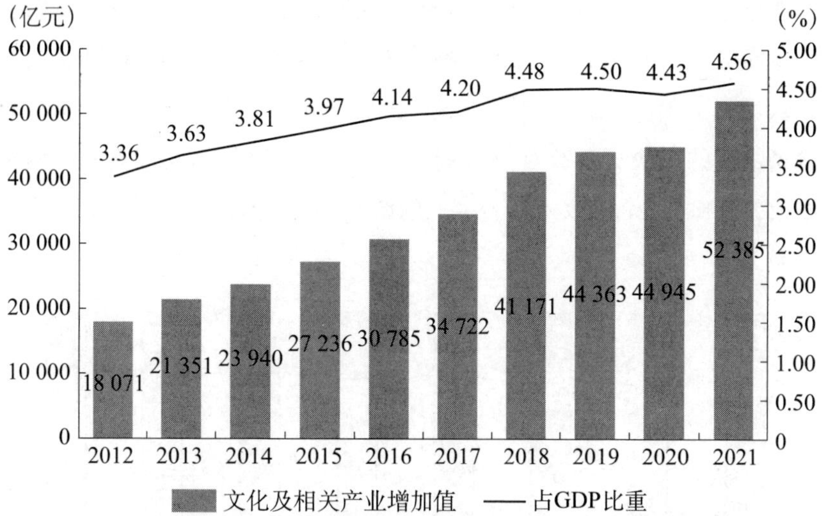

图 1-10　2012—2021 年我国文化及相关产业增加值及占 GDP 比重

2022 年中国网络文学海外传播规模不断扩大，海外用户超 1.5 亿人，输出网文作品 16 000 余部，网站订阅和阅读 App 用户有 1 亿多，覆盖了世界大部分国家和地区。在网络视听方面，TikTok 下载量连续五年全球第一，形成了全球范围独一无二的竞争力和影响力。

(2) 文化科技迎来立体化融合契机。

科技产业从工具属性向文化属性拓展。十几年来，我国科技产业在向高质量发展的同时，逐步摆脱传统工具导向，向文化属性拓展。以科技企业出海为例：一是 2012 年至 2018 年为第一轮风口，以工具属性的应用出海为主。例如猎豹浏览器、360 安全工具、茄子快传等纯科技工具产品，在 Google Play、App Store 等应用商店的下载量跻身前列，成为东南亚等新兴市场的“国民应用”。但是，随着互联网经济进入纵深发展阶段，纯工具属性的应用在没有内容加持和“护城河”的情况下，需求骤降，仅 2016—2017 年，工具类互联网应用的下载量便从 75.4%降为 33.0%（见图 1-11）。二是 2018 年至今为第二轮风口，科技出海转向以内容属性赋能的平台为主。例如，TikTok、米哈游等以强内容属性成为全球顶尖赛道里的头部企业。据统计数据，2021 年 TikTok 取代谷歌，成为全球访问量最高的互联网平台；2021 年米哈游的《原神》在海外 App Store 和 Google Play 的总收入达到了 18 亿美元，总营收超 24 亿美元，成为 2021 年 Reddit 浏览量最高的板块。2022 年《原神》在海外收获了 15.6 亿美元，米哈游成为 2022 年全球收入排名第三的游戏公司，全年手游收入 17.2 亿美元。

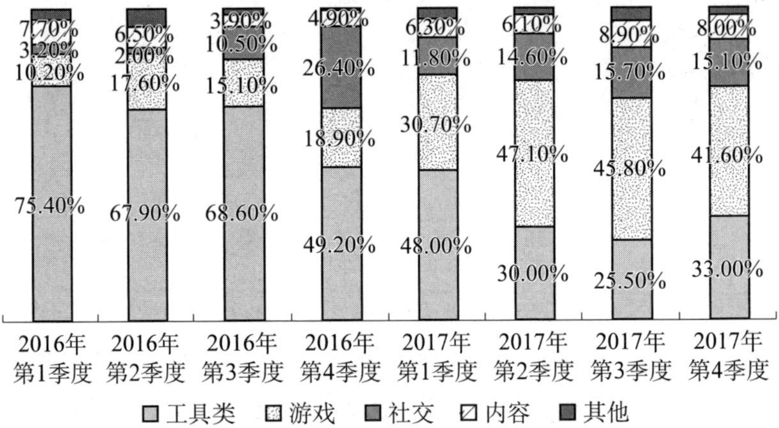

图 1－11　2016—2017 年互联网应用下载量占比

文化从“系统内循环”向“社会大循环”迈进。随着我国“双循环”战略的不断推进，我国经济社会对文化的需求逐步增加，要求文化产业进一步显现外溢效应，赋能实体经济。习近平总书记在清华大学参观时指出：“美术、艺术、科学、技术相辅相成、相互促进、相得益彰。要发挥美术在服务经济社会发展中的重要作用，把更多美术元素、艺术元素应用到城乡规划建设中，增强城乡审美韵味、文化品位，把美术成果更好服务于人民群众的高品质生活需求。”这意味着我国文化产业正从“自我领域”的“文化圈层”走向“服务经济社会发展”的“社会圈层”。

2. 场景拓展：用科技矩阵化打造文化场景聚合化

文化和科技融合是一个高度追求集成创新、应用创新的领域。当前，人工智能、XR、AIoT（人工智能物联网）等数字技术已逐渐矩阵化与聚合化，极大地拓展了文化创作、传播和体验的途径和方式，深度影响和重构了文化的形态、结构和价值追求。

第一，技术应用从点状转向矩阵化。随着产业端的需求日趋综合性和多元性，数字技术在文化产业的应用逐渐从点状应用向矩阵化应用转变，各种原创技术应用通过串联算力、共性技术等基础平台形成技术矩阵，极大拓展了数字技术在文化领域的应用空间。

第二，场景聚合化促进增量发展。当前，人工智能、XR、5G、大数据、AIoT 等数字技术已逐渐矩阵化与聚合化，加速了文化科技融合场景的更新，有效实现了场景的增量扩张：一是 5G 与云计算链接了海量云上文化资源；二是 XR、新型智能硬件等提升了文化表现力；三是人工智能与 LBS（基于位置服务）应用促进了文化场景的智能交互；四是大数据与算法让文化知识图谱化；五是 AIoT 使文化场景更具感知力。

3. 政策演进：文化数字化从工程项目上升到国家战略新高度

十几年来，文化科技领域的政策体系不断完善，政策层级不断提升，文化数字化从最初的工程项目逐步上升到国家战略新高度。

（1）起步期。2012 年，中共中央办公厅、国务院办公厅印发的《国家“十二五”时期文化改革发展规划纲要》明确提出要实施“文化数字化建设工程”，包括文化资源数字化、文化生产数字化与文化传播数字化三大任务。文化数字化正式以国家级工程项目的形态起步。

（2）破题期。2019 年，国务院发布的《国务院关于文化产业发展工作情况的报告》中明确提出建设文化大数据服务体系的要求；同年，六部门提出的《关于促进文化和科技深度融合的指导意见》中指出，要加快国家文化大数据体系建设。由此，以文化大数据为政策发力点的政策体系正逐渐实现破题。

（3）新要求期。2020 年，党的十九届五中全会通过的《中共中央关于制定国民经济和社会发展第十四个五年规划和二〇三五年远景目标的建议》提出了“公共文化数字化建设”和“文化产业数字化战略”两个数字化目标，为文化数字化政策进一步升级提出新要求。

(4) 国家战略期。2022 年 5 月，中共中央办公厅、国务院办公厅印发了《关于推进实施国家文化数字化战略的意见》；同年 10 月，党的二十大提出要实施国家文化数字化战略。这意味着文化数字化从部门层面正式上升到国家层面，迈向国家战略的新高地。

4. 动能转换：互联网文化经济向数字文化经济转化

过去十几年，受益于互联网经济在中国的爆发式增长，以“互联网＋文化”为主要特征的数字文化产业主动能逐步成型。但是，随着互联网文化经济向数字文化经济转变进入改革深水期，文化和科技融合的主动能逐渐发生了迁移，即从互联网文化经济向数字文化经济进行动能切换。

(1) 文化产业从消费互联网向产业互联网跃进。

一方面，“消费互联网”形态的文化产业进入存量博弈阶段，以平台经济为代表的部分文化业态，随着用户规模、消费时长的见顶，出现增量红利逐渐消退、产业规模趋于稳定、用户规模和时长增加幅度小、政策监管严格等特征，其发展进入存量竞争、增量空间不足的状态。另一方面，“产业互联网”形态的文化产业增量可观。随着5G、人工智能、物联网等新基建的逐步完善，围绕用户需求，链接文化产业、重点业态、线上线下场景、企业与公共文化机构行为与活动的新形态将为文化产业带来新的经济增量。

(2) 文化产业动能转换与数字经济动能转换窗口相匹配。

文化产业动能转换不是孤立出现的，而是与我国数字经济动能转换窗口相匹配而形成的。2022 年，国务院印发的《“十四五”数字经济发展规划》体现了我国经济增长主动力转型的决心与方向，即从过去偏向市场后端的互联网经济，向前端要素市场、底层新基建、后端产业应用的全要素、全流程、全业态数字化转型迈进。

5. 需求迁移：以消费为中心的供需议价权地位转变

随着文化消费主体的需求逐渐向个性化、定制化、碎片化演变，消费者的“主角意识”和“交互意愿”不断增强，以消费为中心的供需议价权地位开始转变，消费与创作走向双向贯通局面，个性需求的出现倒逼文化供给侧出现柔性供给。

一是“主角意识”要求创作端开放“主体互换”。随着消费者“主角意识”的增强，消费者对文化产品及服务的态度从“被动型接受”向“主动型接触”转变，消费者和创作者的边界越来越模糊。

二是“交互意愿”要求建立互动机制与交互系统。消费者“交互意愿”增强，对沉浸式、强交互性场景的需求逐步增长，要求文化产业端体验场景建立互动机制与交互系统。

三是个性化、碎片化需求倒逼柔性供给。当前，消费者需求逐步向个性化、碎片化转变，要求文化产业供给端实现定制化和柔性供给。例如“敦煌诗巾”等文化爆款产品，以敦煌元素为基础，借助定制 DIY 合成算法，为消费者提供“千人千面”的丝巾定制服务，并推出“一条起订”的轻量化生产模式，实现了线上 DIY 设计需求和线下个性化产品供给的贯通。

（二）展望未来文化科技融合发展趋势

1. 生产过程社会化、服务内容集成化

数字化、网络化、人工智能等技术的发展，推动创意生产过程社会化、服务内容集成化。新技术的应用使创意和设计的门槛一再降低，创作日益平权，普通人也可以发挥巨大的创意能力。以腾讯推出的敦煌诗巾为例：利用数字化技术解构了敦煌壁画、藻井、雕像中的 200 多种文化元素，将文化元素开放给小程序后，短短一个多月 200 多万人次参与设计，形成了 10 余万件可以商业化的创意作品。网络技术、数字技术和智能技术等的相互融合推动了文旅服务内容的集成化。文旅服务端口和终端使用数量日益减少，服务便利程度大幅度提升。例如服务于全域旅游的智慧平台——“一部手机游云南”，整合了包括微信公众平台、微信小程序、腾讯云、微信支付、人脸识别、AI、智慧零售在内的多项核心技术与能力，打造了数字身份体系、数字消费体系、数字诚信体系、地理信息开放体系以及LBS数字化资源服务、商务聚合服务等服务体系，全面覆盖了游客游前、游中、游后的各项需求，为游客提供了一站式智能服务。

2. 创作协同化、内容个性化

深度学习和人工智能技术的快速演进已经显著改变了内容创作的产业格局，重塑了创作主体与客体、创作内容与流程等领域的关系链，带动创作流程走向智能化、协同化，以契合消费者个性化、多样化的文化内容需求。

一方面，AI已经能够通过接入办公软件协同人工完成内容创作、校对等工作，并通过网络搜索和公式化总结自动生成新闻报道等内容，以智能化、自动化、程序化的工作方式提高内容生产效率。如微软宣布将把AI技术植入Microsoft 365办公软件中，通过“Microsoft 365 Copilot”套件的大语言模型（LLM）实现AI协作办公，替代人工完成模式化、简单化、重复性强的工作内容，以“人工+AI”协同创作的模式解放人工，实现高质量创作的生产力。

另一方面，消费者个性化、碎片化的内容需求不断扩张，而人工智能能够通过大数据和行为学习等，根据用户的偏好和需求创作个性化内容，进一步提高用户对内容的满意度和对文化内容的参与度，提升文化创作内容的用户保留率和转化率。如Tome平台能够精准匹配用户需求，实现PPT等文件的个性化、灵活化和商业化定制，提升内容生产工作效率。

3. 营销传播裂变化、智能化

借助互联网头部社交平台，利用社交生态链的关系黏性，以个体为传播节点，将社交平台线上的海量流量导入实体景区的裂变式营销逐渐成为景区的主流营销模式。如茶卡盐湖就是通过微信朋友圈、微信公众号传播的“网红景区”，年游客接待量突破 300 万人次。梦幻奥陶纪、洪崖洞、华山长空栈道等则是靠抖音带火。淄博烧烤通过社交媒体平台，大范围触及潜在客户群，通过线上营销推广加速流量裂变，并在短时间内实现了线上流量的线下转化，打造出现象级城市文旅 IP。

大数据、云计算、人工智能技术等推动文旅营销智能化。对于海量内容产品及服务场景，算法及 AI 在分发过程中占据绝对主导地位。如蓝色光标推出小蓝机器人家族产品，覆盖目标洞察、策略制定、数据分析、线上线下精准投放、营销效果监测及评估等功能，形成了智能营销闭环，实现了营销行业内“创意＋数据＋产品＋资源＋服务”的深度融合。

随着社交关系网在互联网的深度渗透，以社会传播为重要发展路径的数字广告的规模也不断扩张。相关数据显示，2022 年中国互联网广告市场的规模约为 5 088 亿元，较 2021 年下降 6.38%，中国互联网广告市场已进入结构性调整的深水区，亟待直播、短视频等新兴业态通过裂变激活潜在价值。

4. 临场体验沉浸化、交互化

声光电技术、VR/AR、人工智能等技术能够将传统的二维展示空间拓展为三维立体空间，为消费者提供效果逼真、感受新颖的文旅新场景，推动文旅临场体验沉浸化、交互化。例如日本的 TeamLab 光影互动展，是现象级沉浸式体验项目。TeamLab“花舞森林”不仅借助电脑编程、传感器、投影、灯光、互动动画、音乐效果和玻璃组成了一个奇妙空间，春、夏、秋、冬四个季节的花分布在不同区域，而且这一由电脑程序打造的梦幻虚拟花海能与观众实时互动，观众用手触碰后花朵会开始凋谢，人群聚集的地方会百花齐放。再如腾讯面向社会举办的大型用户互动科技展 T-DAY，火爆深圳、广州、上海、西安等各大城市。其中在人气展区“情绪森林”，只要演唱一首歌词中带有颜色的歌曲，灯光就会自动识别并转换成相应的色彩。除了

“情绪森林”，还有人气手游《纪念碑谷 2》的实景体验、学变脸包教包会的“千人千面”、机器人智能写稿的未来报亭等。“沉浸式体验＋声光电”融合发展趋势正在不断为我国传统文化美学意象注入数字时代基因，如“神秘敦煌”文化展将全球最大的涅槃卧佛以三维立体化形象展现给消费者，引导消费者在虚实融合的体验中加强对文化底蕴的理解。

5. 公共文化服务智慧化、体验化，走向市场化

人工智能、虚拟现实、大数据、交互展陈等技术的发展推动博物馆由数字化向智慧化、体验化转型。公众在博物馆交互，面对的不再是一个个冰冷的橱窗，而是通过数字化虚拟出来的古代世界。通过应用数字化、VR/AR 等各种新技术实现公众与博物馆藏品的高度交互，进一步解放博物馆的社会教育职能，着力讲好中华优秀传统文化故事，满足人民群众日益增长的美好生活需求。如故宫博物院的《千里江山图》画卷运用 AR 技术提供全景环绕的沉浸式体验；敦煌研究院的“当壁画遇上二十四节气”借助文化科技，将二十四节气中的文化内涵与敦煌壁画中相关的画面进行结合，让古老的壁画与现代生活进行连接。

同时，文化科技新技术在公共文化服务场馆的应用有力地推动了公共文化服务走向文化消费市场，让传统单一功能的公共文化服务升级为开放式、协同式、互动式的文化交流创新平台，吸引了社会各界力量加入公共文化服务队伍，契合了数字时代消费者个性化、碎片化和多元化的文化需求。如成都创新性地推出“成都公共文化服务超市”项目，通过“在线＋在场”结合的方式，打造了常态化文旅公共服务产品对接平台，实现了“公益＋市场”的精准对接，激发了基层公共文化服务建设活力。

6. 市场治理透明化、预测精准化

随着数字技术日益走向通用型、实用型的发展新阶段，“市场治理＋科技”的新局面已成为数字经济高质量发展的重要保障，能够有

效保障文化市场交易的透明度、公正度。以科技创新赋能文化市场治理，能够更好应对数字经济时代文化交易市场的复杂形势。在人工智能、大数据等技术的支持下，杭州互联网法院通过优化审判流程、打造电子证据平台、明确案件相关信息等实现了法庭审判模式的自我变革，建设并完善了网上诉讼服务中心，实现了诉讼全流程的在线化，即起诉、调解、立案、举证、庭审和审判等流程的线上化操作；并依托区块链技术，推出了全国首个法院电子证据平台，输入存证编码即可实现电子证据的在线查询、智能比证等功能，让证据查询、对比走向智能化、透明化和便捷化；打造"人民看得见"的庭审大数据平台，推出庭审实况、文书公开等模块，实现了部分庭审直播化、材料公开化，加速推动市场治理的透明化。截至 2022 年 8 月 15 日，杭州互联网法院结案 81 443 件，其中网络著作权类纠纷占比最高，达到 40.91%，有效维护了数字文化内容产业的良好生产氛围，实现了市场治理的透明化。

透明、高效的市场治理为文化企业提供了规模更大、质量更优的数据资源和更优良的市场发展环境，为文化市场预测提供了精准有序的参考，减少了预测、预警过程中的不可控、不透明因素的影响。依托大数据、人工智能和深度学习等技术，爱奇艺通过预测过往同类型项目的排播模式和效果，为待发布、待制作内容提供排播建议，规避宣发、版权等环节的风险，提升视频内容的有效流量，目前整体预测准确率已超 80%。

（三）探索未来文化科技融合发展焦点

未来，随着文化数字化进入纵深阶段，其创作伦理、监管逻辑和制度诉求将会发生转变。一是创作伦理应考虑数据驱动与人本优先的平衡。未来在数字文化产业的创作领域，追求效率和创意的平衡是绕不开的话题，既需要数据驱动，提升产业发展效率，又需要以人为本，重视人的创作作用和关系网络。二是监管逻辑从结构导向型向行为导向型转型。互联网文化产业是监管的重点领域，未来互联网文化产业不仅需要规模化发展、充分发挥外部效应，还需要开放竞争，监管的重点将从是否形成垄断结果向是否阻碍竞争行为转变。三是制度诉求："大众化"补贴"大家化"。科技创新有力推动了文化"大众化"发展，但受审美和文化内涵追求永无止境等因素的限制，很难促成文化"大家化"，即市场机制对文化"大家化"失灵，因此需要探索一种机制，让"大众化"来补贴"大家化"。

1. 数据串联：推动文化资源数据互联互通共享

制定数据标准规范，实现文化资源数据互联互通共享。重点突破文化资源分类与标识、数字化采集与管理、跨集群通信与数据迁移等关键核心技术，对共性数据资源进行统一梳理，制定数据接入、数据描述、数据管理、数据访问等统一的标准规范，从基础架构层面解决分散异构的数据存储、管理和计算分析问题，加快推进全产业链数据资源整合，加强公共数据开放共享和服务平台的可用性和易用性，以海量、优质的数据资源供应，促进优质 IP 生成和产业化运营，全面激发文化产业的创新创意与活力。

（1）数据采集存储标准化。

数据作为核心要素，其采集和存储是文化产业数字化、智能化转型的基础和底座，但目前我国数据供给端仍存在采集效率低、流程混乱、标准不一等问题，亟待开展文化大数据标准化工作，规范文化产业在数据挖掘、存储和应用过程中的标准化体系，提高文化数据的互通性和安全性。可以从以下三方面入手：一是要实现元数据的标准化，实现系统化、有序化组织、索引、描述、维护和更新数据等，为实现高效数据采集、数据加工和数据共享夯实基础，助力打造通用性数字中台；二是要实现数据存储格式的标准化，破解内部流通数据难以向外部渗透等问题，应针对文本、图像、音频等制定统一规范的压缩、标注编码和解码等标准，提升数据互通性；三是要规范数据存储质量的标准，明确数据质量分级和检查、清洗等流程，及标准化处理数据库异常数据、改进数据质量等流程。

（2）数据关联突破“孤岛化”。

为破解我国文化大数据领域数据流通不畅、应用不匹配等问题，应加快对文化数据的关联和解构，将大规模、关联复杂、来源复杂的数据解构为更易理解和分析的形式：一是要实现数据交换的普遍化和统一化。通过明确数据打包和传输、数据接收和解析等数据交换制度标准，推动数据在不同系统和平台之间流通。二是要实现数据的动态流动。物联网和算力等技术的发展为大数据关联解构的实时性和动态性夯实了基础，能够快速响应并处理数据关联产生的数据分析需求。三是要提升数据关联解构的覆盖面。借助分布式存储和计算技术等，将数据存储在多个存储节点，以进一步提升数据关联的计算效率和应用覆盖面积。

（3）数据链条闭环开放化。

在大数据采集标准化和解构分析关联化的前提下，应进一步完善大数据从生产到体验应用的全链条闭环服务。一是完善文化数据决策链。引导大数据深入赋能文化数字化产业中的实际决策，融合并加强预测分析、精准推荐、风险控制等环节，摸清数字文化产业发展情况，完善文化数字化空间布局。二是打造文化数字产品链。利用大数据拓展文化应用场景，依托5G、虚拟现实等技术和博物馆、美术馆等现实空间场景，将大数据转化为可看、可听、可感的可视化产品；创新文化大数据产品模式，完善上游数据供应链、中游数据创新链和下游数据应用链，积极发展“大数据＋出版”“大数据＋影视”等融合业态。三是发展第三方文化大数据产业。培育一批优质的文化大数据供应商和服务商，开放大数据应用平台多元功能，在标准化前提下打造大数据应用中台，提供一站式数据查询、数据分析、数据可视化等服务，提升大数据服务的可用性和用户体验，以文化大数据创新带动资源数字化、场景融合化。

2. 要素流通：文化数字资产探求“脱虚向实”的合规路径

文化数字资产是未来文化领域重要且不可或缺的流通要素。传统意义上的文化数字资产因其虚拟化、金融化属性，在我国面临较强监管压力。当前，在现有约束条件下，文化数字资产与实体经济高度捆绑结合，通过进一步“脱虚向实”，或可探求到可行的合规路径。

（1）文化数字资产虚拟化、金融化面临监管压力。

目前，我国相关部门对文化数字资产的虚拟化、金融化监管态度较为审慎，文化数字资产要素流通面临较大监管压力。在政策层面，相关部门主要从金融和文化两个角度强化规制和约束，比如规定文博单位不应直接将文物原始数据作为限量商品发售、强化文化数据要素市场交易监管、明确虚拟货币不具有与法定货币等同的法律地位等。在行业层面，中国互联网金融协会、中国银行业协会、中国证券业协会等相关行业组织主要从金融和交易两个角度强化行业自律。（见表 1－2）

表 1－2　文化数字资产相关政策文件及关键要点整理

发布时间	政策文件/会议	发布/参加单位	关键要点
2021.9	《关于整治虚拟货币“挖矿”活动的通知》	国家发展改革委等 11 部门	明确虚拟货币不具有与法定货币等同的法律地位
2021.9	《关于进一步防范和处置虚拟货币交易炒作风险的通知》	中国人民银行等 10 部门	
2021.10	《数字文创行业自律公约》	国家版权交易中心联盟、蚂蚁集团、京东科技、腾讯云等机构	防范对数字藏品的投机炒作和金融化风险，抵制数字藏品拆分交易
2022.4	在北京组织召开数字藏品有关情况座谈会	国家文物局相关司室	明确提出文博单位不应直接将文物原始数据作为限量商品发售

续表

发布时间	政策文件/会议	发布/参加单位	关键要点
2022.4	《关于防范 NFT 相关金融风险的倡议》	中国互联网金融协会、中国银行业协会、中国证券业协会	坚决遏制 NFT 金融化、证券化倾向，从严防范非法金融活动风险
2022.5	《关于推进实施国家文化数字化战略的意见》	中共中央办公厅、国务院办公厅	强化文化数据要素市场交易监管
2022.5	《中国 NFR 数字权益行业自律公约》	61 家机构	要求不在底层商品中包含证券、保险等金融资产，抵制变相发行交易金融产品
2022.6	《数字藏品行业自律发展倡议》	近 30 家机构	反对二次交易和炒作
2022.11	《数字藏品合规评价准则》（团体标准）	中国商业股份制企业经济联合会	定义数字藏品概念与其发行标准；提出数字藏品不可开展金融化、证券化等挂牌或私下非法交易流转

（2）文化数字资产合规化的三重条件。

综合当前的监管导向与产业实际，本书认为，文化数字资产如要实现在国内监管层面的合规，需要满足以下三重条件：一是在底层架构上，交易底层架构要完全依托于央行数字货币系统，不以比特币等虚拟货币作为计价和结算工具；二是在交易边界上，中央网信办、工信部等管理部门要约定交易边界，比如明确规定不在文化数字资产的底层商品中包含证券等金融资产、不为其交易提供集中交易和融资支持等服务；三是在跨链平台上，需要统一上链标准，在链与链之间达成统一的共识，建设一个监管支持的跨链交易平台，更好实现对发行交易各主体的认证监管，配合反洗钱等工作。总体而言，这三重条件在短期内难以实现。

（3）现阶段要素流通合规路径与实体文化产品、服务相结合。

现阶段，文化数字资产可行的合规路径之一，是与实体经济相结合，进一步“脱虚向实”：第一，在结合机制上，文化数字资产需要与实体的版权、产品、服务、权益等捆绑结合；第二，在融合方式上，文化数字资产可一对一或一对多与实物挂钩，但不可多对一与实物挂钩；第三，在定价机制上，文化数字资产可与实物平价、溢价、折价，平价是考虑作为宣传渠道为实体产品带货，溢价是考虑其本身的内容属性和设计属性，折价是考虑作为推广渠道。

3. 技术路线：3D 元宇宙与三维元宇宙的技术路线抉择

元宇宙是文化科技融合未来发展的热点和焦点，当前的产业界和学术界对元宇宙实现场景的描绘和表述较多，但对其技术路线的判断较少。在未来明确的资源与成本约束下，需要进一步明晰元宇宙发展的技术路线，以实现长期的可持续发展。本书认为元宇宙主要有 3D 元宇宙与三维元宇宙这两条技术路线，前者依赖算力工具，后者依赖视觉工具。

（1）算力工具导向的 3D 元宇宙，依托算力工具让虚拟世界更现实。

3D 元宇宙是指在虚拟空间再造平行世界，通过算力工具建设多重虚拟场景集合体，致力于将虚拟世界变得更现实，是一条高度依赖算力工具和渲染引擎技术大爆发的“高阶”元宇宙路线。其技术需求包括高算力、大集群的算力网络，高带宽、低延时的一体化网络架构，高智能、感知化的人工智能交互，高精度、全尺度的 3D 建模技术，高交互、高仿真的虚拟现实呈现。当前，高精度的 3D 元宇宙制作对时间、人力、资金、渲染引擎、算力支持的要求较高，其快速发展主要依赖于算力工具和技术大爆发，否则难以平衡资金和人力投入。例如：高精度 3D 元宇宙的代表、经验丰富的游戏制作公司 Rockstar Games 出品的《荒野大镖客：救赎 2》，开发时间达 8.5 年，开发费用达 8 亿美元。这种需要高技术储备、高时间成本、高资金成本的路径，难以迅速实现社会化生产、全面发展。反之，没有相关技术储备的 Meta 公司（原 Facebook）旗下的元宇宙社交平台“Horizon Worlds”的开发时间为 1.5 年，花费超 160 亿美元，但在视觉效果上仍然属于非常粗糙的3D元宇宙。

（2）视觉工具导向的三维元宇宙，依托视觉工具让现实世界更虚拟。

三维元宇宙是基于现实世界的物理空间，通过图形、影像等视觉工具与交互装备，致力于使现实世界更虚拟、实体空间和虚拟空间更耦合，是一条高度依赖视觉工具的“低阶”元宇宙路线。其技术需求包括新一代消费级智能交互终端、虚拟现实立体视觉工具、多通道投影融合技术、互动感应智能控制等。这条技术路线初始投入成本较低，且不受限于算力工具与渲染引擎技术的大爆发，但是高度依赖新一代消费级智能交互终端的突破和对文化内容的深度挖掘。

4. 算力分配：东数西算战略助力“文化算力网”建设

在文化领域中，不同使用场景的文化数据对算力的需求差异巨大，以短视频等为代表的高频消费场景算力需求大、成本高，以文化供给端数据存储为主的低频消费场景算力需求小、成本低。东数西算战略依托地缘实际分配不同算力，助力打造文化算力网，解决算力分配问题。

（1）文化热数据与文化冷数据的算力需求不同。

文化领域数据可根据使用场景与被访问频次分为高频次数据、低频次数据两类，即文化热数据和文化冷数据。文化热数据直面消费者，使用场景少，储存成本高，算力要求高。在以东部地区为主的游戏产业市场中，虚拟世界的游戏画面渲染、实时交互等场景产生的数据量大，对数据存储、智能管理和高效数据访问的要求较高。文化冷数据不直面消费者，使用场景多，储存成本低，算力要求低。其主要产生于绝大多数文化数字化供给端的数据存储使用场景，可以存储在性能较低、成本更低的冷存储系统中。

（2）东数西算战略结合地缘实际，打造高效文化算力网，解决算力分配难题。

目前，我国东部地区数据应用需求大，但能耗指标紧张、电力成本高，大规模发展数据中心的难度和局限性大；而一些西部地区可再生能源丰富、气候适宜，但存在网络带宽小、跨省数据传输费用高等瓶颈，无法有效承接东部需求。文化数据可以借助东数西算战略的数据生命周期管理策略，将有限算力按需分配，打造高效文化算力网。微观上，通过数据高低频分级集中管理，实现存储性能、容量和成本之间的平衡；宏观上，通过构建数据中心、云计算、大数据一体化的新型算力网络体系，将东部文化产业产生的大量算力需求有序引导到西部，优化数据中心建设布局，推进文化算力的东西部协同联动。

5. 创作主体：从 PGC、UGC 到 AIGC 的代际革命与伦理冲突

从 PGC（专业生产内容）、UGC（用户生产内容）到 AIGC，内容创作不断迭代升级，对社会生产关系的演进也产生了更为深远的影响。AI 从辅助内容创作的工具逐渐成为创作主体，对人工创作产生了巨大的冲击，创作伦理冲突不可回避。

（1）从实验室到产业现象，正视 AI 在高频交互式消费场景中的创作作用。

过去，AI 自主生产的内容以实验性探索为主，比如 AI 作诗机器人、AI 谱曲机器人等。AI 已在内容创作中实现了巨大的突破，在某些领域甚至替代了人工生产。例如：在美国科罗拉多州博览会的美术比赛中获得第一名的《空间歌剧院》（Théâtre D'opéra Spatial），是通过 AI 绘画软件 Midjourney 自动生成的。这种 AI 创作的成本与人工创作的成本差异巨大。在人工创作方面，一个画师需要 16 年的培训，并通过大量沟通，才能做到一周左右完成作画，每幅画平均成本在 1 000～1 500 美元。而 AI 创作仅需要输入关键词描述，20 秒内即可完成画作，采用限时免费＋订阅制付费模式。相比之下，AI 创作提供了成本更低、效率更高的解决方案。在高频交互式消费场景下，特别是未来在元宇宙场景下，AI 创作一定是不可或缺的。

（2）从产业实际到可持续发展，正视艺术家的不可替代性与权益诉求。

一方面，要正视艺术家的不可替代性。AI 创作的素材源于已有

的艺术家作品。AI 通过对现有素材库进行学习，用算法做拼贴、优化和再创作。如果 AI 完全替代艺术家或艺术家没有正向激励来创作新内容，AI 学习的素材库就无法扩容提升，AI 就会陷入模板化、脸谱化的创作循环中，因此艺术家仍然不可替代。另一方面，要正视艺术家的权益诉求。AI 创作通过学习借鉴艺术家的作品而产生经济价值，但艺术家却无法获得相应的报酬。随着 AI 创作的广泛应用，艺术家将面临失业压力，于是开始抵制人工智能，这种创作伦理冲突成为目前 AI 创作产业发展中最核心、最亟待解决的问题。

（3）探索合作机制，打造人机协同可持续发展的内容创作环境。

在未来，只有探索构建 AI 创作收益分配机制，量化艺术家在 AI 创作中的贡献，打破艺术家对 AI 创作的抵制行为所形成的创作负反馈循环，才能协力营造出一种可持续发展的内容创作环境，让艺术家继续探索艺术与人文的创作边界，到那时 AI 创作的素材资源才会得到不断补充和完善，AI 创作才会继续生产低成本、高质量的作品。例如：可以探索 AIGC 创作平台的使用者与平台本身的初始版权归属与利益分配机制；分析和记录 AI 创作对原创作品的参考及使用比例，根据比例进行版权收益分成；通过在作品传播中始终标注版权信息，保护原创者权益。

6. 创作流程：利用人工智能辅助文化内容创作生产

让人工智能参与烦琐复杂且有规律的文化内容创作生产，做好技术辅助，把需要的素材进行整理，让人把精力主要放在高端创意部分，从而提高文化产品创作生产效率，促进文化科技产品和服务向规模化、集约化发展。如阿里巴巴的人工智能设计师鲁班 AI，通过机器学习、理解需求、制作草图框架、补充文化元素、完善细节、系统选择最优方案、输出消费终端的一系列全智能化流程，能达到日均设计 4 000 万份海报的能力。2017 年“双 11”，鲁班 AI 设计出了完全不同的 4 亿份海报，这是 100 个专业设计师 600 年的工作量。这些技术极大解放了设计师，使设计师能专注于高端创意，也有效提升了商品的触达率和展现率。

(1) 人机群智提升生产创作上游思维。

作为人类大脑的延伸工具，经过深度学习的人工智能能够扮演内容创作的工具角色、合作者角色和提升者角色，并能够从以下几方面提升生产创作思维：一是人工智能协助提供新的创作工作。"AI+写作""AI+绘画""AI+计算机"等生产创作工具的开发为创作者带来新的创作方式，如 Midjourney 等人工智能绘画软件为创作者提供了新的生产工具，带来了新的创作方式与思维视角。二是在自然语言处理、计算机视觉和深度学习等技术的支持下，AI 已经能够整合多区域、多源头的数据，在短时间内实现高效学习，为人类创作者提供可选择性强、类型丰富的解决方案，提升人类创作和决策的容错度。如 ChatGPT、NewBing 等对话型人工智能能够针对一个问题提供多元化的解决方案，激活创作者的创作灵感，进一步拓展人类创作的思维边界。三是 AI 能够根据人工创作者的学习水平和知识掌握水平提供个性化的学习和培训服务，通过虚拟导师帮助创作者以低成本、高效率的方式提升创作技能。如小猿学练机结合 AI 技术，基于每一位用户的学习基础构建 3D 知识图谱，实现学生与"虚拟老师"的一对一匹配，助力教育强国建设，为未来教育夯实智慧基础。

(2) 深度学习自适配生产创作中游流程。

深度学习作为一种人工智能技术，已经在各种创作流程中发挥了重要作用——从音乐、艺术、文学创作到电影制作，并能够加快生产创作流程的转型升级。

一是 AI 自主与辅助创作。通过进一步优化对内容创作的预测与辅助，深度学习可以在创作过程中起到辅助作用。例如，AI 可以提供词汇建议，或者预测下一句歌词或故事情节，帮助创作者打破创作阻碍，提高创作效率；AI 可以自动化地生成、编辑和优化媒体内容，如新闻报道、文章写作、音乐创作、电影制作等；AI 还能够进行内容审核，自动检测和过滤不合适或有害的内容，实现媒体内容生产的提质增效。

二是增强对用户行为的反馈和分析。深度学习可以通过分析用户的反馈和行为数据，帮助创作者理解用户的需求和偏好，从而优化创作，契合用户个性化、多样化需求，实现“千人千面”的产品生产流程。

三是自动化和优化冗余任务。AI 能够帮助处理重复性和时间消耗性任务，如数据整理、分析和预测等，从而让人们有更多的时间和精力专注于创新和创作，深度学习模型如生成对抗网络（GANs）等已被广泛应用于音乐、艺术和文学创作中。这些模型可以根据训练数据生成新的创作作品、优化原有作品内容，例如，自动创作音乐、绘制艺术作品或者创作新的故事和诗歌、自动检索并剔除文章重复部分等。

四是人机交互实时决策。在虚拟现实、增强现实等领域，深度学习技术可以实现实时的人机交互和内容生成，创造出沉浸式的创作和体验环境，提高内容生产创作的实效性、创意生成流程的及时性。

（3）文科产研对接打破传播下游限制。

一是打破跨地域语言障碍。AI 通过自然语言处理技术，可以进行高质量的语言翻译，打破语言屏障，使跨学科、跨语言的内容传播成为可能。同时，自然语言处理技术还可以用来进行情感分析、语言生成、信息提取等任务，进一步提高内容传播效率。

二是实现社交内容推荐分析。AI 通过机器学习和深度学习技术，可以进行个性化内容推荐。AI 可以根据用户的行为和兴趣，推荐相关跨学科内容，从而激发用户对新领域的兴趣，延伸跨学科、跨平台的内容传播路径。

三是针对全媒体精准传播。AI 通过数据分析和机器学习，深入理解用户的行为和兴趣，可以实现个性化的内容推荐和精准广告投放。此外，AI 还可以进行社交媒体分析，预测和管理用户的反馈和情绪，优化内容传播策略。

四是助力全媒体内容监测，提升企业应对互联网舆论风险的能力。AI 可以进行实时的内容监测，如舆情分析、假新闻检测、版权侵权监测等，还可以自动检测和报告异常情况，帮助媒体机构及时应对各种问题和挑战。

7. 生产工具：内容生产中的游戏引擎“技术中台化”

内容生产特别是视觉内容生产，未来将面临高频化、规模化、集约化的需求，而游戏引擎目前已呈现出整合性内容生产中台特征。其通过对视觉内容生产流程的整合优化来提升生产效率，应用领域也得到不断拓展。

（1）技术中台化的游戏引擎整合并重构泛视觉领域技术流程。

过去，传统的影视、动漫、游戏等行业都高度依赖 CG 内容制作，但不同行业中的制作流程和技术壁垒各不相同。当前，游戏引擎出现了整合化、贯通化趋势——通过把利用各种数字内容创作（DCC）工具制作的数字资产整合到一起，实现多层次、模块化软件搭建，并在此基础上进行整合优化，实现渲染、物理与动作等核心功能，高效、便捷地生成视觉产品。例如，虚拟引擎 5 已经广泛应用于影视、综艺等领域。

（2）游戏引擎将在影视、建筑、工业等领域广泛应用。

影视领域：游戏引擎借助其渲染能力和快速迭代能力，能快速搭建超写实场景，并完成实时效果合成，打造超逼真场景，大大提升了制作效率。例如《曼达洛人》的超半数镜头都使用虚幻引擎制作。

建筑领域：游戏引擎可实现虚拟设计效果，能把传统的设计模式提升到数字化的所见即所得的水平，大大提高了设计和规划的质量与效率。例如，虚幻引擎提供了实时建筑可视化工具 Twinmotion，可还原整个城市的面貌。

工业领域：游戏引擎可应用到工业仿真的各个环节，提升产品开发效率，增强数据采集、分析、处理能力，减少决策失误，降低企业风险。例如，在汽车行业，AVSimulation 使用虚幻引擎测试自动驾驶系统。

8. 关键装备：智能眼镜终端进展决定产业增长路径

元宇宙尤其是三维元宇宙的发展，在很大程度上依赖视觉工具的进步，而智能眼镜作为视觉工具的关键交互终端，其技术进展对产业增长路径起着决定性作用。

（1）人类接收信息的渠道演变。

随着技术的发展与进步，人类接收信息的渠道不断变化，但共同趋势是交互距离不断缩短——从 10～30 米的剧场影院为主流，到 3～5 米的电视端为主流，再到 1～2 米的电脑端为主流、20～30 厘米的手机端为主流，最终趋势可能是贴近眼睛的智能眼镜端。

（2）视觉工具的矩阵式协同依赖便携、刚性、智能的眼镜终端。

三维元宇宙的虚实结合需要视觉工具的矩阵式协同。当前，视觉工具的协同交互主要是靠手机端和 VR 头盔，但是这两种交互终端都不是最终形态，更像是中间过渡形态，因为无法满足便捷性、逼真性和及时性等诉求。未来，交互终端的终极形态更可能是智能化、便携式的消费级眼镜终端。当前，市场上已有的 Microsoft Hololens、Google Glass、Nreal 等智能眼镜，已经有一定的便携性和及时交互性，但整体功能还需要进一步提升。

2023 年 6 月，苹果公司推出了首款智能头显设备——Vision Pro。作为空间计算设备，其兼具强技术性和高实用性的属性特征为智能眼镜领域带来了技术革命式的新风。一方面，Vision Pro 有望实现视觉终端的逼真性和及时性。Vision Pro 搭载了传感器处理芯片 R1 和计算芯片 M2，并拥有 17 个传感器、6 个麦克风和 2 块 4K 级别的 Micro LED（作为显示屏）。在双核高性能芯片的支持下，Vision Pro 能够破解现有智能眼镜的虚实交互真实性不足、延迟性较高等问题，将现实物理空间与虚拟数字空间无缝融合，真正实现“现实生活虚拟化，虚拟生活现实化”。另一方面，Vision Pro 有望破解现有智能眼镜可交互内容少、生态体系不健全等问题。当前，市面上的智能眼镜缺少成熟的应用交互生态，难以为智能眼镜提供规模性、市场化的交互环境。Vision Pro 搭载 Vision OS，能够依托苹果原生的生态系统，为消费者提供成熟的应用闭环，最大化激活眼动追踪和脑机技术的应用潜力，推动智能眼镜成为解放生产力、丰富生活场景的关键装备。

（3）智能眼镜终端带来的交互提升。

一是更加便捷的使用体验。相对于手机，智能眼镜使用起来更为便捷舒适且解放双手。目前，量产的智能眼镜的重量已能达到 90 克左右，虽然还不能完全替代普通眼镜，但佩戴舒适性已经大幅提升。

二是更加逼真的视觉效果。智能眼镜可有效融合 3D、AR、VR 等技术，在不同的使用环境下能给使用者带来更好的视觉体验。例如，Nreal 眼镜提供了 AR 模式，使用者可以享受最大 201 英寸的 3D 全景空间视野。

三是更加及时的交互场景。智能眼镜作为一种智能设备终端，可不断接收来自网络和环境的信息，并和各种智能设备完成实时交互，将会实现真正意义上的“24 小时在线”。例如，AR 眼镜通过与路面设备交互信息进行导航。

9. 资源活化：数字赋能文化遗产，释放文化遗产源头生产力

文化和科技融合的进一步发展，需要向文化遗产寻求内容源泉。数字技术应用于文化遗产资源挖掘、数字转化、展示推广等领域，将有效破解文化遗产领域的相关瓶颈，助力文化遗产源头生产力的释放。

（1）数字技术将打破文化遗产五大瓶颈，释放文化遗产源头生产力。

“让文物活起来”是新时代我国实现文化自信、建成社会主义文化强国的重要课题，更是延续中华文脉、凝聚人民精神力量的重要基础。但在文化遗产活化过程中，“资源孤岛”鸿沟大、数字化成本高、体验感与表现力不强、传播推广途径窄、市场交易不规范等问题仍是制约文化遗产源头生产力释放的重要瓶颈。数字技术的快速发展将有效打破这些瓶颈，助力实现文化遗产的创造性转化与创新性发展，进而加快文化遗产源头生产力的释放，将文化遗产从实物“存量”转换

为数据“增量”。

（2）八大高成长性领域助力文化遗产“活起来”。

科技是文化遗产保护利用的强大助力，在探寻文化遗产数字活化可持续发展路径的过程中，科技考古与修复、文化遗产知识图谱、文化遗产数字孪生、文化遗产＋数字文创、文化遗产＋数字教育、文化遗产＋文旅融合、文化遗产＋元宇宙、文化遗产＋X 等八大高成长性领域有望成为聚焦热点。

以“探元计划”2022 项目为例（见表 1－3），中国文物保护技术协会与中国人民大学创意产业技术研究院，联合腾讯数字文化实验室、腾讯研究院，围绕“前沿科技＋文化遗产”领域，征集并遴选出 166 个具有行业前瞻性与社会价值的解决方案，其中文化遗产数字孪生和文化遗产＋数字文创两大领域的征集数量分别占总征集数量的 30％和 19％，数字技术已成为文化遗产保护、传承和利用的重要支撑。

表 1－3　“探元计划”2022 项目八大赛道及其内涵

赛道	内涵
科技考古与修复	包括 AI 辅助文物修复、AI 病害识别、智能化田野考古软硬件设备开发、考古资料数据平台等
文化遗产知识图谱	包括文化遗产数据中台和知识图谱构建的方法、流程、工具、规范、案例，以及正在构建的文化知识图谱
文化遗产数字孪生	包括不可移动文物的三维数据采集、建模、仿真、展示、互动，基于 GIS 系统的时空演变，文化遗产高精度数字资源采集、建模等
文化遗产＋数字文创	包括基于文化遗产数字化资源制作的新一代文创体验产品、数字藏品、数字版权保护与交易技术解决方案等
文化遗产＋数字教育	包括基于文化遗产数字化资源开发的 AR、VR、MR、XR 虚拟体验教学产品等
文化遗产＋文旅融合	包括基于文化遗产数字化资源开发的云旅游、数字展陈、虚拟演艺等数字化文旅项目
文化遗产＋元宇宙	包括利用 3D 场景交互、空间渲染、时空融合、数字人等科技手段或元宇宙元素开发的文化遗产项目
文化遗产＋X	“前沿科技＋文化遗产”领域自定义方向

10. 重点产业：数字人将成为“切入口”型关键业态

数字人作为元宇宙中“人、物、环境”三元结构下的重要节点，将成为“切入口”型关键业态。随着数字人制作门槛的不断降低，其产业发展逐渐显现出明确的增长路径。

（1）在“人、物、环境”三元结构下，数字人将成为元宇宙的切入口。

在元宇宙的“人、物、环境”三元结构下，数字人是链接物、环境的关键节点。数字人作为人类的虚拟样态，在人类的设计下呈现出智能化、情感性、思想性特征，其沉浸式、交互式属性使其能完美融入线上线下多元空间及场景，在未来将具备更多角色功能。如果数字人的社会化生产问题能率先解决，物和环境的社会化生产就容易实现。

（2）技术的集成应用与流程再造，推动数字人的制作门槛不断降低。

数字人的现有制作流程包括角色设计、角色建模贴图、角色绑定、实时渲染、真人扮演等。其中，建模、驱动、渲染是核心流程。随着技术的发展与进步，云计算可以帮助降低建模和渲染阶段的算力成本，5G 通信技术可降低网络传输成本，再加上 AI、算法、机器训练、大数据的配合，未来或将出现综合的数字人制作引擎，通过有效串联、应用各类技术，大幅度降低虚拟人制作门槛，实现社会化生产。

（3）数字人的应用场景不断拓展，变现空间不断扩大。

当前，数字人在影视、传媒、娱乐、游戏等行业的应用场景不断拓展。根据应用场景的不同，数字人主要分为功能型数字人和身份型数字人两种类型。功能型数字人主要替代部分人工职能，用于标准化内容生产、降低人力成本和风险，在传媒、文旅、金融、医疗、教育等领域已有尝试，例如虚拟主播、虚拟导游、虚拟客服、虚拟导诊员、虚拟老师等。身份型数字人可细分为虚拟偶像、虚拟角色、虚拟化身等，在直播、电商、品牌营销等细分领域已实现 KOL 功能。

11. 业态培育：AIGC 全面影响文化产业发展生态

近年来，人工智能等底层科技和应用技术已进入爆发式增长期，决策式/分析式 AI（discriminant/analytical AI）和生成式 AI（generative AI）已成为该领域的两大关键方向。其中，生成式 AI 与文化领域的沉浸式业态融合的趋势已成为不可避免的时代浪潮，通过文化科技深度融合的新范式释放高质量发展新动能。

（1）生成式 AI 推动文化产业技术底座自我革命。

生成式 AI 正在通过自我革命带动文化产业技术应用手段和发展业态的转型升级。生成式 AI 的发展节点可归纳为以下三个阶段：

第一阶段是 2016 年到 2017 年的基础构建期。生成式 AI 的关键应用技术，如深度学习和文本分析模型等发展迅速，为后期大语言模型和相关应用软件的开发提供了重要基础和关键经验。2016 年，谷歌的 AlphaGo 击败围棋世界冠军李世石后，人工智能深度学习技术的发展潜力逐渐被大众关注。诞生于 2017 年的 Transformer 架构依托编码器和解码器两大重要组件，为 NLP 领域带来了颠覆性突破。与传统语言模型不同，它能够同时考虑所有单词并为其构建关系网，通过应用多层自注意力和前馈神经网络分析语句的内在关系和特征并展开自我学习，为生成式 AI 的高速发展奠定了模型基础。

第二阶段是 2018 年到 2020 年的升级改善期。在这一阶段，生成式 AI 的架构模型与深度学习算法逐步成熟，科技巨头们纷纷涌入该领域展开模型训练，为模型从理论向实践转型夯实了基础。依托 Transformer 架构，OpenAI 于 2018 年推出了生成预训练模型 GPT-1，谷歌也于同年发布了 BERT（bidirectional encoder representations from transformers）模型，社交文本、推荐系统等与文化领域联系紧密的相关研究进入关键期。随着 OpenAI 的 GPT-2、GPT-3 和 DeepMind 的 BigGAN 等模型的相继问世，自然语言处理和机器图像形成正在不断探索人工智能的发展边界。通过学习近 1 750 亿个学习参数，

GPT-3 已经能够完成新闻、故事、诗歌等文化内容的生成，并完成创意写作等 NLP 任务，人工智能正在逐渐向新闻业、出版业、娱乐业等文化领域的核心业态融入。

第三阶段是 2021 年到现在的核心突破期。人工智能逐渐从文化内容创作的辅助工具向协同创作角色演进，文本类、图像类和视频类等生成式 AI 正式进入大范围应用阶段。在文本生成领域，OpenAI 在 2022 年正式推出 ChatGPT，上线仅 2 个月后月活跃用户规模突破 1 亿，并在 2023 年 4 月达到 17.6 亿的新高。经过多年的更新迭代，ChatGPT 已经能够为文化内容创作者提供内容创作建议、产品解决方案等，并能够根据创作者的需求模拟并总结归纳多元化的任务与写作风格，这表明人工智能在语言处理和文字创作领域的可用性已达到新高度。在图像领域，DALL · E、Stable Diffusion、Midjourney 等 AI 创作工具均实现了“文本输入—图像生成”功能，通过整理、分析并理解文本之间的逻辑关系创作出相关图像，在革新了文化创作领域传统路径的同时催生了 AIGC 等文化新业态，进一步提高了人工智能技术在文化领域的应用程度。

（2）AIGC 推动文本与视觉业态实现高质量转化。

作为人工智能与文化产业深度融合的关键，生成式 AI 正逐渐从文化内容生产环节中的辅助角色转化为文化内容生产主体，能够借助深度学习等技术，持续学习文字、图像、视频等数字化资源，对数据集进行信息关联，对已有数据进行多元形式的再创造，组合并创作多样化、大规模、高质量的 AIGC 内容，为新闻、出版、会展、数字娱乐等产业引入数字技术新引擎。

从文本内容生产角度来看，国外的 ChatGPT 和 NewBing 等文本生成式 AI 相继上线，为新闻、出版等传统文化领域注入了创作新活力。“生成式 AI+新闻”能够以人工智能技术规避新闻行业靠人工搜集和发布信息带来的主观偏见等问题，重新树立新闻业的权威。作为全球首个完全由人工智能生成新闻报道的平台，NewsGPT 通过每周

7 天、每天 24 小时的高强度搜索频率和多地区、多语言的新闻发布源提供了强公开性、高准确性、高时效性的新闻报道，解决了新闻行业的主观倾向性问题。上海报业集团旗下的澎湃新闻也率先接入百度的“文心一言”，旨在进一步探索生成式 AI 与新闻媒体内容生态融合的发展新模式。“生成式 AI＋出版”能够从文字审校和内容创作等环节推动出版行业发展，通过“智能内容识别＋智能审校”简化审校流程，提高人工审校效率。此外，生成式 AI 已经能够根据消费者需求创作出具有一定情节的散文、小说、诗歌等，进一步扩大了网络文学的基础文本量，并推动了人工创作从模式化向个性化、从低质化向精品化发展。

从视觉内容生产角度来看，“生成式 AI＋设计”潜力巨大。Midjourney、Stable Diffusion 等生成式 AI 已经能够通过对文字指令的精密分析，创作出具有高视觉美感的风格化、个性化图像，能为视觉工作者提供源源不断的创意。由 Midjourney 生成的《空间歌剧院》彰显了 AI 艺术创作的新赛道。2023 年 6 月，百度数字人度晓晓创作的 AI 画作被制作成数字藏品，24 小时内售卖额超过 17 万元。在视觉内容生产领域处于领先地位的 Adobe 公司也于 2023 年发布了 Adobe Sensei GenAI 和 Adobe Firefly，实现了大型语言模型和创意图片生成的深度融合，能够在大量创作内容和数据的支持下，生产出契合消费者需求的文字和图片内容，推动创意内容个性化生产走向规模化、个人化和低成本化。“生成式 AI＋影视制作”成为影视工业化转型升级的关键，如英国生成式 AI 龙头企业 Metaphysic 为电影《Here》提供了 AI 技术支持，包括以面部制造和虚拟合成等为底座的“去老化”技术和实时超真实换脸等技术，进一步优化了特效合成及 VFX（视觉特效）等工作流程，实现了影视工业化的降本增效。

（3）积极推动 AIGC 监管落地，聚焦合规，维护产业生态。

随着生成式 AI 渗透的领域和范围不断扩大，政府、业界及学界对 AIGC 内容引发的数据主权、隐私安全、版权纷争、伦理漏洞及逻辑真伪等可持续发展隐患的重视程度在不断提升。在 AIGC 的跨领域、跨区域、多形式的系统复杂性前提下，多方应协同一致，强化生成式 AI 从自我深度学习、生产创作到市场流通等全产业链环节的治理与监管，以全链条监管与全领域治理维护产业生态，助力 AIGC 实现全产业合规。

具有强针对性的监管政策是生成式 AI 走向产业合规化的“指南针”。从生成式 AI 的产业链构成来看，治理应从以下三方面入手：第一，聚焦上游数据提供者，严格把控前端数据的真实性。生成式 AI 的文本、图像、声音等数据是创作生产 AIGC 内容的前置基础，数据提供者是 AIGC 内容真实性、透明性和适当性的首要负责人，应加强数据提供者对生成式 AI 预训练数据的合规性的审核与管理，做到训练数据与数据源头的“点对点”连接，确保数据来源合法、版权归属明晰，强化数据隐私保护，从创作源头避免相关风险。第二，鼓励中游内容创作者以技术赋能品质权益。应从财政、人员培训等生产要素入手支持 AIGC 内容的创作输出，并增加生成式 AI 的技术研究与应用开发经费，进一步提升 AIGC 创作的精准度；鼓励 AIGC 内容运用差分隐私等技术增强作品对版权、个人隐私及商业机密等的保护能力。第三，规范下游交易平台，建立明确的市场授权确权机制。随着 AIGC 内容的市场化、产业化热度不断攀升，AIGC 交易的登记确权、定价授权、交易监管等市场化环节亟须完善，应从政策法规层面明确 AIGC 内容创作的版权分配和收益分配制度，避免版权所有人利益受损，维护良好的 AIGC 产业生态。

12. 场景安全：数字文化安全体系为产业数字化保驾护航

在数字化转型的时代潮流下，数字安全意识与文化安全意识至关重要，提升数字安全、保障文化数字资产安全已成为重中之重，是建设“数字中国”的重要屏障。人工智能和区块链等技术的成熟应用将为数字文化产业提供版权、舆论监管、社会治理等方面的安全支持，加固文化数字化的“防火墙”。

（1）区块链推动数据安全。

作为一种分布式数据库，区块链可以提供安全、透明、不可篡改的数据记录，保障多源头、多平台的文化大数据的存储、应用和传输安全。随着人工智能内容创作伦理问题的日益显现，数字技术在解放文化内容生产力的同时，也带来了版权不清、交易不明、保护不力等问题，亟待探索解决举措，为文化数字化保驾护航。在版权确权方面，区块链能够扮演数字版权登记角色，将作品信息保存在区块链内，借助特有的不可篡改性，完成对作品的确权，维护数据权利主体的权益和创作积极性。在版权交易方面，目前我国文化数据交易仍存在“灰色地带”，交易容错性低，可溯源性差，数据版权所有者的权益难以得到保障。区块链能够将交易节点分布在不同区块内，以去中心化的交易模式提升交易透明度，也可以防止欺诈行为。在版权保护方面，区块链通过哈希值为作品提供数字指纹，为每个作品提供“身份证”，实现了对非法行为的快速溯源。

（2）文化安全监测与智慧治理。

借助大数据、人工智能，传统文化治理能够在统筹整合文化资源数据的基础上，建立全链条一体化的文化数据治理体系，实现治理体系的智慧化、数字化和网络化转型，提高治理效率。互联网庞大的数据流量中可能存在潜在的违规和有害内容。在主动预警方面，借助人工智能、自然语言处理和语义分析等技术，可以对数据信息进行实时监测和预警。在安全体系方面，通过加密技术、访问控制和智能身份验证等技术，文化数据机构和服务平台能够有效防止未授权访问，降低非法入侵数据库的风险。在信息监管方面，通过机器学习和图像识别技术，可以自动检测和过滤色情、暴力等违规图像，维护健康的网络生态环境。在社会治理方面，社会管理调度系统与AI算法的紧密结合能够大幅提升警情的精准度，实现城市大脑的“智能化”，如山东济阳推出“视频+AI算法”平台，打造覆盖环保、执法、安全等领域的城市运行智能管理体系，建构了科学化、数字化和智能化的社会治理新模式。

13. 理念跨界：游戏化思维深度改造传统领域的生产和消费

游戏化作为互联网时代的重要趋势，可有效激活传统领域的内在动机和激励机制。游戏化思维在各类场景中的应用拓展，将深度改造传统领域的生产和消费。

（1）游戏化的本质与关键要素。

游戏化的本质是将游戏元素、游戏设计、游戏机制应用于非游戏场景，用来创造乐趣、更好地实现目标。

游戏化的关键要素包括动机诉求、互动交流、场景体验。动机诉求，即明确游戏化要达成的目标，是吸引观众的主要动机；互动交流可以看作是游戏化的任务和奖励，能刺激用户长时间处于思维活跃状态，获得乐趣；场景体验从视觉、氛围、叙事语言等角度入手，构建具有丰富体验维度的场景，让用户沉浸于游戏。

（2）游戏化在体育、医疗、文旅、文博等不同行业得到广泛应用。

游戏化在体育领域的应用——FPV（第一人称视角）无人机竞速赛火爆。在 FPV 无人机竞速赛中，飞手通过佩戴 FPV 眼镜，实时操控竞速无人机，如同自己坐在飞机里一样。在中国，“空中 F1”的极限速度可达 220 千米/小时，百公里加速只需 1.5 秒，极致的临场感受吸引了越来越多的参赛者和观众。

游戏化在医疗领域的应用——数字疗法获得实质性突破。随着数字时代的到来，我国在游戏化数字疗法领域蓬勃发展。例如，游戏企业波克城市旗下的波克数康视觉科技（杭州）有限公司申请的“斜弱视治疗系统”游戏化数字疗法已获批二类医疗器械认证，这也是国内游戏产业数字疗法领域的第一证。米哈游与瑞金医院成立联合实验室，开展“难治性抑郁症脑机接口神经调控治疗临床研究”项目的联合攻关，研发基于虚拟现实技术的数字疗法，实现了游戏企业在医疗领域的拓展。

游戏化在文旅领域的应用——游戏 IP 与区域联动打造文旅新动能。近年来，随着电子竞技赛事的不断丰富，游戏 IP 与赛事举办地实现区域联动，通过融入当地名胜或非遗技艺和跨次元的场景融合，掀起以千万级核心粉丝群为支撑的打卡消费热潮。例如，“王者荣耀×哈尔滨冰雪大世界”“穿越火线×格林酒店”“英雄联盟×桂林漓江”等，基本都达到了千万人次的参与度，实现了上亿元的带货量。同时，我国首个联动国风游戏 IP 的实体旅游产品——《天涯明月刀》大湘西文旅专线落户湖南，通过“游戏＋文旅”的运作模式深挖景区的文化价值和精神内核，推动“游戏走进现实，风景融入虚拟”的文旅沉浸式、体验式发展。

游戏化在文博领域的应用——游戏互动激发大众的文化遗产数字化保护和传承理念。“文化遗产＋游戏”能够突破传统文化遗产文创产品在形式、内容、时间和空间等的限制，实现文物器物层面价值和文化层面价值的深度融合，打造一批“多形式、强交互、强内容”的新型文化遗产活化产品，实现文化遗产的创造性转化和创新性发展，促进社会对中华优秀传统文化的认知与传承。如《敦煌密码》采用 LBS＋AR 技术，实现莫高窟实景与游戏内容的无缝融合，以寓教于乐的方式主动拉近文化遗产与社会各界的关系，吸引社会关注、保护敦煌文化。

14. 融合愿景：“文化＋虚拟现实”助力智能制造全面升级

文化和科技的深度融合，将为实体制造领域提供一条数字化转型的全新路径，为赋能中国智能制造的全面升级贡献力量。

（1）实现全周期的虚实共生。

“文化＋虚拟现实”将工业生产中的研发、生产、营销、售后等全生命周期的一系列流程部署到虚拟空间，通过虚拟空间和现实空间的互动来实现生产和服务的优化改进，形成全新的制造和服务体系，达到降本增效、协同作业的效果。

（2）进行全闭环的信息交互。

“文化＋虚拟现实”将企业内部的各类决策意见、企业外部的专家反馈信息以及消费者反馈信息在虚拟映射空间里进行全闭环的传递和交互，能够提升信息处理效率。

（3）形成全智能的产业经济。

“文化＋虚拟现实”将企业内部管理部门之间、企业与上游供应商及下游渠道客户、企业与外部合作伙伴有机联系起来，通过底层区块链体系上的智能合约实现高效自动运转，形成全智能化的产业经济体系。

五、文化科技融合观点拾遗

数字技术应用带动文化产品提质升级[①]

宋洋洋

实施国家文化数字化战略是党的二十大的重要部署，也是数字中国建设在文化领域的重要体现。中共中央办公厅、国务院办公厅印发的《关于推进实施国家文化数字化战略的意见》提出：“发展数字化文化消费新场景，大力发展线上线下一体化、在线在场相结合的数字化文化新体验。”近年来方兴未艾的沉浸式博物馆、沉浸式体验馆、沉浸式展览，正是数字化文化新体验的典型代表。

沉浸式文化业态的关键是沉浸式交互体验。通过虚拟现实、增强现实、全息投影、智能交互等新一代信息技术与内容创意的深度融合，这一新业态营造了独特氛围与情境，让人们参与其中，获得高价值体验与经历。当前，数字沉浸已应用到文化旅游诸多领域，是数字文化生活的一种重要形态，也是文化产业高质量发展的探索方向。

代入感和交互性创造高品质文化产品

数字技术带来文化生产和体验方式的深刻变化，作为需求侧驱动力的文化消费也推动新产品、新技术和新业态不断完善。随着文化需求逐渐向品质化、个性化、定制化转变，人们在文化消费过程中的主

① 本文源自 2023 年 3 月 24 日《人民日报》，原文有删改。

体意识和交互意愿不断增强，深具代入感和交互性的沉浸式业态因而受到文化市场青睐。

凭借数字技术，一些沉浸式展演或逼真化模拟现实，或创建全新虚拟世界，让观众在声光影电中获得超越现实的真切体验。在一场名为“‘纹’以载道”的故宫数字文物展中，360 度环幕展示了故宫院藏国宝，高精度立体呈现了纹样细节与器物全貌，5.3 米高的裸眼 3D 文物让观众获得了在实物展中无法获得的细节震撼。在一款名为《中国园林之旅》的 VR 游戏中，用户通过佩戴专业头盔，进入融自然、建筑、工艺、书画艺术于一体的古典园林中，仰观俯视、远眺近览，充分感受“虽由人作，宛自天开”的园林之美，踏入中华传统文化的诗意之境。

除了代入感，交互性是沉浸式业态另一大突出优势。在“天趣画境——齐白石沉浸式数字光影艺术展”中，参观者不仅能欣赏到齐白石画作的数字复刻，亲见齐白石视角下的草木鸣虫和他在画室中挥毫点染，还可以走入经由数字技术复原的齐白石书房，在画案上通过智能绘画触屏桌泼墨书写，留下自己的作品。许多类似的展览现场，都可以通过实时响应用户的动作、声音和其他传感器数据，给予用户更加即时的互动体验。交互技术还支持多人同时参与，为人们带来更丰富的社交互动体验，增强参与感。

研究发现，数字沉浸产品凭借强烈的视听冲击，充分激发人们的感受力，进而通过生动、丰富、情感化的体验，帮助用户形成情感记忆；也可以通过模拟真实场景，帮助用户形成空间记忆；还可以通过互动环节，帮助用户形成交互记忆；此外，还能根据用户的具体兴趣、需求和偏好，提供不同体验，帮助其形成个性化记忆。高质量的数字沉浸展演，通过参与的互动性、过程的愉悦性和内容的文化性，带给观众高品质的精神享受。

技术迭代驱动沉浸式体验不断完善

数字沉浸带来的独特体验是由许多突破性技术支撑的。在数字沉浸背后，许多令人惊叹的技术正在不断发展和演变，推动数字沉浸式体验越来越逼真、细腻，同时数字沉浸推动更广泛的应用场景出现：包括语音识别、手势识别、头部追踪、面部识别等多种技术手段在内的人机交互技术，不断提升互动的丰富性和敏捷性；3D 建模和实时渲染技术，如光线追踪、体积渲染等，支撑创建逼真的虚拟场景和角色；云计算技术通过提供弹性、灵活、安全的计算和存储资源，支持海量的用户访问和数据处理，让数字沉浸更加稳定和可靠；5G 技术的高速传输和低延迟特性，为数字沉浸提供更加流畅、快速、稳定的网络支持，不断完善用户体验。与此同时，头戴式显示器、手柄控制器、传感器等虚拟现实设备和其他硬件设备的升级迭代，也帮助提升视觉和听觉等感官的模拟水平。

数字沉浸是一个高度追求集成创新、应用创新的领域。当前，人工智能、虚拟现实、物联网等数字技术已逐渐矩阵化和聚合化，各种原创技术应用通过串联算力、共性技术等基础平台形成技术矩阵，极大拓展了数字技术在文化领域的应用空间。矩阵化的数字技术，也加速着沉浸式场景的更新。例如，5G 与云计算链接了海量云上文化资源，扩展现实、新型智能硬件等提升了文化表现力，人工智能与基于位置服务的应用促进了文化场景的智能交互，大数据与算法让知识图谱化，人工智能物联网使文化场景更具感知力，等等。

在不断迭代的技术的驱动下，越来越多沉浸式展演进入公众视野，也引发人们思考：沉浸式就是由声光影电制造的视听奇观吗？沉浸式体验是否只是依赖技术、追求特效的立体包围式感官轰炸？随着一些技术“喧宾夺主”、内容“似曾相识”的数字沉浸产品在市场上遇冷，行业内外逐渐认识到内容与技术深度融合的重要性。创作生产兼具内容巧思与科技含量的沉浸式产品，渐已成为业界共识。

数字沉浸激发文化创新活力

经过读者征集、网友投票、专家和媒体评选，《咬文嚼字》编辑部选出了“2022 年十大流行语”，“沉浸式”名列其中。沉浸式产业被视作从产品经济、服务经济向体验经济转变过程中产生的一种新型业态。放眼未来，数字沉浸将不断探索更灵活的生产组织方式、更融合的业态形式和更多元的场景应用。

更灵活的生产组织方式。例如，组织一场沉浸式音乐会不再需要依赖固定的实体乐队，而是根据每场演出的具体定位和需求，通过数字平台在全世界选择最合适的乐手，同步演奏、实时合成，再通过5G通信技术低延迟传输，从而音乐服务也能实现类似制造业的全球分工模式。

更融合的业态形式。当前的数字沉浸产品多以在场体验为主。5G时代的到来，为线下的数字沉浸空间与线上的电商、游戏等业态带来了更广阔的融合前景，将有更多的线下场景与互联网相结合，让互联网成为线下体验的入口，带动更多新型消费模式的出现。

更多元的场景应用。数字沉浸作为提升受众体验的有力手段，不仅可应用于文旅产品，还可用于整合公共文化资源、推动城市更新。例如，上海的石库门、长沙的文和友等地方特色街区，通过数字沉浸还原历史场景，营造独特的城市韵味与烟火气息，不仅成为城市名片，更形成地域文化IP。未来，数字技术助推下的沉浸式业态将进一步成为城市空间的活力地带、文化传承的创新载体。

数字沉浸只是当下文化与科技融合发展的一个缩影，从中我们可以看到创新创造的澎湃活力。数字技术的应用将继续带动文化产品提质升级，带来新的艺术维度和创造空间，创新文旅体验形式，更好地满足人们日益增长的精神文化需求，提升人们的文化获得感、幸福感。期待沉浸式业态继续不断扩大优质文化产品和文化体验供给，扎实推动文化产业高质量发展。

“活化”指数：指引文化遗产“活化”路径①

文化遗产“活起来”需要依托展览演艺、衍生文创、大众媒体等

① 本文源自《创意世界》2022年11月对宋洋洋的专访，原文有删改。

活化载体——从故宫“丹宸永固——紫禁城建成六百年”展到一票难求的《只此青绿》，从爆火圈粉的“故宫猫”IP到扬名海外的《国家宝藏》……近年来，接连出圈、创新多元的“活化”产品已经成为使文化遗产链接社会大众、融入现代语境、实现活化传承的重要载体。

2022年9月4日，文化遗产“活化”指数二期成果报告在2022年中国国际服务贸易交易会文旅服务专题推介交易活动上发布。该报告以“科技赋能文遗新生，数媒助力文化融合”为切入点，详细阐述了科技要素和数字媒介业态助力中华优秀传统文化创造性转化、创新性发展方面的重大成果。这是文化遗产“活化”指数系列报告（以下简称报告）第二次发布相关成果。此前，《指标体系与实证分析报告》于2022年6月25日在北京发布，该报告以数据化的形式梳理了文化遗产“活化”产品的路径导向和典型做法。

现阶段该如何量化评估文化遗产“活化”成效，如何进行文化遗产“活化”的实践路径指引？

报告试图对上述两个问题进行回答，以期为我国文化遗产“活化”提供新视角、新抓手、新工具。中国人民大学创意产业技术研究院副院长、文化品牌评测技术文化和旅游部重点实验室副主任宋洋洋代表报告课题组接受《创意世界》专访时，为我们作了全面解读。

双向推动文化遗产保护与“活化”

《创意世界》：报告是在什么背景下发布的？

宋洋洋：从政策视角来看，自党的十八大以来，我国文物事业生机勃勃，文物保护、管理与利用水平不断提升，多项政策出台强调加强文物保护利用与文化遗产保护传承，鼓励借助创新手段、平台建设等方式助力文化遗产的“活化”创新。

从受众视角来看，文化遗产保护与“活化”不仅仅是自上而下推动的成果，消费者、群众的视角与声音也愈发重要。

《创意世界》：公众对文化遗产保护的需求有新的变化吗？

宋洋洋：以2022年5月的西湖垂柳事件为例。因“作为杭州西湖文化意象的垂柳被换成月季”，事件引发社会关注，随后连夜补种垂柳的现象从侧面展现出“园林逻辑”与“遗产逻辑”两个层面的矛盾，也体现了群众审美要求的转变，这不仅是群众自下而上的、内生的对文化遗产“活化”热情的体现，更是群众权利的延展与外显化。

受众视角文化遗产“活化”议价权的悄然变化，对文化遗产“活化”提出了思维创新与实践应用方面的崭新要求。

《创意世界》：“活化”指数选取了哪些评价对象和数据来源？

宋洋洋：中国人民大学创意产业技术研究院联合腾讯数字舆情部从提高文化资源利用效率、创新公众媒体传播方式、增强社会大众文化认同感三个维度构建了文化遗产“活化”指数。

课题组选取展演体验、新型文创、传播推广三类“活化”产品作为评价对象，并以专家访谈及推荐、客观数据筛选、行业权威榜单参考等作为筛选标准。数据来源分为调研数据、舆情监测数据与网络平台公开数据三类。其中，用户调研由企鹅有调支持，围绕微信视频号内三类文化遗产“活化”产品的具体表现展开。

构建指标体系，研判路径与趋势

《创意世界》：应该如何评价文化遗产“活化”指标？

宋洋洋：课题组将文化遗产“活化”产品的“活化”路径归纳为创意（creation）—传播（communication）—体验（experience）（以下简称CCE理论模型），并构建了“资源活化”“传播创新”“群体滋养”三个一级评价指标和九个二级评价指标。

在资源活化方面，主要从价值挖掘阐释、现代语境转化、科技要素赋能三个维度评估文化遗产“活化”产品的创新创意开发情况，由此分别构建了文脉传承度、现代融合度、科技融合度三个二级评价指标。

在传播创新方面，主要从传播内容声量、传播形式创新、受众行为卷入程度三个维度评估文化遗产“活化”产品所涉各主体发布的传播内容的影响力，由此分别构建了弘扬主动度、形式创意度、受众认同度三个二级评价指标。

在群体滋养方面，主要从自觉参与意愿、核心价值感知、中华文化影响力三个维度评估文化遗产“活化”产品的受众文化参与及价值认同情况，由此分别构建了传承参与力、价值凝聚力、出海影响力三个二级评价指标。

《创意世界》：是否对这些指标进行了相关验证？

宋洋洋：一期成果报告对十个在资源活化、传播创新、群体滋养三个维度具有特色优势的产品进行了实证研究，并以指数测算结果和案例解析论证了评价指标的合理性和实证价值。以一级评价指标“资源活化”为例，一期成果报告运用CCE理论模型，评估“数字故宫”“云上中轴”“数字长城”三个文化遗产类小程序的资源活化情况，发现三个小程序在文脉传承度、现代融合度、科技融合度方面各具特色，均有突出的“活化”表现。

《创意世界》：三个文化遗产项目经指数评估后，各有哪些特点？

宋洋洋：“数字故宫”作为用户体验故宫历史文脉的新渠道，其功能性、故事性、传承性等现代融合度获得了更高认可；“云上中轴”通过“云端”还原古都壮丽美景，助力中轴线申遗，其文脉传承度更具优势；“数字长城”通过云游戏技术实现了长城毫米级高精度、沉浸交互式的数字还原，在科技融合度方面实现了全新突破。未来，随着文化遗产“活化”指数研究工作的逐步深入，课题组将继续加强多方研究合作，依据文化遗产“活化”产品的发展趋势和创新路径不断迭代，并计划发布“展演体验”“新型文创”等代表性文化遗产“活化”产品榜单，助力更多文化遗产资源的“活化”传承。

中轴线“活化”要有新的生态系统观

《创意世界》：5G、数字孪生、XR等技术成为文化遗产“活化”利用的强劲引擎。“云上中轴”小程序作为其中的代表性产品，在科技赋能文化遗产新生、助力中轴线申遗方面有哪些实践路径？

宋洋洋：“云上中轴”通过对历史文脉的挖掘、阐释，在文化传承中实现了对城市的跨界赋能，通过共建文化遗产保护传承体系，助力北京中轴线申遗。

在文化价值挖掘方面，“云上中轴”与故宫博物院等文博机构联动，共同探索古籍史料中北京中轴线与城市规划发展的历史，整合文化遗产史料资源，彰显“一轴一线”历史魅力，助力挖掘城市规划背后的哲学思辨价值与道德价值。在文化价值阐释方面，“云上中轴”与腾讯等数字科技企业合作，借助PCG、物理仿真等技术，让北京中轴线走上云端，以多形式、多视角阐释科技赋予北京中轴线的历史价值、文化价值、审美价值、科技价值与时代价值。

此外，在形式创意度方面，“云上中轴”采用“线上＋线下”的宣传推广模式，获得了89.15的形式创意度指数值，以多元复合的传播互动形式激活了北京中轴线的现代记忆，助力中轴线申遗。在线下发起“数字中轴，点亮文明——北京中轴线申遗‘数字中轴’启动仪式”的同时，“云上中轴”小程序正式上线，发布中轴线申遗首个数字形象——“北京雨燕”，迅速吸引了网民参与，赢得了广泛认可。据不完全统计，上线两天内，《北京雨燕唠中轴》等相关宣传内容全网曝光量达4 500万，微博热搜话题阅读量达1.5亿，全网视频播放量达1 078万。

《创意世界》：您对北京中轴线文化遗产保护、传承与利用有哪些建议?

宋洋洋：联合国教科文组织的世界遗产项目，旨在保护人类的文明成就，其不仅注重对世界遗产的保护，更强调可持续发展、文化遗产与现代社会的融合。从这个角度看，中轴线文化遗产应该要有新的生态系统观：传统与现代一体两面，人文和自然相互交融，古代建筑、现代设施、经济活动、人民生活四位一体。

《创意世界》：如何让数字技术更好地赋能这一新的生态系统?

宋洋洋：中轴线文化遗产作为一个生态系统，其保护与传承需要具备社会性和全民性特征，而这与数字经济时代的典型应用场景高度契合。一方面，大众性的移动数字文化席卷全球，使文化传播获得了前所未有的机遇和能力；另一方面，依托数字科技让文化遗产在更大范围活起来、动起来、响起来，能够让千年文脉历久弥新，从而带动文旅发展和文物保护。

我认为以下工作还有待进一步推进：一是发力数字化建模与推演，提升中轴线规划精细度与科学性；二是构建数字修复公共平台，提升中轴线文物保护与修复效能；三是打造中轴线数据库矩阵，推动代表性文化 IP 的形成与产业化；四是建设中华文化体验中心，打造南中轴文化地标与体验高地。

培养数字化人才　推动文旅数字化进程①

宋洋洋

近年来，文化产业和旅游业持续与数字科技融合发展，数字文旅新业态实现了快速增长。国家统计局数据显示，2022 年上半年数字文化新业态特征较为明显的 16 个行业小类实现营业收入 19 990 亿元，比上年同期增长 2.9%，增速高于文化企业平均水平 2.6 个百分点。

数字化人才是推动文旅产业数字化进程的重要支撑要素，对文旅产业转型升级与高质量发展具有重要意义。《数字文化产业就业研究报告 2020》对我国数字文化产业四个典型领域（游戏、电竞、直播和网络文学）的调研估算显示，总体就业人数约 3 000 万，其中全职就业人数约 1 145 万。以数字文化为主的“宅经济”带动行业在新冠疫情期间取得了较快的增长，为社会稳定作出了显著贡献。凭借灵活就业和无接触性的优势，直播主播和网文作者成为数字经济时代下众多人的就业选项，且进一步丰富了自雇、兼职等就业形态。

文旅领域数字化人才需突破的三个关键问题

总体而言，文旅领域对数字化人才要求较高。现阶段，我国文旅

① 本文源自 2022 年 10 月 18 日《中国文化报》，原文有删改。

领域数字化人才需突破三个关键问题。

一是包容性与专业性不平衡的问题。一方面，从广度上看，文旅领域对数字化人才的需求是全方位的，文旅数字化的包容性使产业吸纳了不同层次的就业群体，既有“下沉”市场的直播人才，也有前端的创意与研发人才；另一方面，随着数字经济转型进入深水区，企业对高包容性、强专业性人才的需求越来越大，包容性与专业性人才的供求不平衡成为当前人才技能与企业需求不匹配的重要原因。

二是区域人才需求不平衡的问题。受经济发展水平、大型文旅企业分布以及文旅市场业务拓展等因素影响，发达地区对文旅领域数字化人才的需求较为明显。从2021年的数字岗位规模来看，东、中、西部依次递减，广东、北京、上海等地共占全国的50%以上；此外，发达城市的薪资水平也较有吸引力。因此，文旅领域数字化人才也多集中于一线城市，数字文旅对二、三线城市及中西部地区的辐射带动能力有限。

三是“干中学”与“学后干”不平衡的问题。一方面，当前数字文旅对人才的需求已呈现出高要求和多元化特点，然而，目前国内针对数字文化产业进行人才培养的教育机构或培训机构较少，大部分从业者在产业中都是“干中学”的状态，进而导致专有人力资本积累不足，对产业进一步发展产生了一定阻碍。另一方面，当前的学历教育与文旅市场需求结合不足，专业设置和培养目标不清晰；在教学方式上，重理论轻实践的情况普遍存在，导致学生实际动手能力不强；在师资队伍上，缺乏真正有理论功底和产业实践的师资，难以培养出文旅数字化复合型人才。

产业诉求：文旅领域数字化人才的能力要求

面向文旅产业发展实际，文旅数字化人才应具备以下四方面能力。

具备数字化发展思维。文旅数字化的发展，对相关人才的思维模式提出了更高要求，相关人才需要不断加深认识，善于挖掘和发现市场需求，通过数字化思维做好文旅数字产品的定位设计和细节把控，并能与专业技术人员顺畅沟通与合作，让数字技术更好地呈现文旅产品、提升消费体验。

具备数字化管理理念。文旅数字化的推进，给传统文旅产业带来了巨大挑战，这就要求管理人员要具备更加先进的管理理念，能科学利用现代化的管理手段，通过数字技术提高智慧化管理水平，为不断提升管理和发展水平提供战略性引导。

具备数字化分析素养。文旅数字化是在大数据、云计算等技术的支持下产生的文旅新业态，从业人员通过数字化技术开展文旅产业生产活动，这就要求从业人员在数据分析处理方面具有一定素养，能通过技术手段掌握消费者的需求动向，在对相关信息进行有效分析的基础上不断整合信息，进而开发文旅数字产品。

具备数字化创新能力。文旅产业日新月异，数字技术的加入更是加速了这一进程，这就要求从业人员主动迎合行业发展趋势，创新产品设计、服务理念、营销模式，不断满足消费者个性化、定制化、多元化的需求，提高其消费满意度。

面向未来：数字文旅深度发展的人才建议

结合文旅领域数字化人才的发展现状和需求情况，建议从以下四方面进行提升。

第一，更新培养理念。在对从业人员进行培养时，需要融入现代数字文旅理念，以培养既具备过硬的专业理论知识和技能、又具有现代化数字理念的复合型人才为目标，顺应数字时代新需求，更好满足行业发展实际需要。

第二，重构课程体系。课程体系要结合时代发展进行重构和优化。一方面，在理论方面，保留原有的文化和旅游专业核心课程，增加与文旅数字化相关的理论课程，取消一些不符合时代发展要求的课程；另一方面，增加相关的数字技术实践课程，比如数据可视化、数字音视频处理技术等，并通过实习实训的方式让学员真正掌握这些技术。

第三，整合多方资源。文旅数字化有赖于政府相关部门、高校与科研院所、企业、行业协会等共同推进。只有整合多方资源，共同打造人才培养平台，形成“产学研用”各方互动、各方联动的合作机制，才能真正提升文旅领域数字化人才的培养水平。

第四，加强创新培养。文旅数字化为大众参与文旅创新创业提供了更广阔的平台和机制，文旅领域的创新创业也日益多元化和丰富化。在这种情况下，需要重点培养文旅领域数字化人才的创新精神、创业意识和创业能力，这样才能在数字经济的浪潮中不断推进文旅数字化深入发展。

从“双重角色”到“东数西算”，数字时代下对文化和旅游新范式的思考①

宋洋洋

《“十四五”数字经济发展规划》的发布，体现了我国经济增长主动力转型的决心与方向，即从过去偏向市场后端的互联网经济，向前端要素市场、底层新基建及后端产业应用的全要素、全流程、全业态数字化转型迈进。文化和旅游是数字经济的重要应用场景，“实施文化产业数字化战略”也是党的十九届五中全会的重要部署。

从产业增长逻辑看，新冠疫情以来，数字化已成为文化和旅游产业发展的主动力，其结构性贡献超过 1/3。根据国家统计局数据，2021 年，数字文化新业态特征较为明显的 16 个行业小类实现营业收入 39 623 亿元，比上年增长 18.9%；两年平均增长 20.5%，高于文化企业平均水平 11.6 个百分点；占文化企业营业收入的比重为 33.3%。

① 本文源自 2022 年 2 月 22 日《中国文化报》，原标题为“解码数字时代文化和旅游新生产力”，原文有删改。

但是需要看到，未来十年，文化和旅游的数字化进程同样将进入改革的深水期。特别是以平台经济为代表的部分业态，随着用户规模、消费时长的见顶，流量与资本红利的消失，其发展明显进入存量竞争、增量空间不足的状态。

文化和旅游亟须从过去的“互联网+文化和旅游产业”增长模式向基于新需求、新场景、新产业链节点的增长模式转变。

基于此，我们需要更加深刻地理解数字经济与文化和旅游发展的相互作用及重要意义。

“数字+”与“+数字”：文化和旅游在数字经济中的双重角色

“数字+”与“+数字”的辩证关系，是数字产业化和产业数字化交融发展的内在逻辑。文化和旅游在数字经济中扮演了要素层与应用层的双重角色。

在“数字+”逻辑中，文化资源与内容在要素层面促进了数字经济自身的转型升级，也实现了其长尾效应。以数字经济出海为例，数字经济出海的第一轮风口，是以工具类互联网应用为主。从猎豹的清理软件到联想的茄子快传，都是单纯地优化操作系统本身。从2018年起，以文化内容赋能的数字经济出海第二轮风口到来。2021年TikTok取代谷歌，成为全球访问量最高的互联网平台；米哈游出品的手游《原神》成为2021年美国最大的订阅社区Reddit浏览量最高的板块。

在“+数字”逻辑中，文化和旅游是数字技术重要的应用场景，通过技术的交叉应用改变了传统的产业形态与体验方式。例如，以5G新基建和数字技术改造传统戏曲文化——国家京剧院与中国移动咪咕公司联合推出《龙凤呈祥》5G云演播，用户可以任意切换九大特色视角，与其他戏迷在云端互动。

数字时代下文化和旅游新生产力：基础支撑、关键要素与系统应用

数字时代下文化和旅游迎来新体系，即以新基建为基础支撑、以

文化数据为关键要素、以体系化应用激活文化和旅游生产力。

首先，数据成为文化和旅游“新生产要素”。数据是数字社会的生产要素。对文化和旅游企事业单位来讲，通过大数据可以分析海量用户的偏好数据，精准把握用户需求，生产适销对路的文化和旅游产品；能深度挖掘并分析用户的情感体验数据，对用户潜在需求进行预测，有效把握市场的未来发展趋势。

其次，算法成为文化和旅游“新流水线”。数字时代的流水线是大规模算法，可以实现全方位、多维度精准匹配。在数字时代，算力决定着发展潜力。某种程度上，能否拥有精准的算法成为文化和旅游企事业单位创新和产业转型升级是否取得成效的重要标尺。

最后，体系成为文化和旅游“新生产力”。文化要素的数据化、生产的智能化催生了新的生产体系。文化资源通过数字化转化为文化素材，成为企业可以利用的生产要素；文化和旅游产业各门类、各业态数据在云端进行关联，实现了资源共享、优化组合；生产者和消费者的身份相互转换，生产和消费活动实现了高效循环。

数字时代下公共文化服务升级方向：从兜底思维到效能思维

基本文化权益“兜底”是我国公共文化服务领域的重要考量。在数字时代，数字端、云端的公共文化的普及和发展在很大程度上可弥补基础设施建设的不足。未来，构建现代公共文化服务体系，既是在技术上向数字技术要抓手，也是在思维上从兜底转向效能提升。

数字技术推动公共文化服务智慧化升级与效能提升，有三个维度。

一是融入多媒体与音视频、VR/AR、多点触控等数字技术，提升公共文化场馆的展陈空间设计水平。

二是运用无线射频识别、大数据等技术搭建文物数据库，便于管理人员完成文物藏品管理、查询、统计报表方面的工作；采用大数据手段进行预约限流、分析用户画像等，提升运营管理水平。

三是线上“云逛展”“云直播”与线下智慧导览、智能交互体验相结合，提升消费者参观体验。

数字时代的文化和旅游区域平衡："东数西算"带来的协作机遇

由于资源禀赋和地缘空间等原因，我国东、中、西部的文化和旅游的转化效率和产业影响差异较大，特别是在互联网经济时代，消费市场的马太效应、虹吸效应导致东、西部的文化和旅游数字化发展水平不均衡。

近日，国家发展改革委等部门联合启动的"东数西算"工程，旨在消弭东、西部数字基建的水平差异，这同时给文化和旅游区域间平衡发展与差异协作带来了机遇：东部地区发挥靠近市场优势，发展面向消费者的文化和旅游高频数据、即时计算；西部地区发挥文化资源优势、能源成本优势，发展面向生产者的策略挖掘、离线计算等。

总体来看，随着 5G、人工智能、物联网等新基建的逐步完善，未来，围绕用户需求，链接文化和旅游企业、重点业态、线上线下场景、企业与公共文化机构行为与活动的新形态，将为文化和旅游产业带来新的经济增量。

数字藏品"防止金融化"政策短期不会改变[①]

数字藏品的核心竞争力体现在内容品质、运作机制等多个方面。数字藏品作为品牌的载体，必然要传达其价值内核、品牌调性、市场营销等关键内容。

"数字藏品基本都是年轻人在买，其中超过半数是'95 后'的 Z 世代，收藏爱好者、互联网极客、硬核小众爱好者、纯粹的投机者都有，区域分布上主要以东部沿海地区及一线城市为主。"

中国人民大学创意产业技术研究院副院长、文化品牌评测技术文化和旅游部重点实验室副主任宋洋洋在接受《经济》杂志、经济网记

① 本文源自《经济》2022 年 6 月对宋洋洋的专访，原文有删改。

者采访时表示，经济发展水平和居民受教育程度，决定了数字藏品的触达人群，这使得东部沿海地区天然具备优势。

《经济》杂志、经济网：去年以来，受到国外 NFT 浪潮的影响，我国越来越多的艺术家、文博机构与互联网平台在这一领域进行了探索。能否请您介绍下具体的发展情况？

宋洋洋：首先，头部互联网企业开始布局。比如，支付宝联合敦煌美术研究所在支付宝小程序“蚂蚁链粉丝粒”上全球限量发布了 16 000 件名为“敦煌飞天”和“九色鹿”的 NFT 皮肤。腾讯随后也上线了国内首个 NFT 交易 App，并取名为“幻核”，首期限量发行 300 枚“十三邀”的黑胶唱片 NFT。之后，为了区别于传统的海外 NFT，将其更名为数字藏品。

其次，博物馆系统开始尝试在数字藏品方面发力。比如，中国国家博物馆 2022 年年初时就推出过四羊青铜方尊、西汉错金银云纹青铜犀尊等四件国宝级文物的数字藏品，上线即售罄。湖北省博物馆上线的首个数字藏品“越王勾践剑”，限量 1 万把，参与抢购者却高达 60 万人，同样半分钟内就被买空。春节集“五福”期间，全国更是有 24 家博物馆集体在鲸探上上线 3D 数字藏品，和支付宝活动实现联动。作为最知名的数字藏品售卖平台之一，支付宝旗下的数字藏品交易平台鲸探发起了针对文旅数字化的“宝藏计划”，文旅、非遗类数字藏品占到约 70%。

最后，一批文旅企业开始试水数字藏品。比如曲江文旅，其相关的大唐芙蓉园、大唐不夜城、西安城墙、大明宫等多家景区以及博物馆都推出了各自的文旅数字藏品。商汤科技（SenseTime）与敦煌文旅集团已签署战略合作协议，将围绕敦煌文创 IP 在数字藏品领域展开合作，并将携手发行一系列创新的敦煌文化数字藏品。

《经济》杂志、经济网：目前，国内政策有哪些特点？在合规上有哪些要求？短期是否会有所调整？

宋洋洋：与国外不同的是，我国数字藏品弱化了 NFT 的交易属性，可以被理解为一种一次性的数字文化消费品，本质上和文创周边是一个性质。其发行基本上都是由联盟链提供底层技术支持，且绝大多数发行平台都暂时关闭了二次交易功能，这就防止了数字藏品的金融化，并避免了藏品在二级交易市场的恶意炒作，这也是出于合规性考虑。

总体而言，我国相关政策和法规对虚拟货币、数字藏品等一直持审慎态度。2022 年 4 月 13 日，中国互联网金融协会、中国银行业协会、中国证券业协会联合发布的《关于防范 NFT 相关金融风险的倡议》（以下简称《倡议》）要求各单位坚决遏制 NFT 金融化证券化倾向，提示消费者抵制 NFT 投机炒作行为，不变相发行交易金融产品，不以比特币、以太币、泰达币等虚拟货币作为 NFT 发行交易的计价和结算工具，不直接或间接投资 NFT。《倡议》指出，NFT 作为一项区块链技术，其创新应用在丰富数字经济模式、促进文创产业发展等方面显现出一定的潜在价值，但同时也存在炒作、洗钱、开展非法金融活动等风险隐患。

国家文物局同样在 2022 年 4 月 13 日召开专题研讨会，为文博数字藏品降温。会议提出：文博单位不应直接将文物原始数据作为限量商品发售；要建立权责清晰、程序规范、统筹有力的管理制度，牢牢把握正确的意识形态导向，确保文物信息安全。消费者应选择合理合法、健康有序的收藏方式，维护自身正当权益，远离因盲目炒作产生的风险。

我个人认为，目前从严的政策基调短期内不会有调整。在防止数字藏品行业过度金融化方面，可能需要考虑以下三方面：一是交易底层架构要完全依托于央行数字货币底层架构，不以比特币等虚拟货币作为数字藏品发行交易的计价和结算工具；二是拓展应用边界需要中央网信办、工信部等部门确定标准与范围，比如明确规定不在 NFT 底层商品中包含证券等金融资产、不为 NFT 交易提供集中交易和融资支持等服务；三是统一上链标准，在链与链之间达成统一共识，以更好实现对发行交易各主体的认证监管及配合反洗钱等工作。

《经济》杂志、经济网：在您看来，适合做数字藏品的产品和平台有哪些？

宋洋洋：数字藏品的核心价值在于数字内容资产化。适合做数字藏品的产品有以下几类：一是艺术品和奢侈品，比如音乐、绘画等各类艺术品和一些奢侈品，天然具备文化艺术价值，可以开发成数字藏品；二是博物馆中的各类藏品和文创产品，通过文物数字化以及文创产品开发可以生成数字藏品；三是数字文化IP，比如一些游戏、动漫领域的知名IP，自带流量且具备粉丝经济的属性，可以打造成数字藏品；四是实体文旅品牌，比如知名的文旅目的地，可以开发成数字藏品，以触达更多人群，吸引人们实地旅游。

关于数字藏品平台，我国目前主要有两类：一类是互联网大厂的平台，另一类是遍地开花的小平台。未来，在监管条件成熟的情况下，可以考虑将文交所等官方文化产权交易机构作为二级交易合规平台。总体来看，我国的文交所已进入相对成熟的发展阶段，平台设立资质、交易方式、交易规则等已经有较成熟的监管模式，在职责功能、业务性质和交易对象等方面和数字藏品交易有一定的匹配度，不仅容易获得监管支持，还有助于推进文化产权资源与数字金融科技的融合。

《经济》杂志、经济网：现阶段，数字藏品更多的是数字流通的创新手段，而非产业变现的创新手段，离实体经济还很遥远，还有很长的路要走。那么，未来行业的发展前景如何？

宋洋洋：未来的发展可能体现在以下三个方面：

一是数字藏品的核心竞争力将体现在内容品质、运作机制等多个方面。数字藏品作为品牌的载体，必然要传达其价值内核、品牌调性、市场营销等关键内容。

二是行业监管机制和政策制定情况有望得到完善。数字藏品的市场潜力较大，当前乃至未来会有越来越多的资金和技术投入到这个领域，国家相关管理部门也会看到这一点，会针对性地建立数字藏品相关法规体系和监管机制，确保行业在安全可控的前提下健康发展。

三是交易方面，在合规的前提下，有可能进一步试点和开放数字藏品的发行渠道、跨链交易、二级交易市场。

《经济》杂志、经济网：数字藏品的投资风险有哪些？

宋洋洋：一是版权风险。数字藏品虽然在确权问题上提供了很好的解决方案，为虚拟商品的流通创造了条件，但是数字藏品也并非完全没有造假的可能。

二是监管风险。国内对虚拟货币的监管十分严，未来数字藏品的铸造、发行、销售、流转等环节都可能会有监管介入，如何寻求一个开放二级市场又同时能抑制炒作的方案是数字藏品行业下一步发展必须要解决的问题。

三是市场价值风险。当前数字藏品市场还处于早期阶段，存在很多不规范、不透明的操作，缺乏统一的估值标准和公允的定价体系。

四是技术安全风险。现阶段数字藏品的底层基础设施和生态还不够完善，可能还存在难以避免的安全事故，例如此前连续两次发生的"无聊猿"官方遭遇黑客攻击事件，就让价值超过300万美元的NFT被窃取。

《经济》杂志、经济网：对于数字藏品平台的规范发展，需要重点考虑哪些方面？

宋洋洋：一是在法规建设上，要通过法规或行政规定，要求平台申请数字藏品交易牌照，明确规定平台的权利和义务，限制平台机构的权限，建立数字藏品交易的标准化流程，规范平台的操作模式。

二是在版权管理上，引导平台消除版权风险。具体而言，需要建立对创建数字藏品的艺术家以及版权内容进行审查的程序，对其身份进行实名认证，借以识别和追踪数字藏品，建立用户对平台的信任感；支持平台转变被动、消极的事后审查角色，积极主动监测、审核以及删除平台内数字藏品，积极打击实际或潜在的盗版行为；探索实践数字藏品异议登记制度，并利用信任制度来解决识别实际作者的难题，以实质性减少数字藏品版权所有权纠纷，并有效保护实际的权利人。

三是在合规方面，要求平台配合建立风险监管机制。数字藏品具有天然的洗钱和炒作属性，须从平台入手，探索实施风险监管措施。根据国内外反洗钱实践的情况，要求平台开展用户尽职调查、用户身份资料与交易记录存留、可疑交易活动监测及报告等活动，通过人工智能、算法学习等互联网技术，对数字藏品交易主体、流转过程与转换速度等进行自动化监测，全面提升对利用数字藏品进行洗钱犯罪的监管能力。

推动数字技术与文化产业“双效统一”发展[①]

宋洋洋

数字文化产业是党的十九届五中全会建设社会主义文化强国、实现科技自立自强两大目标交叉的重点领域，也是实施文化产业数字化战略的关键构成。过去十年，我国数字文化产业供给侧改革实现了重大突破：一是传统文化产业数字化进程在不断加速，新闻、出版、影视、演艺等领域通过数字化改造了产业链与商业模式；二是新兴数字文化产业实现了换道超车，部分领域如网络视听、手机游戏等已在全球领跑。

但是需要看到，未来十年，数字文化产业将同样进入改革的深水期，特别是以平台经济为代表的部分业态，随着用户规模、消费时长的见顶，流量与资本红利的消失，其发展明显进入存量竞争、增量空间不足的状态。

特别是近一段时期以来，基于数字文化产业应用场景的新概

① 本文源自 2022 年 1 月 18 日《中国文化报》，原文有删改。

念——“元宇宙”，成为资本市场上关注度极高的领域，它的发展和对它的解读进入无边界、无标准、由技术与资本主导驱动的非理性状态。这就需要更加冷静，跳出数字文化产业的内部逻辑，从更外部的视角审视数字文化产业发展的趋势、节点，对技术应用、数据边界等关键问题进行梳理，避免出现过度虚拟化、商业化趋势，引导数字技术与文化产业“双效统一”发展。

数字技术应用带来了流程重构与主体重置

技术在数字文化产业领域的应用，更多意义上是重构了流程、重置了主体。例如，人工智能与语义分析技术介入后，创作端的流程逐步简化。以中国的流媒体平台爱奇艺为例，其自制剧有一套标准创作流程——从购买小说版权、改编、剧本创作，到导演及演职团队选定、拍摄、宣发、上线等，较为关键的流程是改编与剧本创作。

在技术未介入的情况下，通常是编剧和导演团队吃透原著、梳理出剧本，这对于传统小说来讲工作量并不大。例如由紫金陈的小说改编的《隐秘的角落》《沉默的真相》，小说本身只有 10 余万字。不过，爱奇艺同样储备了大量千万字体量的网络文学 IP，对这些内容的改编需要投入大量人力，仅基础工作就需要准备数月之久。

但随着人工智能与语义分析技术的介入，以上流程大为简化，千万字体量的小说在人工智能系统的辅助下，半小时内几百个人物的特点、关系，所有主线、支线剧情，交叉冲突的焦点就会被全部梳理出来，大大节约了创作的人工成本。

再者，游戏引擎、XR 等技术在电影拍摄、CG 制作等领域的应用，重构了电影制作的主体和流程。传统的好莱坞的标准化工业生产流程是成熟的流水线制作，拥有 800 多个工业标准，且以每年 50 余个新标准的速度递增，不仅涉及技术、特效镜头，还与摄影、策划、制片、导演等人员结构息息相关。在制作过程中，人员虽分工明确却易因各环节把关人员的要求参差不齐不断返工，较易增加制作时长和成本。

随着游戏引擎的大力发展，动态实时渲染、后期即时可视化得以实现。“游戏引擎（算法）+扩展现实（高清大屏）”技术手段嵌入拍摄流程中，相关人员能够以最快的速度实时监控镜头的构图、运镜轨迹，包括演员的走位、动作等，各个环节的可视化有助于导演指导拍摄，能够迅速提高拍摄效率和质量，重构了CG的制作流程。

产业规范发展需约束数据边界、确定隐私权利

数据是数字文化产业的核心生产要素。由于数据处理手段的重大突破以及人工智能领域计算能力的发展，文化数据已成为文化产业的核心生产要素。例如电影《阿丽塔：战斗天使》广泛运用数字技术，女主角阿丽塔更是由8 000多个数字制作的模拟人偶合成，整个影片数据占用的磁盘空间约是《阿凡达》的3倍，这些数据成为影片成片的重要素材。

文化数据经过交易和整合成为重要的文化资产。为了真正把文化数据转换成文化资产，就必须对文化数据进行有意义的关联、交换和整合，让整个数据流通起来，成为真正可交易的产品。把各种资源形态的原始文化数据通过标准化标记、解构及逻辑关联等系统化处理，使它们成为中间产品形态的文化数据，即可转化为文化资产。

数据资产化催生垄断，数据从资产演变为权力。海量用户数据通过超级平台的人工智能算法测算后，成为用来预测未来和辅助决策的重要资产。超级平台往往在不告知用户的前提下采集、占有并使用用户的私人数据，形成数据垄断并获得大数据支配优势。于是，数据便从资产演变为权力——信息推送的权力、价格歧视的权力、任务分配的权力。

一是信息推送的权力。平台根据用户画像主动迎合用户的需求，进行信息推送，使人们只关注自己感兴趣的信息，在相关信息与其他信息之间形成一道无形的墙，形成“信息茧房”效应。

二是价格歧视的权力。平台算法进行大数据杀熟，形成价格歧视。网购、在线旅游、网约车、外卖等成为大数据杀熟的高发领域。

三是任务分配的权力。平台算法根据骑手、买家、卖家等的信息，极限压缩配送时间，外卖骑手执行任务就被算法支配。

总的来说，约束数据边界、确定隐私权利是数字文化产业未来规范发展的关键之一。在未来，人们更需要平衡与实现数字技术与文化产业的“双效统一”，让技术逻辑与产业边界更加内敛与合理，让数字技术的迭代与传统文化深度交融，相互加持，彼此成就。

国家文化和科技融合示范基地的发展模式与路径分析①

宋洋洋　辛婷婷　穆雪姣

【摘要】文化和科技融合是文化强国和科技强国两大战略的交汇点，国家文化和科技融合示范基地不仅是文化科技融合的重要载体，更是政策体系、管理机制先行先试的试验田。经过多年的探索和发展，国家文化和科技融合示范基地虽已形成龙头企业集聚带动型、新技术集成应用型、政策规划引领型、平台建设支撑型、产业链延伸型、产学研协同发展型等发展模式，但仍然面临着文化科技融合程度不高、文化科技产业集群效应不强、原始创新与协同创新合力有待增强、文化科技与实体经济跨界不足、文化科技复合型人才匮乏等问题，需要进一步改进和完善，从而有效驱动我国文化产业高质量发展及实体经济转型升级。

【关键词】文化和科技融合；示范基地；发展模式；融合路径

为贯彻落实《国家创新驱动发展战略纲要》《国家“十三五”时期文化发展改革规划纲要》《国家文化科技创新工程纲要》《关于促进文化和科技深度融合的指导意见》等政策要求，加速推进文化和科技融合，提升文化领域科技应用与自主创新能力，科技部与中宣部会同相关部门分别于2012年、2013年、2019年、2021年分四批共认定了

① 本文源自《人文天下》2022年第1期，原文有删改。

85家基地，其中集聚类44家，单体类41家。文化和科技融合示范基地是加强文化科技基础技术研发、加快科技成果转化应用、提升自主研发创新能力的重要载体，对于培养文化科技融合人才、推进文化科技项目建设、孵化文化科技企业、促进跨行业跨领域合作等具有重要的支撑和保障作用。

文化和科技融合是高质量发展的重要引擎

从过去文化和科技融合的行业实践与政策探索来看，两者融合的重要性主要体现为以下三个维度。

第一，重塑文化产业的价值链和供需关系。科技创新能够重塑并更新文化产业的创意—生产—传播—消费各环节。在文化事业领域，科技创新可以加快文化数据采集、存储、再生、利用进程，革新文化遗产保护和传承方式，并推动公共文化智慧场馆建设及公共服务高效精准供给。在文化产业领域，一方面，科技创新能够推动新闻、出版、演艺、文博等成熟文化产业提质升级；另一方面，科技创新能够有效推动短视频、直播、网络游戏等新业态“弯道超车”，实现纵深发展。

第二，文化和科技融合是提升科技行业竞争力和价值追求的重要引擎。我国的科技创新经历了模式复制的本土化创新、吸收再创新到今天的自主创新阶段。对于自主创新，价值观、制度建设、知识分享等文化因素越来越重要。此外，文化对科技创新还具有软支撑作用：在宏观层面，关乎科技企业的价值观、规章制度、企业文化等内容；在微观层面，涉及设计、创意、故事、文化对科技企业产品的美学提升、价值提升和品牌认知等内容。

第三，文化和科技深度融合是我国经济社会新旧动能转换、产业创新的内在驱动力量。我国供给侧结构性改革、高质量发展所要求的内容，包括塑造制造业新优势、加快数字经济发展、提升人居环境质量等，实际上都需要文化科技交融赋能。

示范基地的发展模式

国家文化和科技融合示范基地（以下简称“示范基地”）基于自

身资源禀赋与产业基础，探索出多种适合自身的发展模式。本文根据对示范基地主要做法与模式的研究，总结提炼了以下六种典型模式。

1. 龙头企业集聚带动型

龙头企业集聚带动型是指集聚一批文化和科技领域的龙头企业，发挥其在技术研发、内容创新、市场运营等产业全链条中的发展优势，带动关联企业（园区）共同发展，全面提升本区域和本行业的整体发展水平。例如，北京中关村示范基地坚持文化和科技双轮驱动，集聚了字节跳动、爱奇艺、百度、快手等文化科技龙头企业，以及寒武纪、旷视科技等 80 多家独角兽企业，在媒体融合、数字内容、人工智能等领域都走在全国前列。深圳南山示范基地集聚了腾讯、华强方特、华侨城、迅雷等文化科技龙头企业，实现了文化、科技、创意、资本、人才等行业要素的高度聚集与裂变，并以数字内容为突破口，形成了新媒体、动漫游戏、数字影视、数字出版、创意设计等优势产业集群，带动了深圳文化创意产业有效转型升级。

2. 新技术集成应用型

新技术集成应用型是指以现代数字技术、移动互联网为核心支撑，以重塑新型产业链为切入点，实现传统业态的数字化转型和创新性发展，助力文化新业态再升级。例如，上海张江示范基地充分利用文本挖掘、语音识别、人脸识别等 AI 领域的核心专利技术，集聚了 180 多家具备 VR、AR 业务能力的企业，形成了覆盖软硬件研发、内容研发、行业应用、渠道、线下体验、售后服务等各环节的完整产业链，将“VR+”这一新商业模式广泛应用于游戏、影视、视频、教育、培训等多个行业。故宫博物院示范基地借助科技手段，在文化遗产数字化保护、数字博物馆以及数字资源开放共享方面成果显著。北京影谱科技股份有限公司基于自主研发的智能影像信息化、自动化技术，开发了自动化视频内容生产与影像元素商业化两大技术引擎，构建了“视联网”体系，为智能文娱、智能科教等领域提供了全生命周期的智能影像技术一站式服务。

3. 政策规划引领型

政策规划引领型是指制定文化和科技融合的专项政策及规划，明确产业发展方向与重点，完善招商引资、人才、金融等相关配套，以政策规划引领示范基地发展。武汉、南京、合肥等地的示范基地均制定了促进文化与科技融合的专项政策。例如，武汉东湖新技术开发区从2013年起陆续出台《武汉东湖新技术开发区关于推进文化科技产业融合发展的实施意见（试行）》《关于推进文化科技产业融合发展的实施意见及实施细则》等多个专项文件，明确重点支持和发展的领域，在创新创业、产业发展、招商引资、人才支持、知识产权、科技金融等方面构建了扎实的配套政策体系。南京出台了《南京市文化与科技融合发展规划纲要》《关于促进南京文化和科技深度融合的实施方案》等文化科技专项政策，明确了四个产业门类和十二个重点方向，将文化科技融合纳入全市文化和科技发展总体盘子，重点针对基地各文化科技园区和平台，综合运用项目补贴、贷款贴息、政府购买服务等方式，促进文化科技融合产品和服务的示范推广。

4. 平台建设支撑型

平台建设支撑型是指以数字技术、信息技术为支撑，打造协同创新平台、会展活动平台和公共技术服务平台等服务平台，为产业创新提供强有力的支撑。例如，杭州的示范基地依托自身的大数据资源优势，建设科技创新平台、活动会展平台和公共服务平台等；利用云计算、大数据和人工智能等最新一代计算机技术，构建起以互联网为载体的面向文化设计的线上线下协同创新平台，引导大学、科研机构、中介组织与企业紧密合作、协同创新；建立专注于为文化产业门类服务的技术子平台，为科技型小微企业提供贴身、贴心的服务支撑。位于上海的智慧湾科创园基地以科技创新和文化创意为定位，打造集3D打印、智能微制造、机器人等服务于一体的公共技术服务平台，将园区、社区、教育区、展区、商业区和以体育为主的休闲区融于一体，形成专业性众创空间。

5. 产业链延伸型

产业链延伸型是指充分利用优势资源打造主导产业，并围绕主导产业进行上下游延伸以及全产业链布局，实现产业、资金、人才、技术“四大链条”的有机统一。例如，马栏山基地围绕视频内容制作，以湖南广电等头部企业集聚带动，以项目的大投入、大建设做强产业发展基础，发展视频 IP 综合运营和建设视频内容数字营销渠道（平台），以视频数据运营、视频电商为支柱，延伸视频内容创意、金融服务、教育培训、软件设计开发、版权服务，形成以数字视频内容生产为核心的全产业链集群。蓝色光标推出“小蓝机器人家族”产品，涵盖目标洞悉、策略拟定、创意输出、精准投放、结果测评等智能营销全链条。

6. 产学研协同发展型

产学研协同发展型是指与高校、科研院所密切合作，依托人才优势、高精尖技术优势，解决企业在科研队伍、技术攻坚等方面的难题，助推产学研服务平台建设，加强文化科技成果转化。例如，长春的示范基地以企业为主体，以高校院所为依托，与吉林大学、吉林动画学院等高校院所合作组建了多个技术创新战略联盟，有效破解了动漫产业发展中的技术和人才短缺问题，加快了技术转移和成果转化。蚌埠的示范基地内 10 多家国家级科研院所、50 多家省级研究院所以及 100 多家企业、高校研究机构构成了基地科技创新的主要力量，拥有多项业界领先的科技成果，为基地的发展提供了大量的科技发明和创新成果，为基地的科技创新和产业成长提供了雄厚的智力支持。

以上六种模式并非孤立运行，示范基地在实践过程中虽各有侧重，但普遍表现为多种模式并行使用。

示范基地存在的问题

示范基地尽管当前已探索形成了可复制、可推广的发展模式，但从产业规模、产业结构、集约化水平、配套服务等方面来看，还有较大的提升空间，基地的发展质量和水平还有待进一步提升。

1. 文化科技融合程度不高

目前，仍有较多文化企业对前沿科技不了解，缺乏实际应用经验，科技企业缺乏对接文化企业技术需求的渠道，“文化、科技两张皮”问题亟待解决。具体表现为以下两个方面。

第一，在文化科技成果的供给方面，科技企业对文化企业的技术需求不够了解，在文化科技基础科学研究、原创技术研发、装备自主研制等方面与发达国家尚存在较大差距。例如，文化科技领域的先进生产力技术和核心技术需要从国外引进。以创意生产最前端的设计为例，关键生产力工具 Adobe、Maya、CAD 等软件皆由国外垄断。

第二，在科技成果的集成和应用方面，文化企业对新科技不够了解，且缺少与科技企业对接供需的有效渠道，导致提升产品和服务体验的新技术手段应用不足，抑制了文化科技新业态、新生态的出现。

2. 文化科技产业集群效应不强

虽然文化科技涉及的领域较为广泛，但各类业务尚未形成规模效应和集聚效应，彼此关联性不强，各类业务独自开发、运营的情况较为普遍。在产业园区（示范基地）内部，大多只是同类型企业实现了空间上的集聚，但产业链层面缺乏深入的交流与合作。文化科技企业之间亦缺乏分工与合作，往往只是单个企业在内部完成了产业链的各个环节，且产业创新的内容与手段单一，大量技术、系统、装备研发重复投资，尚未形成社会化分工协作，不利于产业集群效应的发挥。文化科技企业在创意—生产—传播—消费各个环节尚未形成全链条的交流与合作，产业链上下游难以实现有机协调。例如，供给方想为需求方提供精准、高质量的服务，但产业链下游分发体验端的用户数据难以反馈至上游原始创新环节，导致需求端的数据没有被供给方很好地利用起来。

3. 原始创新、协同创新合力有待增强

原始创新、协同创新合力不足主要体现为三个方面：一是在文化科技成果供给方面，大多数示范基地缺乏系统的创新理念和创新方法，依靠从国外引进的底层逻辑和核心技术，原始创新能力较为薄弱，基础研究层面的原始创新成果较少；二是在科技成果转化方面，高校及科研机构产出的科研成果大部分处于原型阶段，而市场需要的是进入小试、中试阶段的成熟成果，高校及科研机构对离开实验室的科技成果进行产品转化的角色相对缺位，文化科技创新成果商业化不足；三是在协同机制方面，文化科技企业与高校和科研机构、设计企业乃至跨行业企业进行交流咨询和研发合作的深度不够，普遍仍未形成“产、学、研、媒、用、金”协同创新优势，协同创新合力不足。

4. 文化科技与实体经济跨界不足

文化科技企业和其他实体经济主体的跨界创新、协同创新有待加强。文化科技是现代创意设计的重要元素，而创意设计处于制造业和传统服务业的产业链前端，处于微笑曲线的高附加值阶段。目前，融入文化科技元素的创意设计对于传统行业的贡献度仍然较低。文化科技创新要素与产品的研发、设计、生产、销售和品牌塑造等环节相对脱节，进而导致文化科技创新链和产业链脱节，最终造成创新成果难以转化成现实生产力。此外，文化和科技融合创新与制造业、服务业等行业衔接得不够紧密，产业之间、部门之间的分隔情况仍然存在，限制了文化科技对实体经济转型升级的带动作用。

5. 文化科技复合型人才匮乏

目前，人才队伍的质和量与市场需求仍未适配。由于学科定义和专业设置尚不健全，与文化科技融合相关的学科基础研究理论零散、不成体系，通识性、跨学科的人才培养模式还处于探索的初级阶段。因此，目前培养的专业人才要么只懂文化，要么只懂科技，而文化科技复合型人才紧缺。除学历教育环节存在缺陷外，继续教育亦未充分开展。由于教育背景和工作经历的局限，企业内的文化科技复合型人才也比较少。总体而言，文化科技复合型人才培养成本高、招聘难度大、高端人才不足。具备文化科技领域人才研究基础的新型研发机构相对较少，以产学研为架构体系的人才培养模式尚未形成。文化科技复合型人才相关政策与文化科技企业的人才属性不匹配，文化科技领域的大部分人才因缺乏国家承认的各类资质，很难享受到人才政策优惠，进而造成人才外流和引进困难等问题。

示范基地的提升路径

1. 提升文化产业链与科技创新链融合力度

文化科技融合需要文化部门与科技部门共同推动，完善跨部门协调机制，加快相关资源的整合与信息共享，形成推动文化科技融合发展的合力。下一步，行业内主体应立足于文化和科技融合这一产业发展重点和企业需要，依托示范基地这一载体，在政府的引导下尽快搭建文化和科技融合协同创新平台，推动科技创新链与文化产业链合作。企业管理者要全面梳理和系统分析基地内科技企业的资源状况和文化产业的发展现状，关注技术领先、产业化前景好的科技成果，以及文化领域中技术约束明显的环节，促进科技创新链和文化产业链精准对接。科技企业要密切关注文化企业的技术需求，着重研发能促进文化产业发展的共性基础技术与“卡脖子”关键技术。文化企业要密切关注前沿科技，加强虚拟现实、人工智能、区块链等前沿技术在文化产业中的创新应用，推动数字文化产业创新发展，培育文化新业态和新场景。此外，还应做好信息管理、版权服务、展示交易、金融中介服务、法律服务、国内外交流等文化和科技融合公共服务，推动文化科技深度融合。

2. 增强文化科技产业集聚效应

依托示范基地，各有关主体需合力打造文化和科技融合特色产业集聚公共服务平台，提供产业政策咨询、创业孵化、企业投融资、成果转化、产品宣传展示、产业对接、职业技能培训及一站式办公服务等功能，促进特色产业集聚和创业孵化，进而形成多个特点明晰、差异协同的文化科技产业集群。文化科技产业链的上下游企业需要进一步加强沟通交流、分工合作，形成全链条打通的完整产业链，进而实现信息和技术的共享。政府有关部门和基地运营主体需对基地内部及众创空间的区域分布、功能布局、人员架构、行业发展和社会效益等进行深入分析，按照优势互补、避免同质化竞争的原则，集中各类资源，做好基础设施、服务体系建设，推动形成结构适宜、种类均衡的文化科技产业发展格局。

3. 加强文化科技原始创新和成果转化

应面向文化科技前沿领域，聚焦文化建设重点需求，开展文化科技领域应用基础研究和产业共性关键技术研发，建设新型研发机构，力求形成更多前沿、原创的科研成果。企业与高校和新型研发机构应在文化科技领域积极开展合作：企业基于自身的市场经验、资源优势，高校和新型研发机构基于自身的人才队伍、理论研究和科技前沿探索等优势，协同联动、优势互补，共促科技成果转化和新模式形成。各相关主体应合力推进技术转移中心、成果转化中心建设，培育和发展从事文化科技咨询、技术评估、技术转移、成果转化的文化科技服务机构，加紧推进文化科技成果从样品到产品再到大规模产业化的实现流程。

4. 推动文化科技与实体经济跨界融合

充分发挥文化创意和科技创新在经济发展中的引擎作用，助推实体经济高质量发展。从业人员应着力将中国特色文化元素融入高端制造业，运用文化科技提炼文化元素，辅助创意设计，开发出具有中国特色风格的文化科技产品，形成新时代的文化表达，推动传统制造向智能制造转变。文化科技企业开发团队具体可以从以下三个方面着手：第一，聚焦农业工艺改进和功能拓展，促进农产品实用功能及艺术功能的提升；第二，将文化创意、新科技与医疗、教育行业相结合，优化工作流程、提升工作效能，充分发挥其社会化应用价值和教育引导功能；第三，积极迎合市场多样化、个性化需求，推进文化科技融合向旅游、商贸、体育等产业延伸，不断拓展新的消费场景。

5. 加大文化科技领域的人才培养力度

有关部门需根据企业的实际需求，研究制定文化科技领域的人才评价标准，建立优秀人才储备库。支持高校、职业院校、科研院所与文化科技企业加强合作，共同建设文化科技复合型人才培养基地。围绕文化科技融合及示范基地建设，建立高效的人才培养机制，强化对各类人才的培养和训练。大力引进国内外高层次文化科技复合型人才，并将其纳入特殊人才政策范畴。开通文化科技复合型人才“绿色通道”，在户籍、住房、教育、医疗、交通等方面给予政策倾斜。

文化数字化新阶段的价值导向与重点任务①

宋洋洋

当前，在政策规划、技术革命和产业变革三种力量的合力推动下，我国文化科技融合进入新的发展阶段——文化数字化阶段。

文化数字化生态体系包含要素层、核心层和应用层三个层面。要素层内是标准化、可流通、可交易的文化数据，构成文化数字化的生产资料；核心层内是数字化技术全程贯穿的文化产业链、版权价值链、科技创新链“三链”融合体系，构成文化数字化的生产过程；应用层是文化数字化成果广泛应用的智能化实体空间和虚拟空间，构成文化数字化的应用场景。

文化数字化生态体系是文化数据资产化、文化产业数字化和文化空间智能化“三化融合”的生态系统。

文化数据资产化指的是零散分布的各种文化资源数据经数字化采集、标准化标注、解构与关联转化为可交易的文化资产，成为文化数字化的核心生产要素的过程。其主要特征是可溯源、可量化、可交易：可溯源是指基于AI算法的深度合成技术和随机纹理嵌入等技术，可在文化数据中嵌入唯一标识，进行数据溯源；可量化是指依托海量数据样本和无形资产评估相关理论构建文化数据价值评估模型，经

① 本文源自《群众》2021年第24期，原文有删改。

AI训练，循环修订模型指标，可对文化数据的价值进行精准评估；可交易是指明码标价的文化数据又可在基于区块链和云计算等技术驱动形成的透明通证的文化数据服务平台流通交易。

文化产业数字化指的是数字化技术全程贯穿文化产业链、版权价值链、科技创新链各个环节，“三链”融合加速文化要素流通、文化科技成果转化与场景应用。其主要特征是全业、全程、全息：全业是指数字化技术既改变了新闻、出版、影视、演艺、文博等传统文化业态的产品形态、商业模式，推动了传统文化业态转型升级，又推动了短视频、直播、网络游戏等新业态弯道超车、纵深发展。全程是指数字化技术贯穿了文化产业的创意—生产—传播—体验全链条、全过程。在创意环节，数字化技术推动了人机交互设计，使创意和设计的门槛一再降低；在生产环节，AI自主创作和AI辅助生成，有效提升了文创产品生产效率；在传播环节，个性推荐、智能分发技术推动了文化内容精准传播；在体验环节，数字化技术推动了数字交互娱乐、沉浸式展演繁荣发展。全息是指数字虚拟仿真等技术推动了文化产业突破各种介质、载体及时空界限，实现了文化创意跨载体呈现、跨时空交互，从而无限拓展了文化产业新业态和新场景。

文化空间智能化指的是文化产业数字化成果广泛应用于老旧厂房、公共文化场馆、生活美学场景等实体空间智能创意提升以及多维虚拟空间搭建，不断拓展新应用场景。其主要特征是空间再生、服务智慧、虚实结合。空间再生是指引入数字文化业态推动老旧厂房向文化创意空间活化，融入当地特色文化和数字科技打造智能便捷、时尚潮流的城市美学新空间和网红打卡地。服务智慧是指利用数字化技术推动智慧文博场馆及设施建设，发展“云”上数字文化产品和服务，打造智能交互体验场景，改进公共服务场馆的运营管理流程。虚实结合是指运用全息投影、数字孪生等数字技术打造多维虚拟空间，运用AR、XR等新技术打造虚实结合的新文化空间，实现跨时空交互。

文化数字化形成多维度的时代价值

文化数字化不断演进迭代，无论是对文化行业生产力还是对生产方式等都产生了重大影响，产生了多重经济意义和时代价值。

一是突破文化产业鲍莫尔成本病困境。美国经济学家鲍莫尔认为从宏观经济角度来看，全社会的增长来源可分为“进步部门”和“停滞部门”，而前者的生产率相对快速增长必将导致后者的相对成本上升。传统的文化产业属于人力密集型产业，属于典型的“停滞部门”。数字技术广泛应用，重塑和升级了文化产业链条，大大缩短了从创意到产品的转化周期，颠覆和重构了传统文化业态，并推动了文化新业态迅速发展，极大地提升了文化产业生产效率，使得文化产业不再是“停滞部门”。

二是重组文化生产关系。数字技术的发展不仅使文化生产力发生了重大变化，而且重构了生产关系。首先，文化生产由线性生产走向网状生产，由原来的生产者生产什么、消费者就消费什么向基于消费者的偏好进行多样化、定制化生产转变。其次，文化由专业化生产走向社会化生产。随着数字技术的应用，创意和设计的门槛不断降低，普通人也能广泛参与文化创作，推动文化生产由专业化生产向社会化生产转变。最后，文化生产全链条由内部分工走向社会化大分工。伴随着5G等数字技术的发展，万物互联成为现实，形成了一个透明的服务网络，促进了整个社会的文化生产进行大分工。文化产业链条上的不同生产主体以产品或服务为导向发挥各自的优势，主攻产业链条上的强项节点，避免进行全产业链重复开发，造成资源浪费。

三是重构生产流程。数字技术在文化产业的应用，使得很多传统行业的创作与生产得到大大简化，由单向性向并行性、由线性向矩阵式转变，重构了生产流程。如游戏引擎、XR等技术在电影拍摄、CG制作等领域的应用，使相关人员能够以最快的速度实时监控镜头的构图、运镜轨迹，各个环节的可视化有助于导演指导拍摄，能够迅速提高拍摄效率和质量，重构了CG的制作流程。又如融媒体技术与平台的发展重构了新闻采编发流程。借助融媒体，传统纸媒打通了新闻策划、采集、编辑、播发整条内容生产链，构建出了“中央厨房”式的采编与传播体系，完成了“一次采集、多元生成、多渠道分发”的流程再造。

四是畅通跨产业通道。数字内容 IP 是跨产业应用的关键要素。文化数字化有利于夯实文化赋能其他产业的链接基础，通过“一个平台、多业共享”，打通跨产业接口，充分发挥其外部效应。根据《2021 中国品牌授权行业发展白皮书》，从授权市场的 IP 品类分布来看，数字内容 IP 占比 50.2%，其中卡通动漫占比 29.4%，电子游戏占比 9.4%，影视综艺占比 9.1%，网络文学占比 2.3%，实现了跨产业运营。

五是匹配新消费特征。在当前数字经济时代，人们具有不受时空限制、自由自在享受多层次文化产品与服务的消费需求。文化数字化通过扩大数字文化产品供给、培育新型文化业态等路径契合了人们的这一需求。在当下的品质消费阶段，人们对美好生活的需求日益旺盛，更加追求有文化气质、有设计感、个性十足、智能便捷、能引发情感共振的产品和服务。文化数字化通过作用于智慧设计、智能生产、精准传播、互动体验等领域，以提升文化内涵、简化使用流程、促进情感共鸣等，满足了人们的这一需求。

加快推动文化数字化向纵深发展

随着文化数字化进入纵深发展阶段，创作伦理、监管逻辑和制度诉求将会发生转变。

一是创作伦理应考虑数据驱动与人本优先的平衡。未来在数字文化产业的创作领域，追求效率和创意的平衡是绕不开的话题，既需要数据驱动，提升产业发展效率，又需要以人为本，重视人的创作作用和关系网络。

二是监管逻辑从结构导向型向行为导向型转型。互联网文化产业是监管的重点领域，未来互联网文化产业不仅需要规模化发展、充分发挥外部效应，还需要开放竞争，监管的重点将从是否形成垄断结果向是否阻碍竞争行为转变。

三是制度诉求："大众化"补贴"大家化"。科技创新有力推动了文化"大众化"发展，但受审美和文化内涵追求永无止境等因素的限制，很难促成文化"大家化"，即市场机制对文化"大家化"失灵，因此需要探索一种机制，让"大众化"来补贴"大家化"。

数字文化产业：创作伦理、数据边界与技术应用①

宋洋洋

数字文化产业是党的十九届五中全会建设社会主义文化强国、实现科技自立自强两大目标交叉的重点领域，也是实施文化产业数字化战略的关键构成。

过去十年，我国数字文化产业供给侧改革实现了重大突破：一是传统文化产业数字化进程在不断加速，新闻、出版、影视等领域通过数字化改造了产业链与商业模式；二是新兴数字文化产业实现了换道超车，部分领域如网络视听、手机游戏等已在全球领跑。

但是需要看到，未来十年，数字文化产业将同样进入改革的深水期，特别是以平台经济为代表的部分业态，随着用户规模、消费时长的见顶，流量与资本红利的消失，其发展明显进入存量竞争、增量空间不足的状态。

特别是，最近几个月来基于数字文化产业应用场景的新概念——"元宇宙"，成为资本市场上关注度极高的领域，它的发展和对它的解读进入到非理性的无边界状态甚至"幻想"状态。这就特别需要我们更加冷静，跳出数字文化产业的内部逻辑，从更外部的视角审视数字文化产业发展的趋势、节点，对技术应用、产业边界等关键问题做出

① 本文源自"文化产业评论"公众号，原文有删改。

梳理，以免出现过度虚拟化、商业化，概念炒作之后一地鸡毛的现象。

更高视角：对数字文化产业的再审视

随着技术的进步，未来满足人类生存需要的物质产品会越来越易得，而满足自我价值实现需求的精神产品会越来越具有刚性，消费也会越来越高频。数字文化产业将会逐渐成为未来满足人类精神需求的基础。这一基础如何发展从某种意义上会决定未来人类文明的层级。

中国著名科幻作家、《三体》的作者刘慈欣曾将人类的科技树归纳为两个方向：如果 VR 技术更早成熟，人类就会向着赛博朋克方向发展；如果航天技术先成熟，那人类文明就会朝着星辰大海、宇宙争霸的方向发展。相比较而言，前者的技术升级更可能被人类选择，因为它简单、方便、廉价，更易满足人类的精神需求。

这就对现在的我们提出要求，必须更冷静和理性地研究数字文化产业可能的方向，选择更合理的路径，避免进入到“满足人性弱点的陷阱”：单纯的造梦、过度的沉浸、碎片化的精神满足，就像《黑客帝国》《赛博朋克 2077》里描述的高技术、低生活、泛娱乐的世界。我们要引导人类对自身文化、生活、价值观进行思考、延伸，并将思考和延伸进一步反馈到文明的迭代升级。

从这个角度来看，数字文化产业的创作伦理、数据边界、技术应用、文化碰撞是需要进行特别关注和判断的。

创作伦理：是数据驱动还是人本驱动

数字文化产业有一个关键的创作伦理之争——是应更倾向于数据驱动创作还是应更倾向于人本驱动创作？例如，作为以数据洞察、数据跟随、数据反馈影视制作出名的美国奈飞公司，拥有超过 700 人的数学家与数据工程师团队，用大数据反馈创作了行业经典案例《纸牌屋》。喜欢观看 BBC 版本的《纸牌屋》的观众，经常观看著名导演大卫·芬奇拍的电影，而这个群体同时也是奥斯卡影帝凯文·史派西的忠实粉丝。在制作前期，奈飞公司会依据受众的喜好和忠诚度来选定

“剧本＋导演＋主角”三驾马车，在制作过程中会运用大数据来指导创作并随时根据用户数据反馈调整剧情，取得了巨大的成功。

但这家以数据为中心的影视企业，如今也面临着绕不开的选择：是进一步加强大数据的反向创作应用，还是更加尊重创作者个人和文化行业自身的规则。比如在《同妻俱乐部》这部电视剧中，奈飞公司的线上数据显示，当投放的剧照海报里没有主演简·方达，而只有剧中搭档莉莉·汤姆林时，该剧在美国本土的点击率、播放量最高。运营团队基于过去的数据逻辑，理所当然地在推广素材里去掉简·方达，以寻求更高的转化率。但在操作过程中与经纪公司、制片公司不断摩擦和碰撞后，最终，奈飞公司还是决定尊重好莱坞的规则、重视人的作用和关系网络的重要性，收紧大数据在内容制作分发中的应用。简而言之，奈飞公司赖以为生的技术优势正在逐渐被行业自身的规则挑战和撬动，后者认为人以及人与人的关系才是影视制作产业链上的润滑剂，无法只对数据进行交代而避开名利场中人性的重要性。

在未来数字文化产业的创作层面，人、数据、算法、人工智能之间到底是怎样的关系？谁是主体？如何导向？这是该领域的学者、从业者都需要思考和平衡的问题，直接关系到数字文化产业内容价值观的形成。

数据边界：从资源到权力，如何约束

数据是数字文化产业的核心生产要素。由于数据处理手段的重大突破以及人工智能领域计算能力的发展，文化数据已成为文化产业的核心生产要素。例如电影《阿丽塔：战斗天使》广泛运用数字技术，女主角阿丽塔更是由 8 000 多个数字制作的模拟人偶合成，整个影片数据占用的磁盘空间约是《阿凡达》的 3 倍，这些数据成为影片成片的重要素材。

文化数据经过交易和整合成为重要的文化资产。为了真正把文化数据转换成文化资产，就必须对文化数据进行有意义的关联、交换和整合，让整个数据流通起来，成为真正可交易的产品。把各种资源形

态的原始文化数据通过标准化标记、解构及逻辑关联等系统化处理，使它们成为中间产品形态的文化数据，即可转化为文化资产。

数据资产化催生垄断，数据从资产演变为权力。海量用户数据通过超级平台的人工智能算法测算后，成为用来预测未来和辅助决策的重要资产。超级平台往往在不告知用户的前提下采集、占有并使用用户的私人数据，形成数据垄断并获得大数据支配优势。于是，数据便从资产演变为权力——信息推送的权力、价格歧视的权力、任务分配的权力。

一是信息推送的权力。平台根据用户画像主动迎合用户的需求，进行信息推送，使人们只关注自己感兴趣的信息，在相关信息与其他信息之间形成一道无形的墙，形成“信息茧房”效应。二是价格歧视的权力。平台算法进行大数据杀熟，形成价格歧视。网购、在线旅游、网约车、外卖等成为大数据杀熟的高发领域。三是任务分配的权力。平台算法根据骑手、买家、卖家等的信息，极限压缩配送时间，外卖骑手执行任务就被算法支配。

总的来说，约束数据边界、确定隐私权利是数字文化产业未来规范发展的关键之一。

技术应用：重构流程与重置主体

技术在数字文化产业领域的应用，更多意义上是重构流程、重置主体。例如，人工智能与语义分析技术介入后，创作端的流程逐步简化。以中国的流媒体平台爱奇艺为例，其自制剧有一套标准创作流程——从购买小说版权、改编、剧本创作，到导演及演职团队选定、拍摄、宣发、上线等，较为关键的环节是改编与剧本创作。

在技术未介入的情况下，通常是编剧和导演团队吃透原著、梳理出剧本，这对于传统小说版权来讲工作量并不大。例如由紫金陈的小说改编的《隐秘的角落》《沉默的真相》，小说本身只有 10 余万字。不过，爱奇艺同样储备了大量千万字体量的网络文学 IP，对这些内容的改编需要投入大量人力来做基础的角色、情节梳理工作，仅基础工作就需要准备数月之久。但随着人工智能与语义分析技术的介入，以上流程大为简化，千万字体量的小说在人工智能系统的辅助下，半小时内几百个人物的特点、关系，所有主线、支线剧情，交叉冲突的焦点就会被全部梳理出来，大大节约了创作的人工成本。

再者，游戏引擎、XR 等技术在电影拍摄、CG 制作等领域的应用，重构了电影制作的主体和流程。传统的好莱坞的标准化工业生产流程是成熟的流水线制作，拥有 800 多个工业标准，并以每年 50 个新标准的速度递增，不仅涉及技术、特效镜头，还与摄影、策划、制片、导演等人员的结构息息相关。在制作过程中人员分工虽明确却易因各环节把关人员的要求参差不齐导致不断返工，较易增加制作时长和成本。随着游戏引擎的大力发展，动态实时渲染、后期即时可视化得以实现。“游戏引擎（算法）＋扩展现实（高清大屏）”技术手段嵌入拍摄流程中，相关人员能够以最快的速度实时监控镜头的构图、运镜轨迹，包括演员的走位、动作等，各个环节的可视化有助于导演指导拍摄，能够迅速提高拍摄效率和质量，重构了 CG 的制作流程。

文化碰撞：用包容的眼光看数字时代的双刃剑

在全球化与数字时代，文化的碰撞不可避免。如果抛开成见、包容、创新，文化碰撞带来的更多的是机会而不是冲突。如大热游戏《对马岛之魂》（Ghost of Tsushima），从传统文化的角度来看，这个游戏处处充斥着刻板印象，游戏中的对马岛、武士甚至历史，处处充满了美国人的偏见与刻板印象。

但是，这种文化拼贴感带来的新体验不仅非常有魅力，更是促进大家交流分享的利器。《对马岛之魂》非常受日本人喜爱，对马市政府甚至授予 Jason Connell 和 Nate Fox 两位游戏制作人“对马岛永久荣誉市民”的称号。

更早一点，在 20 世纪 60 年代，浮世绘流入法国，法国年轻画家们立即迷上了浮世绘和日本文化。截然不同却又相通的东西方传统文化在交流过程中相互影响、相互碰撞。浮世绘就像是西方艺术思想变革的催化剂，激发画家们挣脱传统绘画的束缚，由此演化诞生了印象派。可见，文化在碰撞时若是包容得当，很可能带动自身的升级和文明的进步。

总体来说，在未来，我们更需要平衡与实现数字技术与文化产业的“双效统一”，让技术逻辑与产业边界更加内敛与合理，让数字技术的迭代与传统文化深度交融，相互加持，彼此成就。

中国Z时代的消费牵引：消费升级视角下的游戏业新趋势①

宋洋洋

游戏是具有强文化属性的产品，始终存在娱乐属性与文化内涵两种张力，其表达能力和承载能力也明显高于传统文化媒介。新时代下，游戏已越来越成为现代化的文化载体。

从行业特征看，游戏业属于典型的消费驱动型行业，需求侧的牵引对于游戏业的影响极为显著。游戏又是年轻消费群体认可度高，且消费需求相对高频甚至接近于刚性的文化消费业态。

《2020年中国游戏产业报告》显示，2020年中国游戏用户规模达6.65亿人，而根据第六次人口普查数据，中国“80后”“90后”“00后”的人口总和同样超过6亿，这两类人群具有极高的重合度。

以Z世代为主的年轻人已然成为游戏消费的主流人群，这一新消费群体所呈现的消费升级特征基本引领了游戏业的趋势变化。

具体而言，年轻群体的消费升级现象有四个明显的特点：

1. 低欲望社会下年轻人消费两极分化

“低欲望社会”是日本学者大前研一提出的概念，表现为年轻一代的消费者刚性需求的理性化与精神需求的高频化两极分化越来越显著。一方面，年轻人对刚性消费逐渐理性。以Z世代为代表的年轻群

① 本文源自“腾云”公众号，原文有删改。

体对于买房、买车、结婚生子、出人头地等传统社会中的“刚性需求”越来越理性，对于此类消费呈现出追求性价比、决策周期长的相对低频的消费态势。另一方面，年轻人对精神领域、情感体验的消费需求则越来越呈现高频化、刚性化的特征。

例如“盲盒经济”的典型代表泡泡玛特，通过激发人们的好奇心，满足人们的收集天性和社交需求，在Z世代玩家中掀起了持久不衰的购买浪潮。天猫数据显示，有近20万消费者每年花费2万余元收集盲盒，购买力最强的消费者一年购买盲盒甚至耗资百万元，其中“95后”占大多数。精神寄托、情感联结是“盲盒经济”能够撬动年轻群体为之消费的一大主因。

2. 消费升级进入2.0版本

当前，中国的消费已从1.0版本的物质消费升级进入2.0版本的精神消费升级。一方面，在1.0版本的物质消费升级时代，中国主力消费群体对物质消费的需求激增。人们逐步树立了以国际一线品牌为首的大牌意识，对高价格、高质量产品呈现集体性追逐。代表性事件就是海外购物及代购的盛行——大量的中国游客组团到欧洲、日本、美国购物，高品质物质消费成为推动境外旅游的主要因素之一。2015年曾激起热议的中国游客赴日本“人肉”带回马桶盖事件就揭示了这一时期消费升级的主要趋势。

另一方面，在2.0版本的精神消费升级时代，随着“80后”“90后”“00后”成为主要消费群体，人们的消费心理从物质消费升级转向精神消费升级，消费行为呈现出以下几个特征：一是倾向于被情怀打动、为精神世界买单；二是追求精致和美感，注重用消费彰显自身的审美趣味和圈层认同；三是通过消费提升自身素养的诉求愈加强烈，体现为年轻群体对内容和知识付费的认可，并期待以此成为或接近自己理想的人。

传统二次元网站Bilibili的转型就是反映这一趋势的标志性案例。众多清华、北大、复旦等高校的名师纷纷入驻B站，成为Z世代口中的“UP主”。例如，中国政法大学刑事司法学院的罗翔老师，只用了不到一年的时间，就成为B站第二大UP主，粉丝数超千万，将原本高冷的法学知识传递给了更多年轻群体。

3. 文化归属感和国潮认同感愈发凸显

Z世代成长于中国迅速崛起的年代。随着中国在世界舞台上的话语权不断扩大，年轻人的民族自信心、文化归属感也愈发强烈。基于这种身份认同、体制认同，年轻群体对自身历史文化的追溯激发了其对中华传统文化的兴趣。

由此，将传统文化进行现代化转化的“国潮热”应运而生。以受到年轻群体追捧的汉服产业为例，通过将中华传统服饰以现代化的体验形式呈现，其产业规模已经超过10亿元，其中“00后”为主力消费群体。

再如，央视首播的纪录片《我在故宫修文物》掀起了一波“故宫热”，在年轻群体中享有极高的热度和极好的口碑。截至2019年11月，该纪录片在B站累计播放561.1万次，评分高达9.9。

4. 城乡和代际消费圈层愈加板结化

不同消费群体的圈层板结化现象已经成为当前时代消费的重要特征。

一方面，城乡圈层板结化加剧。乡村并非没有文化消费，而是身处乡村和城市之中的不同消费群体对彼此的消费产品的知晓度不高。以直播电商为例，蛋蛋、瑜大公子等快手大V在乡镇青年中极为火爆，拥有上千万粉丝，创造销售额近10亿元。然而，城市中的消费群体可能更加关注林超、罗翔等知识大V、科普大V。两个圈层的市场虽彼此相对隔绝，但并不妨碍各自都有极大体量的粉丝、极大的消费带动能力。

另一方面，代际圈层板结化加重。以往文化产品的火爆呈现全民皆知的状态，如《老鼠爱大米》等歌曲传唱度极高，而目前的文化产品受众则呈现明显的代际分化。以2020年火遍中老年群体的《可可托海的牧羊人》这一歌曲为例，其在登上春晚舞台前就已经风靡全国各地的广场舞现场，然而大多数的年轻群体对这一旋律可能并不了解，为之消费更是无从谈起。

以上四个年轻群体消费升级的特点直接冲击了游戏发展的基础逻辑，也引导了游戏发展的四个变化趋势。

1. 游戏的议价权变化

随着人们消费意识的觉醒和审美品位的提升，游戏业的议价权发生了从“供给创造”到“需求牵引”的转变。

最初是供给主导逻辑。过去国内游戏业几乎是以供给端占主导地位。早期，国内的游戏多为舶来品，海外引进类游戏占据很大市场份额，从以FC游戏为代表的游戏卡带贩售模式到次时代游戏主机售卖光碟或数字版游戏模式，体现的都是以“一次性买断”的形式为主的商业思维。

之后是点卡付费逻辑。随着国内互联网的发展，网络游戏逐渐兴起，游戏已趋于产业化。早期国内游戏业的商业模式并未形成，而是以引进或代理海外成熟的点卡制网络游戏为主要运营形式，之后国内游戏企业在吸收和借鉴海外游戏的商业化运作模式后逐步探索出符合国内特色的游戏付费形式。

如盛大公司代理的《热血传奇》、网易公司自主研发的《大话西游》和《梦幻西游》等点卡制游戏，都是采用研发成本相对较低的游戏内容，辅以游戏运营手段，以提高玩家留存率，并在游戏中增设通过参加各种“烧点卡”副本活动来提升角色装备数值等规则，以PVP（player vs. player，玩家与玩家对战）为互动竞技模式，鼓励玩家间竞争，最终形成游戏闭环。此举在无形中增加了玩家的游戏时长，游戏企业在时间付费中获利。

运用这类商业思维的游戏，不仅提高了“游戏进入成本”，过度延长了游戏主线剧情，而且设计了极长且极为频繁的交互内容，例如“烧双”“抓鬼”等日常活动，凭空延长了游戏时间，导致沉没成本较高，使玩家的游戏体验感直线下降，游戏品质被逐级削减。

诸如此类的游戏商业化形态都是以供给推进需求，弱化了消费者的自主选择权利，消费者更多是被动适应市场和接受产品。在此情形下，游戏消费的审美品位、心理需求、感知有用等消费意愿影响因素被限制和定格化，游戏难以精准匹配消费者的消费习惯。

然后是商业模式自主创新下的“Free to Play”“Pay to Win”逻辑。在采用点卡付费商业模式的游戏市场已逐渐趋于饱和的形势下，国内游戏企业意识到需要迎合更多消费层级来拓展消费主体，于是降低“游戏进入成本”已成为游戏业发展的关键，因此，免费游戏模式应运而生。

之后，游戏的商业运营模式开始从传统的以点卡收入为主要来源的模式向以销售虚拟装备和增值服务为主要来源的模式转变，以《征途》网络游戏为代表的免费游戏发展迅猛。玩家可免费体验游戏且不被限制游戏时间，并以获得游戏胜利为目的，通过购买虚拟游戏道具大幅提升游戏能力，享受更多的权利和便利。“Free to Play”的商业逻辑以免费模式降低了体验门槛，吸引了更多玩家，再以“Pay to Win”的游戏规则促使玩家内购道具来获取收益，使游戏的可玩性有所保障，玩家也因此拥有了更好的游戏体验。

随后发展为“Free to Play”加“Pay to Win”的逻辑，与此同时，游戏竞技模式也发生了转变。游戏从最初的以PVE（player vs. environment，玩家与系统对战）和PVP并重的游戏规则，发展到以PVP为主的游戏规则，并出现了帮派、工会等团体组织，玩家在不断充值以变得强大的游戏中宣泄情绪和获得快感。

当前是“需求牵引”逻辑。随着消费的不断迭代升级，游戏已逐渐成为年轻群体重要的消遣娱乐方式，游戏市场也渐渐由“以物聚人”转变为“人以群分”，消费者对品质的追求从“将就”变为“讲究”，消费者不仅向优质的游戏产品倾斜，更注重游戏产品为自己带来的体验、感受、氛围等多维度和更深层次的附加价值，游戏消费也逐渐向个性化、多元化趋势发展。在信息技术的助推下，游戏业的议价权逐渐从“供给创造”向“需求牵引”转变，消费者成为市场的主导力量，购买的主动权完全由消费者掌握。特别是年轻消费者作为游戏等休闲娱乐新消费的主力，喜好个性化符号以彰显自我态度，渴望在社交、群体、文化中寻求认同感。

2. 游戏模式变化

随着消费需求偏好出现分层，游戏业出现了两种明显的游戏模式。

第一种是以故事情节为主体的“内容＋形式”类游戏。此类游戏突出剧情因素，以提高玩家的代入感，强调与玩家的交互和内容体验，营造沉浸式氛围，对编程、剧情设计等游戏开发技术有较高要求。如 Rockstar Games 公司开发的《荒野大镖客》（Red Dead Revolver）系列第二部，超过 2 000 人的制作团队用时 8 年之久最终完成了游戏的整体制作。这类故事性强的游戏在开发前期需要投入大量时间、物力、人力，而极高的边际成本随之会带来高风险和高收益。

第二种是以制定规则为主体的规则类游戏。此类游戏以弱化剧情内容、游戏规则为主线，如《绝地求生》(PUBG)、《英雄联盟》这类竞技性较强的游戏，对游戏内容的制作投入相对不高，通过增设运营社群、开展竞技比赛等功能属性进行社交化、规则化创新，衍生出了玩家间隔空互动的游戏模式。再如腾讯推出的《王者荣耀》，跳脱了游戏的范畴，开放了陌生人交互渠道，增加了聊天、发送消息、交易和分享等社交功能，成为年轻人的“第三款社交软件”。

两类游戏本身无优劣之分，从玩家角度来看，前者更趋向于对游戏内容的互动体验，提升了角色带入感与游戏沉浸感；后者更注重对游戏规则的探索过程，拓展了玩家的社交方式。

3. 融合路径变化

游戏业的发展与文化产业的发展在路径上是高度一致的。文化产业发展到今天，“文化＋”与“＋文化”已成为赋能社会经济发展的主要推动力。游戏也同样是跨界融合的重要抓手，游戏业和相关产业的融合发展大致有两条路径。

一是以游戏为核心，附加其他领域要素形成的“游戏+”。游戏本身作为主体，融入了文化资源、知识内涵，玩家为了在游戏世界里“生存”下去并成为赢家，在玩的过程中会逐步感知游戏中潜在的知识或技能，主动学习并运用。如日本光荣公司开发的《大航海时代》，以16世纪的地理大发现为主线背景，游戏内容包罗万象，其写实的设计让玩家在一次次航行和贸易中熟记当地的地理环境、物产资源、洋流、气候等地理与历史知识。再如微软公司推出的飞行游戏《模拟飞行2020》，让模拟飞行爱好者把原本不可能的体验变为可能。细节饱满的卫星地图、翔实的天气系统实时还原了现实世界，玩家通过一比一还原的飞机和视觉效果，体验逼真的模拟飞行。这种寓教于乐的游戏本身蕴含了大量知识，以激发玩家的探索欲和求知欲，并激发玩家运用知识和技能快速完成任务，以获取更丰富的游戏体验。

二是以游戏化思维传递传统文化内涵、普及科学知识的“+游戏”。将游戏形式应用于科普工作，促成游戏化教育，在科学严谨的基础上增强趣味性和娱乐性，以游戏赋能科普，活化科普手段与方法，实现游戏的社会价值。玩家体验这一类游戏是以学习和获取知识为目的，辅以趣味性的游戏规则。如腾讯推出的《榫卯》《折扇》《纸境奇缘》《欧氏几何》等几款教育类功能游戏，涉及传统文化、理工锻炼、科学普及多个领域，通过精细的3D模型介绍传统文化及工艺和相关历史。人们对非娱乐性目的的事物会有潜在排斥心理，而游戏方式具有沉浸式互动体验，能够助力科普更易于被受众接纳。然而科普终归是严谨的、严肃的，游戏是娱乐的，娱乐化的外衣加上科学知识内容，也是“有意思”与“有意义”的价值衡量。

4. 体验方式变化

随着信息技术的发展和5G终端的逐渐普及，游戏业迎来了颠覆性的变革和发展机遇。

一是圈层的突破。原本受时间、空间、硬件设备等约束的大型游戏，不仅需要高端的PC装备、游戏主机等设备，还需在特定场所才能体验。如《NBA 2K》，一个以篮球游戏为产品原型的体育竞技类网络游戏，若想全方位体验NBA球员的人工智能化和精细操控，必须使用游戏手柄来获得更高品质的游戏体验。云游戏运作机制的更新精准消除了传统游戏对设备有极高要求的弊端，玩家只需拥有能播视频和能联网的设备即可开启游戏。

二是碎片化时间和游戏进入的协同。玩家使用手机等便携终端、利用碎片化时间体验的游戏大多以语言类游戏、快餐类游戏为主，如《王者荣耀》、《英雄联盟》手游版、《和平精英》等手机游戏，具有易于上手、便于操作、中断惩罚低、游戏时长短等特性。但在手机端无法玩大型游戏。而云游戏实现了游戏向移动端的迁移，让玩家在移动端玩3A级大型游戏成为可能——不仅对硬件设备的要求相对较低，且跨平台不再受限，只需联网存档便可自由切换设备端。云游戏所带来的优势不仅降低了玩家购买硬件的成本，还保障了游戏开发商和服务商的发行渠道，确保了游戏正版。云游戏整合、统一了“内容＋形式”类游戏和规则类游戏的发展模式，突破了圈层与碎片化时间带来的两极分化格局，消除了硬件设备、时间空间造成的障碍，优化了游戏的便捷程度，为玩家创造了更高品质、更丰富的游戏体验，带来了更多可能。

文化科技成为乡村振兴新引擎①

宋洋洋

文化科技创新是国家科技创新的重要组成部分，是社会主义文化强国建设的关键支撑力量。乡村振兴是实现中华民族伟大复兴的一项

① 本文源自2021年5月27日《中国文化报》，原文有删改。

重大任务。脱贫攻坚取得胜利后，全面推进乡村振兴是“三农”工作重心的历史性转移。文化科技融入乡村振兴，是实现乡村产业兴旺、生态宜居、乡风文明、治理有效、生活富裕，推动农业农村现代化的重要途径。

“文创＋旅游”激活新村落

在乡村振兴的大背景下，通过发展特色文旅为乡村振兴注入新活力，实现经济和人口的导流，让更多城市游客走进来，让更多传统农民和现代农民留下来成为乡村振兴的重要突破口。例如，成都市蒲江县甘溪镇明月村用187亩土地建成以陶艺为核心发展文创产业的“文创村落”，五年多引进了40多个项目，成为“文创＋产业”融合的典范。2018年明月村文创及乡村旅游总收入超过1亿元，村民人均可支配收入达到21 876元，明月村入选2018年中国“十大最美乡村”。四川彭州龙门山·柒村以“文创聚落”为功能定位，以文化创意、景观农业、休闲运动、康养旅游、特色民宿、本土绿色产品等为抓手，打造“生态田园小镇，运动休闲之乡”，为乡村旅游业注入了新活力。

直播、短视频赋能乡村振兴

在短视频时代，与农村、农民、农业相关的“三农”内容有了更大的展现舞台。无论是乡间的青山绿水，还是遍布田间的特产，乡村的全新风貌得以展示，“短视频＋直播”已成为一种新的趋势。例如，快手短视频联合央视文艺的“心连心公益带货”四川凉山彝族自治州喜德助农专场直播，总观看人次与互动人次均超过了3 000万，总支付金额达到约1亿元。还有在抖音平台拥有百万粉丝的“村播”，如广东珠海的渔民雷芳和丈夫运营的抖音视频账号“渔小仙”，以分享渔民生活日常与科普海产知识为主，直播收入稳定增长。

此外，知名主播与明星联合的直播带货模式销售火爆。2019年某电商主播邀请高晓松直播带货，半个小时内40万斤内蒙古扎赉特大米、5万罐安徽金寨山核桃、12万袋河北张家口坝上康保燕麦面售空，共带动上述三地 1 114 户贫困户增收 439 万元。2019 年跨年夜，某主播的直播间里河南确山县岗杠地红薯干成为爆品，上架仅 3 秒 4 万包红薯干就已售罄，销售额高达 53.6 万元，带动当地 120 户贫困户平均每户增收 3 000 元。可见直播、短视频等新媒体形式助推乡村振兴效果显著。

“非遗＋现代设计”激发乡村新活力

对非遗的传承保护与将非遗融入现代生活一直是永恒的课题，非遗文化的创造性转化与创新性发展也是激发乡村文化创新活力的重要推手。把现代美学和设计的元素注入非遗当中，用现代美学理念和设计赋能、活化非遗文化与传承已成为新潮流。

例如，四川省崇州市道明竹艺村近些年的重要转型——从依靠编竹编的传统模式获取微薄收入到竹编产业规范化、体系化发展，配套竹康养、竹文创等产业，成为农、商、文、旅、体融合发展的典型。2016 年道明竹艺村第三产业的产值为 280.24 万元，2019 年为 2 309.75 万元，人均可支配收入也由 2016 年的 15 885 元增长到 2019 年的 32 122 元。成都市战旗村深度打造具有川西传统文化风韵的“乡村十八坊”，榨油坊、酱油坊、布鞋坊、竹编坊、郫县豆瓣坊等传统手工作坊随处可见，发展以传承非遗技艺为核心，集产品制作展示、参观学习、体验销售于一体的文商旅综合体，成为创新时代的“乡村振兴样本”。2018 年，该村累计接待游客 85 万人次，实现收入 6 500 余万元，文旅产业产值增长两倍，被评为 2018 年“中国美丽休闲乡村”。现代设计为非遗的保护传承及创新发展提供了新的可能。

电商平台拓宽农产品市场

农村电商作为实现乡村振兴的重要抓手，在推动乡村特色产业发展、盘活乡村经济、实现农村经济模式转变等方面提供了新的动能，是互联网赋能乡村振兴的智慧和力量。2020 年，新冠疫情对农产品消费市场特别是线下营销带来了巨大冲击，但为进一步探索“互联网＋农业”模式提供了契机，促进了农货电商行业的市场规模迅速扩大。

例如，京东上线了“京喜助农”会场；拼多多开设了“爱心助农”购物专区、“拼购助农”和“吃货助农”频道；聚划算推出了百亿元补贴助农计划，还邀请市长、县长、院士、农户等参与直播带货，积极帮助农产品商家快速入驻平台，减少农产品滞销。2019 年，国内 832 个贫困县网络零售额达 1 076.1 亿元，同比增长 31.2%。其中，农产品网络零售总额达 190.8 亿元，同比增长 23.9%。2020 年上半年，京东电商农产品成交额翻番，同比增长超过了 104%。

文化科技仍需深度融入乡村

尽管部分乡村已开始尝试将文化科技融入乡村振兴，并取得了一定的成效，但整体上看，我国大部分乡村地区的农业发展仍然较为滞后，二、三产业支撑不足；农村公共文化服务仍不完善，农民的精神文化及生活需求难以得到有效满足；农民收入渠道有限，增收较为乏力，亟须文化科技赋能。

要运用文化科技提升乡村生产质量：提炼特色乡土文化元素，通过现代化的创意设计和新的包装工艺提高农产品附加值；发展基于创意农产品、乡村特色文化产品的互联网垂直平台，有重点地打造一批农产品、非遗及传统手工艺品等乡土产品品牌；深入挖掘传统文化和地方特色文化元素，通过文化科技新技术改进非遗和传统手工艺的制作工艺，运用现代设计提升非遗和传统手工艺的艺术品位，促进非遗和传统手工艺的活态传承和多媒体宣传营销。

要运用文化科技提升乡村生活水平：引入文化科技相关企业和青年设计师，注重发掘历史遗迹、风土人情、风俗习惯等文化元素，利用文化科技手段对乡村民居、公共空间进行科学规划及改造升级，打造环境优美、功能完善、形象鲜明的美丽新乡村；利用文化科技手段对乡村优秀文化资源进行保护与开发，推进对乡村文化遗产、优秀传统文化的数字化展示、网络化宣传；利用 VR/AR、全息投影等新技术展示别具风味的乡村特色民风民俗、历史文化、传统节庆等文化活动。

要运用文化科技提升乡村旅游品质：将文化科技融入休闲农业和乡村旅游精品工程，挖掘农业文明，突出文化特色，加强乡村旅游景区创意规划和设计，推动智慧景区建设，打造经营集约化、服务规范化、功能多样化的乡村旅游景区；深入挖掘乡村传统农耕文化、民俗文化、地域文化，积极利用文化科技手段研发设计新型休闲度假、文化娱乐、养生养老、创意农业、科普教育等乡村旅游产品，探索建设农业主题公园、教育农园、运动休闲特色小镇、乡村民宿、康养基地等，满足消费者的多样化、个性化、定制化需求；利用旅行网站、微信、微博、短视频等多媒体手段进行广泛传播，打造乡村旅游网红打卡地，带动乡村新经济发展。

国外沉浸式业态发展的三大趋势①

宋洋洋

纵观近年来国外沉浸式业态的典型案例，能够看出日益清晰的三大趋势。

1. 构建复合型沉浸式业态体系

如何因地制宜地将沉浸式技术应用于不同场景，实现真正的体验升级，一直是沉浸式产业探索的方向。总部位于蒙特利尔的数字多媒体艺术工作室 Moment Factory 做出了很好的示范。他们通过打造魔幻森林、增强现实游戏、光之教堂、超现实、真实世界五大品牌，重塑展览、公共空间、体育娱乐现场、人文自然景观等多种场景的游客体验，构建了多元复合的沉浸式业态体系。

其中，“沉浸式＋夜游”系列已在全球的公园、森林、动物园、滑雪场等场景开发了 12 个经典项目，将森林、山川、河流等幻化成天然幕布，使沉浸式技术与当地自然景观融合共生。“沉浸式＋建筑”

① 本文源自 2021 年 4 月 26 日《光明日报》，原文有删改。

系列让公共空间焕发新生，带来了身临其境的人文表达。2017 年，作为蒙特利尔建城 375 周年纪念活动的一部分，“圣母院的光环”项目通过复杂的投影映射技术展现了巧夺天工的圣母大教堂建筑，生动再现了蒙特利尔的历史精神。

2. 探索虚实结合的动态场景应用

运用 XR 技术，将真实环境与虚拟场景融合，实时动态渲染出一个无缝切换的沉浸式世界，是 2020 年以来沉浸式技术破圈的又一明显趋势。例如，美国歌手布莱森・提勒（Bryson Tiller）的“Trap-soul Series”系列直播演唱会为观众呈现了包含四个不同元素的 XR 虚拟世界。星云星系、钟楼沙漏、外星丛林等亦真亦幻的虚拟场景与歌手在现实环境的演唱相结合，生动展现了演唱会关于时间、宇宙、生命、自我思考的主题。

3. 沉浸式商业开发与生态保护、人文环境相辅相成

开发日本阿寒摩周国立公园夜游项目时，Moment Factory 花费了一年多的时间进行技术研究，并与当地环保部门、旅游公司合作，确保将灯光对动植物的影响降至最低。对世界文化遗产兰斯大教堂进行沉浸式景观打造时，在充分尊重其宗教、历史和文化内涵的基础上，为教堂赋予了崭新的面貌，并设计了互动游戏，帮助观众了解其历史文化。此外，借助打造沉浸式场景，还可以传达保护生态环境、尊重历史遗产的理念。西雅图艺术家 Casey Curran 打造的《地心引力的寓言》，将观众置身于一个转型、成长和崩溃不断循环的虚拟的“自然”环境中，使观众切实感受到保护生态的重要性。

我国沉浸式产业尚处于起步阶段，对照国外发展经验，有两点尤其值得参考：一是沉浸式业态的关键是交互与再生产，主动交互式沉浸式体验才是未来的发展重点；二是商业性与保护性之间的平衡是沉浸式业态规范发展的基础，场景与资源应在物理尺度上相对隔离、在内容尺度上相得益彰、在应用尺度上多元复合。

数字文化产业需求侧改革：从数据中来，到沉浸中去①

宋洋洋

数字文化产业是党的十九届五中全会建设社会主义文化强国、实现科技自立自强两大目标交叉的重点领域，也是实施文化产业数字化战略的关键构成。

十年为期，数字文化产业改革的重点迁移

过去十年，我国数字文化产业供给侧改革实现了重大突破：一是传统文化产业数字化进程在不断加速，新闻、出版、影视等领域通过数字化改造了产业链与商业模式；二是新兴数字文化产业实现了换道超车，部分领域如网络视听、手机游戏等已在全球领跑。但是需要看到，未来十年，数字文化产业将同样进入改革的深水期，特别是以平台经济为代表的部分业态，随着用户规模、消费时长的见顶，流量与资本红利的消失，其发展明显进入存量竞争、增量空间不足的状态。

数字文化产业亟须从过去的“互联网＋文化产业”增长模式向基于新需求、新场景、新产业链节点的增长模式转变。特别是，随着5G、人工智能、物联网等新基建的逐步完善，未来，围绕用户需求，链接文化企业、重点业态、线上线下场景、企业与公共文化机构行为与活动的新形态将为数字文化产业带来新的经济增量。其中的关键传导机制，则是“从数据中来，到沉浸中去”，即文化大数据将作为核心生产要素渗透到产业链全环节，形成数据和服务闭环。同时，随着互联对象从人拓展到物体、由信息延伸至行为，能够颠覆消费体验的数字文化新业态将迎来重要机遇。

沉浸式业态，化解数字文化产业需求侧的两大关键矛盾

沉浸式通过利用人的感官和认知体验，将虚拟现实等技术与叙事性内容融合，营造一种抽离性的氛围与情境。沉浸式本身只是一个手

① 本文源自“腾讯研究院”公众号，原文有删改。

段或工具，既可用于医疗、教育、制造等生产场景，也可用于展览、演出、旅游、商业等体验场景。沉浸式业态是未来数字文化产业的一种重要形态，其发展可以化解需求侧改革的两个关键矛盾：

一是化解供给端“创造”需求不足的矛盾。沉浸式业态扭转了单一的文化消费端驱动文旅产业数字化转型的格局，发挥了供给端在商业变革和消费提质升级上的主动性，创新了文旅消费场景中的沉浸式娱乐体验形式，为消费者带来了文旅体验新期待、新感官，满足了人们日益增长的精神需求，提升了人们的幸福指数。以沉浸式戏剧《不眠之夜》（Sleep No More）为例，该剧是典型的新供给创造了新需求，打破了舞台与观众之间的界限，变革了传统剧场的规则，突破了演出者与观众的传统观演关系。新技术与沉浸式演艺融合，共生、互补、相互依存，潜在地影响了观众的行为，带来了观演关系的变化，为舞台表演艺术提供了无限的创作遐思、阐释可能和观演价值。

二是化解需求端“牵引”供给不强的矛盾。当下，消费者的注意力已转向多样性文化选择与互动式文化体验，而沉浸式尽可能地化解了传统产品与新时代消费需求的矛盾，促进了基于观众体验引致供给提升的模式转变，使沉浸式业态衍生出的文旅产品或项目在机能释放上从“皮相”发展到“心相”，牵引供给端在生产创作中勇于打破传统设计框架，将理性的流程转化为更丰富而感性的行动，把共情作为供给与需求的互动演绎合力，从而使沉浸式文旅产品成为构建受众思维、打造场景与培养消费习惯的总和。

四个重点，沉浸式业态的方向与未来

1. 新平衡：从技术导向到内容与技术融合导向

近年来，随着一些技术“喧宾夺主”、内容“似曾相识”的沉浸式产品在市场上遇冷，行业逐渐回归到内容与技术融合的导向。面对更为个性化、多样化的消费需求，以及趋于同质化的市场供给，唯有兼顾内容的巧思与科技介入的巧妙的沉浸式文化产品才能突出重围。与此同时，更为难得的是建立内容与科技融合的多元视角和创作思维，而这也是行业未来的重点突破方向。例如，根据原作 IP 创作的同名沉浸式戏剧《西部世界》，一方面通过细节上的剧情设计让观众置身于角色与故事中，另一方面利用 VR 技术实现了极致的场景还原，使观众遨游于虚拟与现实交融的西部世界，达到真正的“沉浸”效果。

2. 新机制：以企业导向到产品导向的生产组织方式

1937 年，科斯之问道出了企业存在的意义。企业的存在降低了社会交易成本，但随着企业规模的扩大，其内部的交易成本也逐渐增加，因此企业是有规模边界的。如今，大数据、5G 以及未来更多的技术其实可以大大降低交易成本，从而企业的边界将变得愈加模糊。对于典型的非标行业沉浸式业态，不以企业为中心组织生产，而以沉浸式文化产品或服务为中心组织生产可能会使企业更加高效且灵活。

例如，组织一场沉浸式音乐会不再需要类似“企业”形态的实体乐队，而是根据每场演出的需求，通过数字平台在全世界选择最合适的乐手，同步演奏、实时合成，再通过 5G 通信技术零延迟传输，从而音乐服务也可以实现类似制造业的全球分工模式。再如，当前的沉浸式网红体验项目，如“姑苏八点半”“乐山上中顺”等，以国家文化科技创新服务联盟这一新型、松散的组织为主体，联盟内各内容、策划、装备、执行等企业采用协作分工的方式。

3. 新融合：从在场导向到在地在场在线导向的业态融合机制

当前的沉浸式业态多以在场体验为主，而 5G 时代的到来为线下的沉浸式业态与线上的电商、游戏等业态带来了更丰富的融合空间，构建了 O2O 导向的沉浸式业态融合机制。在此机制下，将有更多线下的场景、在地文化与互联网沉浸式结合，让互联网成为线下体验的入口和窗口。例如亚马逊推出的虚拟旅游服务，用户可订购由当地专家提供的实时虚拟体验服务，包括技能学习、远程虚拟旅行、环游世界，甚至购买当地商品。区别于以往视频形式的线上文旅产品，亚马逊虚拟旅游服务通过一对一的服务形式、单双向音视频的实时沟通，为用户带来了身临其境的沉浸式体验。

4. 新场景：从资源展示导向到城市更新导向

城市文化的品质已成为愈加重要的城市软实力，城市文化对于营造城市氛围、提升城市的宜居性、吸引人才具有不可替代的作用。沉浸式业态作为提升受众体验的有力手段，除了应用于文旅产品的消费场景，也为整合公共文化资源和推动城市更新全面赋能。例如，上海的石库门、长沙的文和友都是通过沉浸式体验还原历史场景，打造大上海和老长沙的独特城市韵味与烟火气息，不仅成了城市名片，更形成了地域文化 IP。未来，数字技术助推下的沉浸式业态不仅将为消费者带来感官盛宴，赋能文旅场景应用创新，更是连接人与城市的“心灵纽带”、传承中华文化精神的创新载体。

国家文化大数据体系是文化产业未来十年的基石①

宋洋洋

中央文化体制改革和发展工作领导小组办公室发布的《关于做好国家文化大数据体系建设工作的通知》指出，建设国家文化大数据体系是新时代文化建设的重大基础性工程，也是打通文化事业和文化产业、畅通文化生产和文化消费、融通文化和科技、贯通文化门类和业态，推动文化数字化成果走向网络化、智能化的重要举措。

这是继 2019 年 8 月科技部、中宣部等六部门在《关于促进文化和科技深度融合的指导意见》中提出加强文化大数据体系建设后，国家第一次全局性、系统性地部署该项工作。

可以说，在我国疫情基本得到控制、新基建全面推进的当口，推进国家文化大数据体系建设，标志着数字时代文化发展即将迈入新阶段：以新基建为基础支撑、以文化数据为关键要素、以体系化应用激

① 本文源自中国人民大学创意产业技术研究院官方网站“院长专栏”，原文有删改。

活文化生产力。

基于文件本身的表述以及我个人的研究经历，我尝试回答“为什么建设”“重点是什么”“需要注意什么”等几个问题。

为什么建设：数字时代的文化“三新”

1. 数据就是文化“新生产要素”

数据是数字社会的生产要素，人工智能是生产工具，云计算、5G、边缘技术等是重要的生产环境，数据资源是提供生产生活服务的中间产品。由于数据处理手段的重大突破以及人工智能领域计算能力的发展，数据已经成为有价值的生产资料。

从数据生产要素到数字资产，关键是交换和整合：为了真正把数据变成新的生产资料和资本，必须对数据资源进行有意义的交换和整合，让整个数据流通起来，成为真正可交易的产品，这就产生了“数据资产”的概念。

对文化企事业单位来讲，数据即资产。通过大数据技术，企业可以分析海量用户的偏好数据，精准把握用户需求，生产适销对路的文化产品；通过大数据技术，企业能有效分析用户消费的承受点，找准产品成本和运营收入之间的平衡点，不断扩大用户规模；通过大数据技术，企业能深度挖掘并分析用户的情感体验数据，对用户潜在需求进行预测，有效把握市场的未来发展趋势。

目前，众多文化企业已将数据作为重要资产进行运营，例如腾讯、阿里巴巴、爱奇艺等都有大量基于用户的数据，广泛运用大数据、云计算等技术进行数据挖掘和分析。此外，我国绝大多数的文化遗产资源已完成数字化存储，为文化产业发展积累了大量宝贵素材。

2. 算法就是文化“新流水线”

工业时代的流水线是指每一个生产单位只专注于处理某一个片段的工作，通过专业分工、批量生产来提高产量和效率。通过少品种、大批量生产以降低成本，成本降低则进一步扩大批量，成为工业时代的逻辑。这种生产方式导致能源投入利用率不高，资源浪费严重；产品比较单一、固定，难以满足千变万化的市场需求。

而数字时代的流水线则采用大规模算法，可以实现全方位、多维度精准匹配。作为数字经济的基础与核心，算法支撑着生产运转与服务效率，已成为社会、产业发展的内在要素和核心竞争力。在数字时代，算力决定着发展潜力。某种程度上，能否拥有精准的算法已成为文化企业创新和文化产业转型升级是否取得成效的重要标尺。

如今，众多的头部互联网文化企业都有自己的算法，例如谷歌有负责信息匹配的 PageRank 算法；今日头条有智能新闻匹配算法；携程、美团等 OTA 平台有智能调度算法；蓝色光标建有精准营销素材库，可以推断传播路径与节点，智能化生成个性化营销方案。

3. 体系就是文化“新生产力”

在数字时代，文化生产在一个物理分散、逻辑集中的闭环系统内完成。前端为各类文化机构的数据中心，前端的藏品数据信息经过网络汇集于云端，与网络相链接的终端通过云端访问前端，获得前端的授权即可解构数据信息，形成素材，进行文化创作生产，从而实现数据重构。

文化大数据体系建设，催生了新的文化生产体系。文化资源通过数字化转化为文化素材，成为文化企业可以利用的生产要素；文化产业各门类、各业态数据在云端进行关联，实现了资源共享、优化组合；生产者和消费者的身份相互转换，生产和消费活动实现了高效循环。新体系的建设将催生成百上千条生产线，吸引成千上万家企业，聚合上千万生产者和上亿消费者，形成新生产力。

重点是什么：“三库两场景”、数字生产成闭环

1. 中国文化遗产标本库建设

将国家历次文物普查相关数据按照国家文化大数据标准，结构化地存储于服务器中，并通过有线电视网络实现全国联网。

2. 中华民族文化基因库建设

（一期）红色基因库建设以全国爱国主义教育示范基地为目标对

象，分批次将各示范基地的陈列品、纪念碑（塔）、出版物、音视频等进行高精度数据采集，按照国家文化大数据体系的统一标准进行结构化存储，并以历史事件、英烈人物、感人故事为线索，对红色文化数据进行专业化标注、关联，通过有线电视网络实现全国联网。

3. 中华文化素材库建设

以文化遗产数字化成果为对象，集成运用各种新技术，将已标注和关联的文化数据进行解构，萃取中华文化元素和标识，分门别类标签化，为内容创作生产、创意设计以及城乡规划建设、生态文明建设、制造强国、网络强国和数字中国建设提供素材。

4. 文化体验园建设

以旅游景区、游乐园、城市广场等为目标，建设具有一定空间规模的文化体验园，把地域文化、红色文化从博物馆和纪念馆“活化”到文化体验园，促进文化和旅游深度融合。

5. 文化体验馆建设

以城市购物中心、中小学幼儿园、公共文化机构、城市社区等为目标，建设技术含量高、传播力强的文化体验馆，使其成为爱国主义教育、文化传承传播、大众学习鉴赏的重要场所，推动红色文化、传统文化进商场、进社区、进校园。

6. 国家文化专网建设

依托全国有线电视网络设施，构建从数据采集、存储到数据标注、关联再到数据解构和重构全链条服务的新型基础设施，负责中国文化遗产标本库、中华民族文化基因库、中华文化素材库的数据存储、传输、安全保障，链接文化体验园、文化体验馆以及公共文化机构、旅游景区、城市购物中心、中小学幼儿园、家庭、社区等，建设“数据保真、创作严谨、互动有序、内容可控”的国家文化专网，实现线上线下一体化。

7. 国家文化大数据云平台建设

运用5G、区块链、大数据、云计算、物联网等新技术，按照“物理分散、逻辑集中”原则，建设国家文化大数据体系的中枢系统和分平台，汇聚文化大数据信息，为文化生产和文化消费的终端用户提供云服务。

8. 数字化文化生产线建设

鼓励出版社、影视公司、演出公司、设计公司等文化生产机构充分发挥内容创作生产优势，积极参与文化数据的标注及解构和重构，开发文化大数据，创作生产具有视觉冲击力和听觉亲和力的、适应现代化网络传播的文化体验产品，展现中国特色社会主义文化的魅力和风采。

需要注意什么：全社会协同推进的三个统一

1. 资源开放性与文化安全性相统一

一方面，要推动文化资源数据开放共享。针对绝大多数文化资源的孤岛化状态，需要加快推进文化资源数据的标准化、网络化进程。确立统一的文化数据标准，并进行结构化存储。相关政府部门应积极推进各类公共文化机构的文化资源数据向全社会开放，为文化创作生产提供源源不断的素材。

另一方面，要注重文化资源数据的安全性。中华民族的文化基因和生命基因同等重要，要加强对文化资源数据的保护，加强对与文化资源数据安全相关的技术的研发和应用，为文化数据安全提供技术保障。相关政府部门应推进文化基因保护立法工作和政策配套工作，推动文化资源数据产权保护。

2. 服务内容集成化与体验个性化相统一

一方面，要促进服务内容集成。利用网络技术、数字技术和智能技术等推动文化服务内容不断集成，尽量减少端口和终端使用数量，避免重复建设，提高资源利用效率，提升服务便利程度。

另一方面，要增强个性化体验。加强数字化、网络化、人工智能等技术的集成应用，推动内容生产和传播的社会化、去中心化，让更多的人参与个性化内容的生产和传播。同时，深度挖掘和分析消费端大数据，精确计算单个消费者从需求动机产生到消费体验再到评价整个过程的所有数据信息，加强对个性化体验产品和服务的开发。

3. 运营协同化与监管社会化相统一

一方面，要推动共建共享。充分发挥国家文化大数据产业联盟的作用，聚合政府机构、科研院所、行业协会、企业等各类主体的力量，为国家文化大数据体系建设和各类数据库建设提供智力和技术支持。研究制定文化大数据共享机制，让发展成果惠及更多的主体，加快文化产业转型升级。

另一方面，要推进监管社会化。培育独立于政府和企业的第三方社会服务组织，加强文化大数据国际标准研制，加强行业监管，积极抢占文化战略高地。

文旅产品创新的核心是技术应用创新①

宋洋洋

2019 年 8 月，国务院办公厅出台《关于进一步激发文化和旅游消费潜力的意见》，在“主要任务”一项中，明确提出要促进文化、旅游与现代技术相互融合，发展基于 5G、超高清、增强现实、虚拟现实、人工智能等技术的新一代沉浸式体验型文化和旅游消费内容。

与这个文件只隔几天，科技部、中宣部、文化和旅游部等六部门出台了《关于促进文化和科技深度融合的指导意见》，目的是促进文化和科技深度融合，全面提升文化科技创新能力，转变文化发展方式，推动文化事业和文化产业更好更快发展。

如今，文化产业和旅游产业已经成为各国经济发展的重要动力，经济发展与竞争已经越来越多地依赖于综合竞争力和科技竞争力。旅游科技创新的核心是将新的科学技术与旅游业的特点和市场需求相结合，通过研究、开发、工程化、商品化、产业化等阶段，使旅游业的科技含量逐步提高，使科技兴旅的力度不断加大。

① 本文源自 2019 年 9 月 16 日《中国旅游报》，原文有删改。

技术变得如此重要

伴随新一轮消费升级带来的设计美感、情感共鸣等方面的价值认同，以及基于互联网生态形成的新的消费观和体验观，当前，文旅产业迎来了全新的趋势与现象，包括刚需文化化、文化体验化、体验科技化等。

所谓刚需文化化，是从文化赋能旅游的角度来看的。与过去不同，现在人们出门旅游，吃，要有文化、有特色、有仪式感。西安永兴坊的摔碗酒每天有1万多碗的销量，《舌尖上的中国》中每一种美食都有人物、故事铺垫渲染，其实都是内容和仪式感的加持。住，要选择有设计感的民宿，有品质的装修，有故事的民宿主人和老板娘。行，要坐高铁。购，要买文创产品。这些都是刚需文化化的表现，且因为消费的棘轮效应而不可逆。

所谓文化体验化，是指文化如何接触大众、接触消费者。文化的价值实现，一定是通过场景体验完成的。硬性的宣教起隔阂，软性的产品达共识。文化要用场景体验来凝练人性、建立情感纽带、实现价值传播。旅游演艺产品、景区、电影、短视频、游戏等，都是产品化体验的载体和形式。

所谓体验科技化，是指文旅体验场景和载体可以有多种形式，其中最主要的形式是用科技手段来塑造和提升的。文旅体验场景要想成功，其实离不开三要素：感官刺激、沉浸梦想、内心触动。通过植入声光电技术，以感官刺激抓眼球、获流量；以全息、VR/AR/MR等技术，营造沉浸式场景；最后以文化内容打动人心。前两个要素是吸引消费者的入口，但消费者来得快去得也快，一定要有触动内心的文化内涵来支持和配合。三要素的效能发挥，基本上都需要引入现代科技力量。

文化和旅游业是典型的应用创新、集成创新的行业，是通过外部生产力创新引致行业内部生产关系创新的典型。文化和旅游创新发展，就是以科技创新打通发现、创造价值的环节和应用、体验价值的环节。

过去，创意和设计有很高的专业门槛，需要专业艺术人才或精通设计的人才来实现。如今，随着新技术的应用，创意和设计的门槛一再降低，普通人也可以发挥巨大的创意能力。例如，甘肃敦煌研究院与腾讯公司联手推出新年献礼——“敦煌诗巾”。敦煌研究院向腾讯公司开放100个壁画、藻井、雕像等资源，腾讯公司的程序员将其做成自动拼接式的小程序，在上线之后一个多月的时间里，有200多万人次参与了设计，形成了10余万件可以商业化的创意作品。我们可以看到Gucci风格的三兔共耳、波普风格的囚鸟、青花瓷风格的飞天等，都很漂亮，很像大牌设计师做出来的。这些丝巾过去都只能出自专业的时尚设计师之手，现在却由普通老百姓轻松制作。作品素材是现成的，并不需要普通消费者对技术有多了解、对敦煌文化有多了解，自己来拼、在手机上操作就可以，而且用不了多少时间。这就是技术的力量。未来，这种做法会越来越多，优势也会越来越明显。

在专业设计领域，新技术的应用也大大解放了设计师。鲁班AI是阿里巴巴的人工智能设计师，通过机器学习、理解需求、制作草图框架、补充文化元素、完善细节、系统选择最优方案、输出消费终端一系列全智能化流程，能达到日均设计4 000万份海报的能力。2017年“双11”，鲁班AI设计出了完全不同的4亿份海报，这是100个专业设计师600年的工作量。这些技术极大解放了设计师，使设计师能专注于高端创意，也有效提升了商品的触达率和展现率。

熟人传播、口耳相传的内容传播方式，是最容易转化、最有效力的传播方式，但是过去受限于技术，这种传播方式的成本太高了。现在，借助互联网头部社交平台，“屏屏传播”“裂变式营销”成为文化旅游传播和营销的重要模式。青海的茶卡盐湖就是通过朋友圈、微信公众号走红的网红景区，游客量从2013年的10余万人次，到2015年突然暴增至130多万人次，再到2018年超过300万人次。梦幻奥陶纪则靠抖音迅速带火。这些景区在传统营销上的投入都非常小，对未来文旅项目的整体营销借鉴意义很大。

应用领域日益广泛

文旅产业是应用创新的弄潮儿。科技创新正深刻改变着文旅产业的价值链和供需关系，已交融渗透到资源、创作、传播、体验等产业链条的各个层面和关键环节，不仅推动了传统文旅产业转型升级，而且催生出众多新产品、新模式、新业态。目前，科技在文旅产业的应用呈现出一些基本特征。

在资源储备环节，文化和旅游资源数字化、孤岛化并存，亟须建立标准、互联互通。

自“十二五”文化资源数字化工程被提升到国家层面以来，文化和旅游资源数字化进程不断加快，绝大多数的文化和旅游资源已完成数字化存储，进而向网络化和标准化发展。敦煌研究院运用摄影采集、图像处理、虚拟漫游、数字录像、多媒体展示、三维重建等技术，为每一幅壁画、每一座雕塑建立了唯一的数字档案，实现了永久保存、永续利用。但是，文化和旅游资源数据呈现孤岛化状态。由于受到数据标准不统一以及体制机制等因素的制约，这些资源数据大多为所属单位内部使用，互联互通不足，离产业化应用还有很大的差距，尚未形成产业层面的生产力。如近段时间很火的国产网络电视剧《长安十二时辰》，制作考究是其成功的原因之一——制作团队花费了大量时间和精力，是在对长安城和人物的服饰、发型、武器等进行考古后还原实现的。其实西安博物院、陕西历史博物馆等文博单位，已有相关素材的数字化数据，但因为未能向社会开放，因此剧组无法获取而直接应用。影视作品中经常出现的比较“雷人”的剧情、景区景点中比较平庸的产品，背后都有这些原因。

在创意生产环节，生产过程社会化和服务内容集成化并存，但专业生产力仍是短板。

数字化、网络化、人工智能等技术的发展，推动创意生产过程社会化、文旅服务内容集成化。虽然文旅服务端口和终端使用数量日益减少，但服务便利程度大幅度提升。例如服务于全域旅游的智慧平台——“一部手机游云南”，整合了包括微信公众平台、微信小程序、腾讯云、微信支付、人脸识别、AI、智慧零售在内的多项核心技术与能力，打造了数字身份体系、数字消费体系、数字诚信体系、地理信息开放体系以及LBS数字化资源服务、商务聚合服务等服务体系，为游客提供了一站式智能服务，并在平台管理端建立起基于省、市、县三级旅游机构的综合管理功能，为政府部门监测舆情与监管市场提供了有力支持。但是目前，内容制作的科技应用是大短板，科技的介入非常小。一个重要原因就是把资源转化为IP、转化为内容、转化为市场上可以用的东西需要专门的生产工具，而创意生产环节的生产力工具Adobe、Maya、CAD等皆由国外垄断。不过现在有新的趋势出现，虽然还不是主流，但未来应该是主流，就是用人工智能来制作内容，在这方面我国是走在前列的。打开抖音，每个人都是合格的创作者，不需要很高的专业技能和素养，平台中有滤镜、基础素材、拍摄手法等，而且常换常新，直接用就可以，创作和制作都是社会化的。

在传播营销环节，向裂变化、智能化方向发展，但需要提防“信息茧房”效应。

现在，借助互联网头部社交平台，利用社交生态链的关系黏性，以个体为传播节点，将社交平台线上的海量流量导入实体景区的裂变式营销，逐渐成为景区的主流营销模式。携程、美团等OTA平台，通过大数据分析，对游客潜在需求进行预测，运用算法实施个性化推送，并通过“关联推荐”等技术，增加附带消费的可能性。但是当前，主动迎合用户需求、去中心化、社交化、裂变化的信息传播模式，往往使人们只关注那些自己感兴趣的信息，在相关信息与其他信息之间形成一道无形的墙，就像蚕宝宝一样被束缚在“茧房”之中。“信息茧房”的产生，容易使人们沉浸在自己的话语场中，降低了理性思考能力。因此，需要进一步优化用户洞察技术，改进信息推送算法，提升用户信息获取的有效性和完整性。

在消费体验环节，临场体验沉浸式交互化，但智慧旅游不够智慧。

文旅产业作为新技术的弄潮儿，一直以来都是新技术率先应用的领域。日本的 TeamLab 光影互动展，是现象级沉浸式体验项目，TeamLab“花舞森林”不仅借助电脑编程、传感器、投影、灯光、互动动画、音乐效果和玻璃组成了一个奇妙空间，春、夏、秋、冬四个季节的花分布在不同区域，而且这一由电脑程序打造的梦幻虚拟花海能与观众实时互动，观众用手触碰后花朵会开始凋谢，人群聚集的地方会百花齐放。华强方特已经研发了十余种以 VR 为表现形式的特种电影技术，这些技术广泛应用于系列主题乐园游乐项目，通过实景与虚景相结合，实现了消费者与主题内容间的互动交互。但是目前，国内的智慧旅游尚未实现全面物联、协同运作，大部分还停留在旅游景区的电子信息化阶段，智能身份识别、智能感知设备、智能导游等技术手段尚未广泛应用，没有形成真正的“互联网＋物联网＋互动交互”。

技术让产品与众不同

科技发展日新月异，文旅产业应重点关注哪些技术应用呢？我认为，首先是文旅资源数据采集管理技术。《文化产业促进法（草案）》第五十三条提出：鼓励公民、法人和非法人组织依法开发利用文化资源数据，将中华文化元素和标识融入内容创作生产、创意设计以及城乡规划建设、生态文明建设、制造强国、网络强国和数字中国建设中。文化资源数据互联互通，将成为未来文化资源数字化发展的重点。在此趋势下，应重点突破文旅资源分类与标识、数字化采集与管理、跨集群通信与数据迁移等关键核心技术，对文旅共性数据资源进行统一梳理，制定数据接入、数据描述、数据管理、数据访问等统一的标准规范，从基础架构层面解决分散异构的数据的存储、管理和计算分析的问题，加快推进产业上、中、下游全产业链数据资源整合，增强公共数据开放共享和服务平台的可用性和易用性，以海量、优质的数据资源供应全面激发文旅产业创新创意活力。

其次，应重点关注人工智能技术辅助文旅产业全流程再造。文旅产业呈现产品和服务规模化、个性化、智能化交错并行的趋势。在此趋势下，应重点关注人工智能技术的应用。人工智能正全面渗透到文旅生产和消费过程中，如今日头条及抖音的算法推送、新华社“AI合成主播”、B站的二次元视频创作等，成为文旅内容创作的重要辅助工具。个性化产品和服务是文旅消费的重要发展趋势，未来将以每个消费者的个性化需求为核心，借助人工智能精确计算消费者从需求动机产生到消费体验再到评价整个过程的所有数据信息，所有资源将根据系统算法积极调动、自动匹配、高效协同，打造轻松、高效、便捷、柔性的智能化服务。

再次，就是要重点关注5G技术提升万物互联、多项感知的文旅体验。文旅产业呈现出万物互联、多项感知的发展趋势。在此趋势下，应重点关注5G技术的应用。5G、移动互联网、云计算、大数据、物联网等，将催生文旅和科技融合的新业态、新模式、新渠道。我们正从今天的“物联网”时代走入“万物互联”时代，万物都可以互联互通，都能成为体验终端，单向感知将升级为多向感知。5G带来的强大的数字技术与信息传输功能的支撑力，将会使高清视频、AR/VR等技术的潜力真正释放，促进现实空间与虚拟空间的场景创新，极大增强可视化、交互性、沉浸式体验特性。

最后，还应重点关注沉浸式、智慧旅游技术打破传统景区发展瓶颈。目前，国内众多传统景区存在内容吸引力不足、智慧化程度不高等问题，无法满足游客日益提升的消费需求。在此形势下，文旅产业应进行内容升级和智慧旅游升级，重点发展无人机光影秀、沉浸式体验等应用端技术，丰富景区的游览内容。北京古北水镇原来晚上有音乐喷泉等产品，最近推出了用无人机做夜景秀的产品。无人机带着孔明灯飞上天，通过编程，图案与 2008 年北京奥运会开幕式中的那个“大脚印”很相似。于是，无人机变成一台秀，有人、有故事、有情节，景区每个月不仅可以换一次节目，而且成本很低。这应该成为未来景区内容创新的趋势。

第二部分

中国式现代化文化科技融合典型场景探索

一、重点应用领域——文化遗产数字化的“探元”探索

习近平总书记在中共中央政治局集体学习时强调：“文物和文化遗产承载着中华民族的基因和血脉，是不可再生、不可替代的中华优秀文明资源。要让更多文物和文化遗产活起来，营造传承中华文明的浓厚社会氛围。”目前，我国文化遗产数字化发展仍处在起步探索阶段，“资源孤岛”鸿沟大、数字化成本高、技术运用难度大、沉浸表现力不强、市场交易不规范等痛点仍是制约我国文化遗产与数字科技纵深融合的瓶颈。

基于此前提，在中国文物保护技术协会的指导下，腾讯 SSV 数字文化实验室、腾讯研究院、中国人民大学创意产业技术研究院联合特邀共创伙伴青腾，于 2022 年 5 月共同发起“探元计划”2022 项目，征集、遴选“前沿科技＋文化遗产”领域内具有行业前瞻性与高社会价值的创新案例、应用场景与解决方案，旨在探索文化遗产活化利用的可持续发展路径，形成多元协作的保护传承新格局。

“探元计划”2022 项目重点关注“科技考古与修复”“文化遗产数字孪生”等八大赛道，探索文化遗产从保护溯源到活化利用的全产业链条。在研究方法和对象层面，“探元计划”2022 项目采用定量

和定性相结合的方法，探索文博机构的“行业感知”，探寻社会消费的“大众认知”，力求准确、真实地洞察文化遗产数字化的发展现状和未来趋势。

（一）宏观洞察：数字化开启文化遗产焕活新纪元

1. 政策层面：对文化遗产的重视程度达到历史新高度

2022 年，党的二十大报告明确指出建设文化强国、科技强国，文化遗产数字化作为二者的交叉领域，日益成为文化自信和科技自立自强的重要支撑。近年来文化遗产领域的顶层设计逐渐完善，为文化遗产的创造性转化与创新性发展提供了方向指引，也为坚定文化自信、不断提升国家文化软实力和中华文化影响力提供了重要支撑。

（1）习近平总书记对历史文化遗产作出重要论述与指示。

2022 年 5 月 27 日，习近平总书记在中共中央政治局第三十九次集体学习时强调：“要让更多文物和文化遗产活起来，营造传承中华文明的浓厚社会氛围。要积极推进文物保护利用和文化遗产保护传承，挖掘文物和文化遗产的多重价值，传播更多承载中华文化、中国精神的价值符号和文化产品。”2023 年 5 月 16 日，习近平总书记在山西运城博物馆考察时强调：“要认真贯彻落实党中央关于坚持保护第一、加强管理、挖掘价值、有效利用、让文物活起来的工作要求，全面提升文物保护利用和文化遗产保护传承水平。”这明确了我国文化遗产保护传承的发展要求，为我国文化遗产的保护与传承作出了要求指引。习近平总书记对我国历史文化遗产作出的这一系列重要论述与指示，为文化遗产数字化的发展方向提供了根本遵循。

（2）国家文化数字化战略成为文化遗产数字化发展的助推器。

2022 年 5 月印发的《关于推进实施国家文化数字化战略的意见》（以下简称《意见》）成为文化遗产数字化发展的助推器。《意见》指出，到 2035 年，建成物理分布、逻辑关联、快速链接、高效搜索、全面共享、重点集成的国家文化大数据体系，中华文化全景呈现，中华文化数字化成果全民共享。《意见》的出台有效打破了文化遗产数字化的诸多瓶颈，为文化遗产“活起来”提供了新动能。

(3)“十四五”时期文物领域规划首次上升为国家专项规划。

2021 年 10 月，《“十四五”文物保护和科技创新规划》的出台标志着我国文物领域规划首次上升为国家级专项规划，文物领域的科技创新受到党和国家的高度重视。文物数字化保护、数字化体系建设、数字化产品布局等一系列措施明确指出，数字化是焕活文化遗产、赋予其时代新义的最佳路径之一。

(4)“以用促保”成为文化遗产政策聚焦点。

2016 年 3 月至 2022 年 8 月，“以用促保、文物活化”成为文化遗产的重要发展方向，我国陆续出台 20 项文化遗产数字化保护与利用相关政策（见表 2-1），其中，“应用”“保护”“数字化”“修复”等关键词出现频次较高，最高的为“保护”（1 113 次），其次为“数字化”（108 次）。

表 2-1　“十三五”时期至“十四五”时期我国文化遗产数字化保护与利用相关政策

阶段	发布日期	发文机关	标题
“十三五”时期	2016 年 3 月	国务院	《关于进一步加强文物工作的指导意见》
	2016 年 11 月	国家文物局、国家发展和改革委员会、科学技术部、工业和信息化部、财政部	《“互联网＋中华文明”三年行动计划》
	2016 年 12 月	科学技术部、文化部、国家文物局	《国家“十三五”文化遗产保护与公共文化服务科技创新规划》
	2016 年 12 月	文化部	《文化部“一带一路”文化发展行动计划（2016—2020 年）》
	2017 年 1 月	中共中央办公厅、国务院办公厅	《关于实施中华优秀传统文化传承发展工程的意见》

续表

阶段	发布日期	发文机关	标题
“十三五”时期	2017年4月	文化部	《文化部“十三五”时期文化科技创新规划》
	2017年5月	中共中央办公厅、国务院办公厅	《国家“十三五”时期文化发展改革规划纲要》
	2018年10月	中共中央办公厅、国务院办公厅	《关于加强文物保护利用改革的若干意见》
	2018年12月	文化和旅游部	《国家级文化生态保护区管理办法》
“十四五”时期	2021年4月	文化和旅游部办公厅、国家发展改革委办公厅	《关于开展旅游休闲街区有关工作的通知》
	2021年4月	文化和旅游部	《“十四五”文化和旅游发展规划》
	2021年5月	文化和旅游部	《“十四五”非物质文化遗产保护规划》
	2021年8月	中共中央办公厅、国务院办公厅	《关于进一步加强非物质文化遗产保护工作的意见》
	2021年9月	中共中央办公厅、国务院办公厅	《关于在城乡建设中加强历史文化保护传承的意见》
	2021年10月	国务院办公厅	《“十四五”文物保护和科技创新规划》
	2021年12月	国务院	《“十四五”旅游业发展规划》
	2022年2月	中宣部、文化和旅游部、国家文物局	《关于学习贯彻习近平总书记重要讲话精神 全面加强历史文化遗产保护的通知》
	2022年5月	中共中央办公厅、国务院办公厅	《关于推进实施国家文化数字化战略的意见》
	2022年6月	文化和旅游部、国家文物局	《关于学习贯彻落实习近平总书记在中共中央政治局第三十九次集体学习时的重要讲话精神的通知》
	2022年8月	中共中央办公厅、国务院办公厅	《“十四五”文化发展规划》

如图 2-1 所示，“应用”“保护”“数字化”“修复”等关键词从 2016 年至 2022 年的频次变化总体呈上升趋势，其中“应用”“保护”“修复”在 2021 年出现的频次最高，分别达到 42 次、615 次、23 次，“数字化”在 2022 年被提到的频次最高，达到 68 次，强调了数字技术的使用和突破。特别是近两年，相关政策对文化遗产在保护、修复、应用、数字化等主要方面关注度有较大提升。正如习近平总书记在中共中央政治局集体学习时所强调：“要系统梳理传统文化资源，让收藏在禁宫里的文物、陈列在广阔大地上的遗产、书写在古籍里的文字都活起来。”

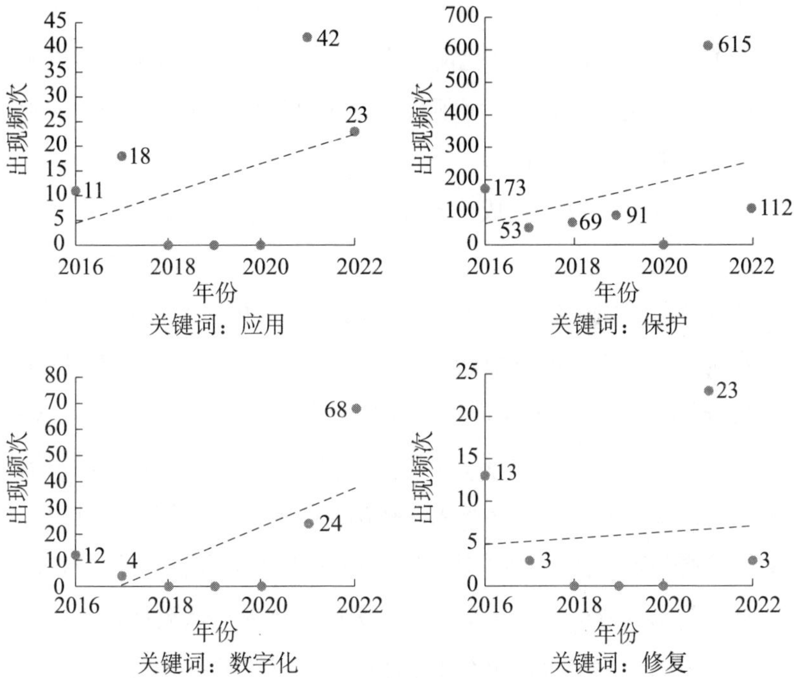

图 2-1　关键词频次散点图

2. 市场层面：文化遗产数字活化进入市场机遇期

（1）数字化是文化遗产活化利用的核心思路。

当前，国内文化市场建设的主要矛盾是人民群众日益增长的文化资源需求与不平衡不充分的文化资源供给之间的矛盾。

从文化资源端来看，当前公益性文化事业与经营性文化产业存在较大断点，市场化资源参与性不足、产业发展受限。我国是文化资源大国，海量的文化资源大多数集中在文博机构、文保单位等文化事业单位中。虽然部分单位已经开始探索从文化资源向文化数据的转化与积累，但仍有大规模资源数据处于“沉睡数据”和“数据孤岛”状态，尚未转化为文化生产要素，短期内难以提供社会价值和经济价值，需要依托科技手段提高资源使用效率。

从消费端来看，数字经济拉动文化消费市场的发展。随着数字文化消费需求井喷，消费者对于中国传统文化内容的需求提升，国潮服饰、文物文创等产品的热度不断提升，但市场可开发利用的文化遗产数据资源较为匮乏，相关文化产品内容的供给仍较为有限，难以满足日益增长的文化消费需求，亟须数字化来化解供需矛盾，推动文化事业和文化产业的融合发展。

（2）资源端：数字化成为经济效益和社会效益可持续发展的助推器。

经济效益层面，数字技术能够推动海量文化遗产资源从“存量”数据到“增量”资产的价值转化。据国家文物局统计，截至 2021 年底，我国共有 56 项世界遗产，位居世界前列，并有 1.08 亿件（套）国有可移动文物、76.7 万处不可移动文物等，是文化资源大国。数字技术通过把文化遗产要素资产化，在确真、确权、确值的基础上，帮助文化遗产将器物层面的“存量”转换为价值层面的“增量”，以文化“物化”来创造市场、开发价值，实现文化遗产从数据化走向资产化，催生新的产业空间，探索文化遗产的可持续发展模式。

社会效益层面，文化遗产的外溢效应增强，文化遗产走向社会大循环。通过数字科技，一方面能够提炼文化遗产的文化元素及标识，使其成为文化再创造、艺术再发展的文化源泉，有助于在新时代延续历史文脉、做强文化事业和文化产业，为文化强国建设贡献力量；另一方面能够挖掘文化遗产的深层次内涵，将其文化价值、文化精神广泛赋能实体经济、城乡建设，为实现中华民族伟大复兴的中国梦凝聚精神力量。这也反映出我国文化遗产相关资源正从“自我领域”的“文化圈层”走向“服务经济社会发展”的“社会圈层”。

（3）需求端：以消费为中心的供需议价权地位转变。

在消费群体和内容上，年轻消费者的“文化归属感”和“国潮认同感”愈发凸显。随着文化日益融入日常生活，人们对文化的消费意愿和消费能力日渐提升。文化遗产作为重要的文化资源之一，在数字时代的今天，其消费受众和辐射范围得以快速扩大。科技能够链接文化遗产和更广泛的消费群体，年轻一代在文博数字化相关行业的参与度逐渐提高。以非遗举例，2022 年淘宝平台非遗店铺数为 32 853 家，较 2020 年增长 9.5%；非遗交易额较 2020 年增长 11.6%。非遗商品消费者规模达亿级，“90 后”和“00 后”正在成为非遗商品的消费主力。

在消费形态和体验上，消费者对于沉浸式、强交互、创意新颖等数字文化的消费需求在逐步增长。过去文博领域以线下为主的产品形态，使得人们只能通过线下参观单一、静态的展陈。随着文博消费者呈现年轻化、个性化及“交互意愿”增强等特点，文博消费者对于新媒体交互性的传播渠道、兼具专业性和创意性的内容创意、沉浸感和精细度更高的观赏体验等数字化需求日益增长。例如河南卫视春晚节目《唐宫夜宴》的成功出圈，便是通过虚实结合的现代舞台科技生动呈现盛唐文化的繁荣，借助超写实场景，为不可移动文物带来“云端再现”的可能，更新了消费者的美学体验。

用户需求和数字技术的发展共同驱动文化遗产供给走向“体验式”，强调“传播力”。一方面，文化遗产供给在数字技术的加持下正走向科技再现化、体验沉浸化，从过去的“低精密度、浅挖掘度”的弱科技供给模式走向“高精密度、高展现力”的强科技供给模式。另一方面，依托数字技术，通过云展览、云直播、数字藏品等传播载体及形式的创新，文化遗产供给的传播力得到极大提升。据国家文物局数据，2022 年，我国博物馆共推出线上展览近万个、教育活动 4 万余场，网络浏览量近 10 亿人次，新媒体浏览量超过 100 亿人次。

3. 文化层面：文化遗产数字化是文化软实力的重要支撑

2014 年全国两会期间，习近平总书记参加贵州代表团审议时指出："我们要坚持道路自信、理论自信、制度自信，最根本的还有一个文化自信。"那么，何谓文化自信？文化自信是一个民族、一个国家以及一个政党对自身文化价值的充分肯定和积极践行，并对其文化的生命力持有的坚定信心。文物保护利用是赓续民族基因血脉的重要事业。在国家文化数字化战略纵深推进的背景下，文化遗产逐渐从传统"二维呈现"向"全景呈现"转变，文化遗产的公共触达性与社会影响力得到有效提升。

文化遗产数字化所带来的优势，不仅有助于借助科技修复、数字孪生等方式协调传承保护与创新应用之间的矛盾，还有助于突破文化遗产传播利用上的时空限制，助力建构中华优秀传统文化传播的新模式。科技拉近了文化遗产与生活的距离，使文化遗产契合了消费者特别是 Z 世代和其他年轻消费者的需求，在促进文化遗产融入当代生产生活、增强文化自信特别是青少年的文化自豪感、全景呈现中华文化、提高中华文化影响力等方面产生了可持续的社会价值。

(二) 数说现状：文化遗产数字化任重道远①

1. 社会观念：强价值认同与弱现状感知双向背离

(1) 数字化价值高：创造社会效益逐步成为共识。

有关数字化对文化遗产的价值，调研数据显示，文博机构普遍对文化遗产数字化的多元价值表示认同（见图 2-2）。90%的文博机构

① 本部分数据来源于文博圈、T-ask 等问卷调研。从"行业感知"与"大众认知"视角出发，此次共调研全国 31 个省区市不同等级和类型的文博机构 363 家，面向文博消费者回收有效问卷 1 046 份。

认为文化遗产数字化将带来显著的社会效益，体现在促进文化消费、激发民族自信心、提高中华文化影响力等方面。84%的文博机构认为数字技术将促进文化遗产交叉学科和人才队伍发展，并推动科研成果的应用转化。同时，过半数文博机构对数字化助力文博机构均衡发展、推动文化遗产领域创新应用场景和提升科技考古的价值表示认同。

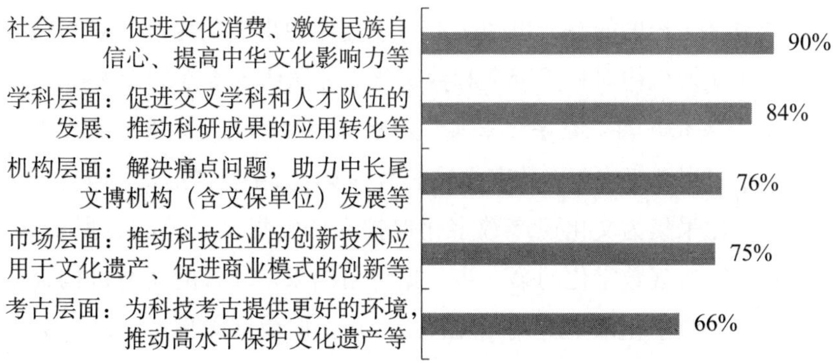

图 2-2　文化遗产数字化能够带来的具体价值

根据 T-ask 对文博消费者的调研，73%的用户认为数字技术能够为文化遗产的保护、传承和利用提供显著支持（见图 2-3）。消费者对文化遗产与数字科技融合的态度正从“警惕”转向“拥抱”，文化遗产数字化逐渐成为社会共识。

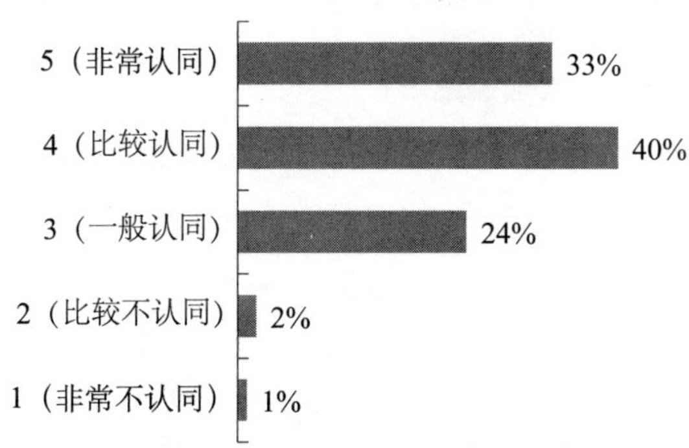

图 2-3　用户端对科技助力文化遗产保护、传承和利用的认同程度

(2) 数字化程度弱：数字化起步慢，仍处于发展初期。

文博机构虽然对数字化的价值认同度较高，但对文化遗产数字化的发展程度评价较低。调研结果显示，文博机构对文化遗产数字化保护和利用程度的评价均值仅为 5.18 分和 5.19 分（以 10 分为最高分），多数机构认为我国文化遗产数字化仍处于发展初期。

其中，随着文化遗产/文博机构的等级提升、对文化遗产数字化保护和利用的资金投入增加、设有独立的数字化部门，文博机构对文化遗产数字化程度的评分也随之上升，这体现出文化遗产的数字化效果依赖于文博机构对相关资金和数字化人才队伍等要素的投入程度。

2. 数字化应用：数字化采集、云展陈和实体文创成当前发力点

(1) 过半数机构迈出数字化采集第一步，数字资产形式仍较传统。

数字化采集为文化遗产数字化保护和修复提供了核心数据要素，是文化遗产实现数字化的第一步。据调研结果，58%的文博机构开展了文化遗产数字化采集应用（见图 2-4）。但数字采集后形成的数字资产形态仍以二维的图像和文本资料为主，受限于三维数据采集成本，三维模型资料占比不大（见图 2-5）。图像和文本资料虽为主流形态，但存在清晰度不够、数据缺失等问题。

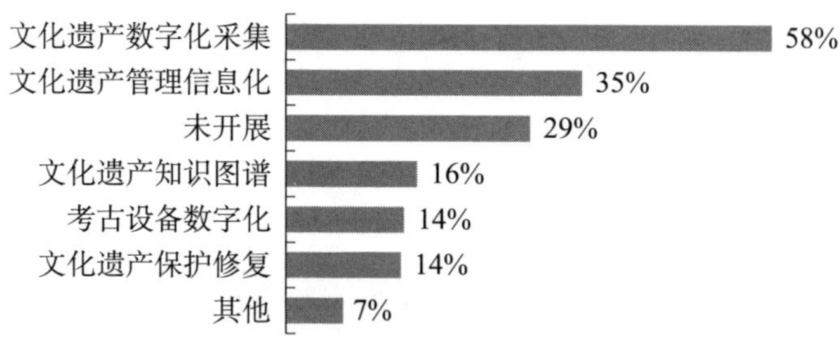

图 2-4 文化遗产数字化保护、修复与采集的具体应用形式

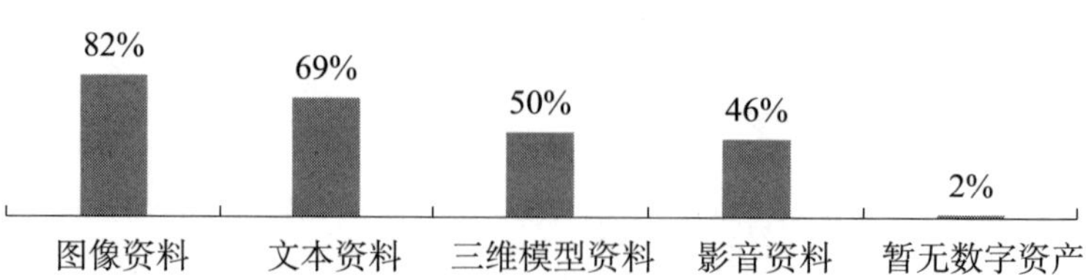

图 2-5 文化遗产数字资产的主要形态

（2）线上展陈成共性，云展览彰显文物互联新特征。

据调研结果，线上展陈已成为文化遗产数据采集应用最广泛的领域，约 82％的文博机构依托官网及其他渠道开展文化遗产内容的对外展示（见图 2－6）。其中线上 VR360°/XR/AR 全景虚拟展厅成为数字展陈的热点应用，但比例未超半数（见图 2－7），受内容创意与技术应用成熟度等影响，全景虚拟展的参与度与沉浸感仍有待提高。

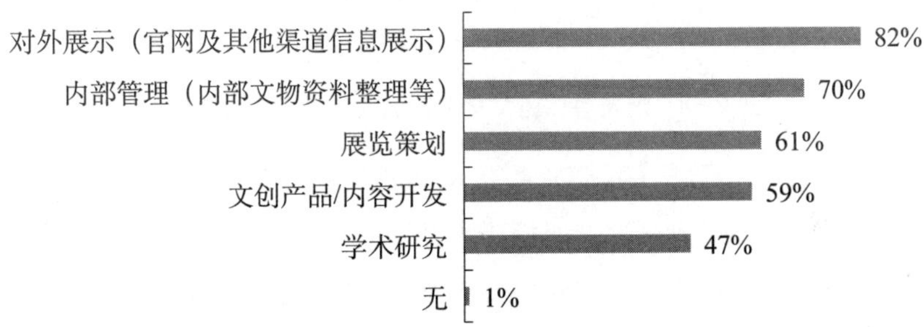

图 2－6　文博机构数字资产的主要应用方向

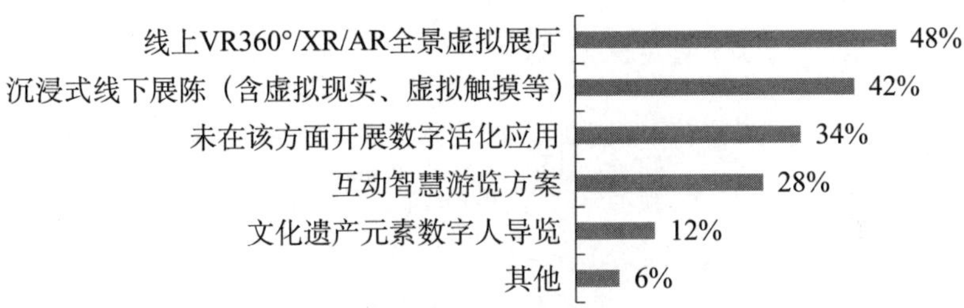

图 2－7　文博机构的数字展陈具体应用形式

从文化遗产消费端来看，据 T-ask 的调研结果，有 36.6％的被调研者体验过线上文化遗产应用，体验满意度达到 70.1％，文化遗产线上应用成为越来越多消费者了解、接触文化遗产的重要方式。

在线上体验方式中，云展览（数字化文物体验展）、云游览（线上体验文物珍品、游览线上文化遗产场所）、云直播（直播展示文化遗产场所），是体验最多的文化遗产线上应用类型（见图 2－8）。在渠道方面，微信小程序成为文化遗产线上体验最主流的载体，有 68.1％的被调研者体验过，便捷性、易用性成为微信小程序的主要吸引点。

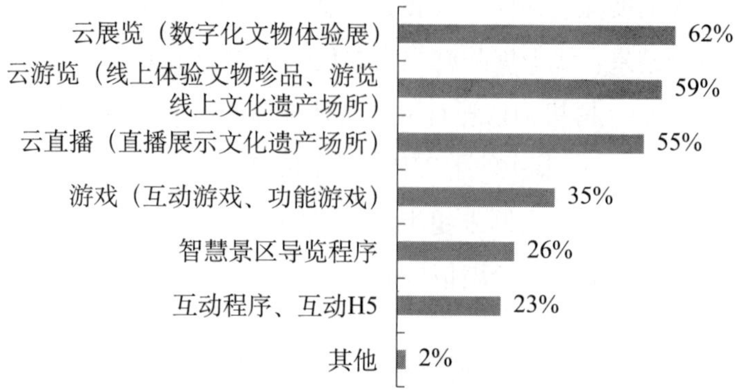

图 2-8　消费者体验文化遗产的线上应用类型分布

（3）实体文创成主流，近半数未开展数字文创应用。

据调研结果，近半数文博机构未开展数字文创产品相关应用设计，文博机构应用最广泛的文创形式为基于文化遗产元素的文创设计实体产品，占比达到38%，数字文创应用形式均未超过30%（见图2-9）。文博机构普遍缺少对文物开展数据转化与创意策划等的资源，“文化遗产+数字文创”仍处于起步探索阶段。

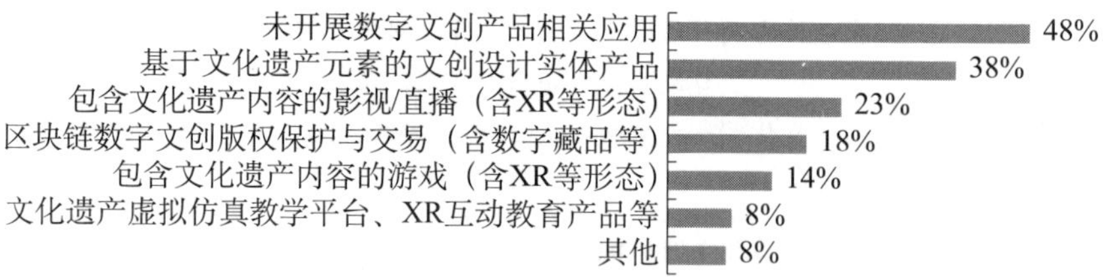

图 2-9　文博机构采用的文化遗产数字文创具体应用形式

3. 数字化需求：技术应用期待多元增长，应用缺口与机遇相辅相成

（1）文化遗产数字化采集与保护修复、知识图谱需求普遍增长，数字化应用潜力不俗。

从文博机构对文化遗产数字化采集与保护修复的需求来看（见图2-10），数字化采集需求仍居首位，并且需求占比较应用现状占比高21%，彰显了数字化采集是文化遗产数字化全流程的起点，是持续性、普遍性的需求。

除了数字化采集之外，文博机构对文化遗产知识图谱、文化遗产数字化保护修复、文化遗产管理信息化、考古设备数字化的需求占比相对应用现状占比更大，尤其是知识图谱和数字化保护修复在应用现状占比和需求占比上的差异达到了50%，受限于知识图谱、机器学习等技术的高应用成本，当前此类技术的应用范围较小，但市场需求持续上升。

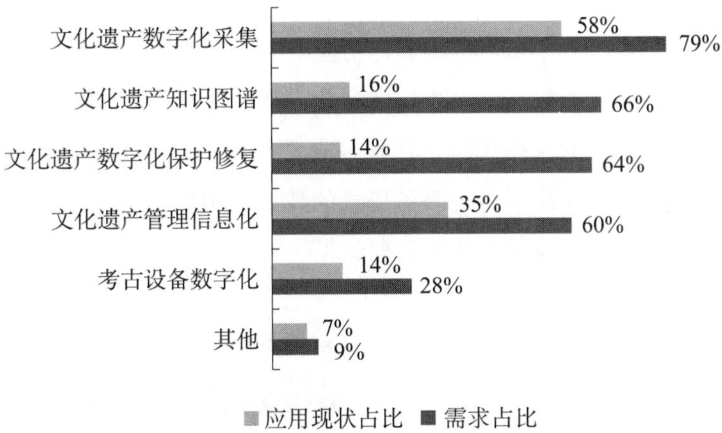

图 2-10　文博机构在文化遗产数字化采集与保护修复方面应用现状与需求情况对比

(2) 线下反超线上，沉浸式文旅融合需求强劲。

从文化遗产消费端来看，据 T-ask 调研结果，受新冠疫情等影响，线下游览的频次有所降低，线上游览文化遗产场所成为大众了解、接触文化遗产的新型方式。但有76%的被调研者认为，线下旅游仍是参观文化遗产场所的最基本方式。

对于消费者对文博机构线下场所的数字化体验（见图 2-11），体验度排名前三的为智能讲解器/智能导览（57%）、数字化展示屏（54%）、科技互动展演（45%），文博机构正逐步推动文化遗产线下游览的交互体验升级。

从文博机构端来看，据调研结果（见图 2-12），文博机构对线下沉浸式展览、互动智慧游览方案的需求已超过对线上 VR360°/XR/

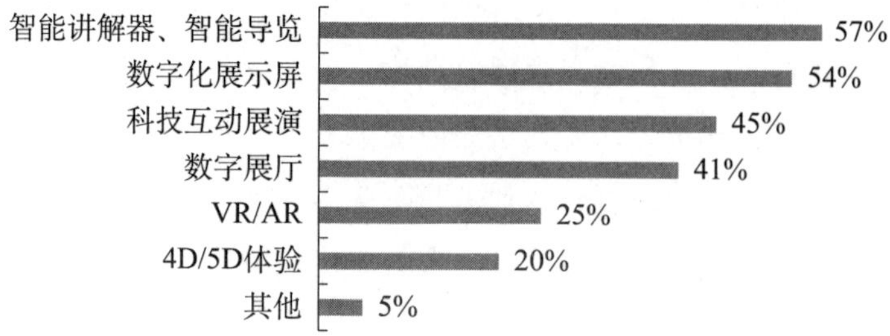

图 2-11　消费者对文博机构线下场所智能设备的体验程度

AR 全景虚拟展厅的需求，基于文化遗产的沉浸式文旅融合需求占据首位，线下博物馆仍是文博机构数字化应用的重点场景。而作为新场景的数字人导览的应用现状占比与需求占比的差距最大，接近 50%，体现出文博机构对线下传统服务场景的技术应用创新需求，也是消费者文旅需求升级倒逼供给侧创新的结果。

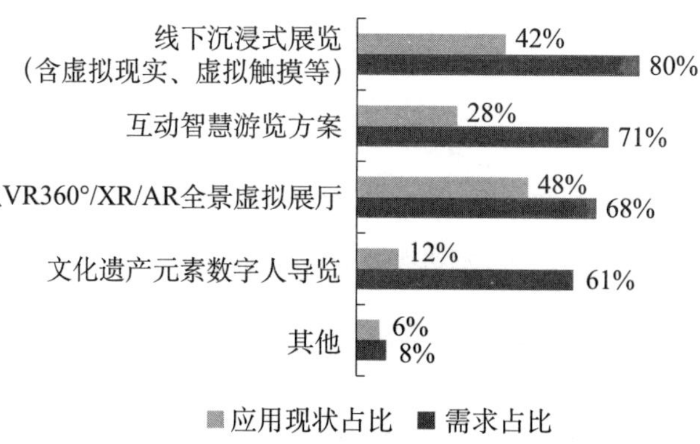

图 2-12　文博机构在文化遗产数字展陈方面应用现状与需求情况对比

（3）实体文创仍居首位，教育类需求上升。

从文博机构对文化遗产数字文创的需求来看（见图 2-13），基于文化遗产元素的文创设计实体产品的需求占比仍为最大，同时相对应用现状占比，需求占比高了近 1 倍。实体文创产品具有市场转化率高、消费门槛低等特征，成为文博机构推动文化资源市场化的主力应用方式。

文化遗产教育发展将有效服务于我国社会美育建设和精神文明建设。我国大部分文博机构设有文教部、宣传部等执行教育职能的部

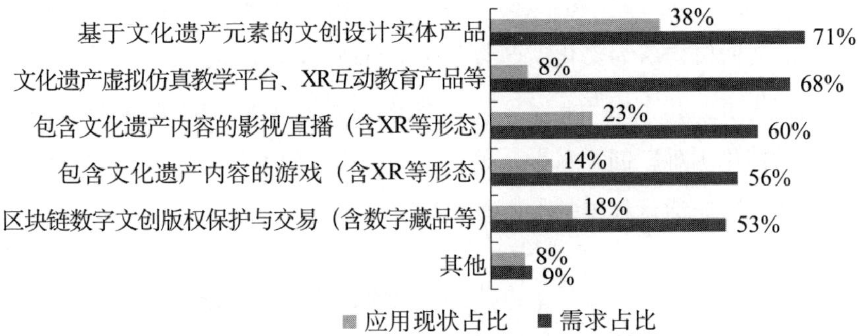

图 2-13　文博机构在文化遗产数字文创方面应用现状与需求情况对比

门，但受数字教学体系与师资队伍建设不完善等问题的影响，仅有8%的文博机构开展了基于文化遗产虚拟仿真教学平台、XR 互动教育产品等的创新性的文化遗产数字化教学实践。文化遗产虚拟仿真教学平台、XR 互动教育产品等的应用现状占比与需求占比的差异最大，达到了 60%，这表明文化遗产教育有望在未来进一步融入国民教育体系，助力增强社会凝聚力与文化认同感。

根据 T-ask 对消费者的调研，对于未来数字技术助力文化遗产传承发扬的方向，近半数（45.3%）的被调研者认为需要开发更多创意文创 IP 产品，过 1/3（36.2%）的被调研者认为要通过线上培训课程带动大众走进文化遗产。有 73.8%的被调研者认为“增长知识，了解历史”是进入文化遗产场所游览的目的。

对于包含文化遗产的数字内容产品，例如影视、直播、游戏（含XR 等形态）等，需求占比相对应用现状占比同样更大，这也是未来文博机构市场化的关注方向。从文化遗产消费端来看，根据 T-ask 的调研结果，对于应用技术形态传承发扬文化遗产的潜力，对短视频的认可度最高（68.7%），其次为 AR/VR/XR 沉浸式应用，为 47.2%。

4. 可持续要素：资金、人才、技术为三大核心掣肘

（1）资金、人才、技术成为文化遗产数字化发展的重中之重。

从文化遗产数字化发展面临的困难和需要的支持两方面来看，资金、人才（学科）、技术等核心要素短板问题较突出。

据调研结果，73%的文博机构认为文化遗产数字化人才储备不足，59%的文博机构认为文化遗产数字化学科研究不足（见图2-14）。由于我国文化事业和文化产业发展具有不协调特征，60%以上的文博机构存在市场转化困难、创意水平不足、技术应用受限等问题，可持续性成为未来文化遗产活化利用的核心。

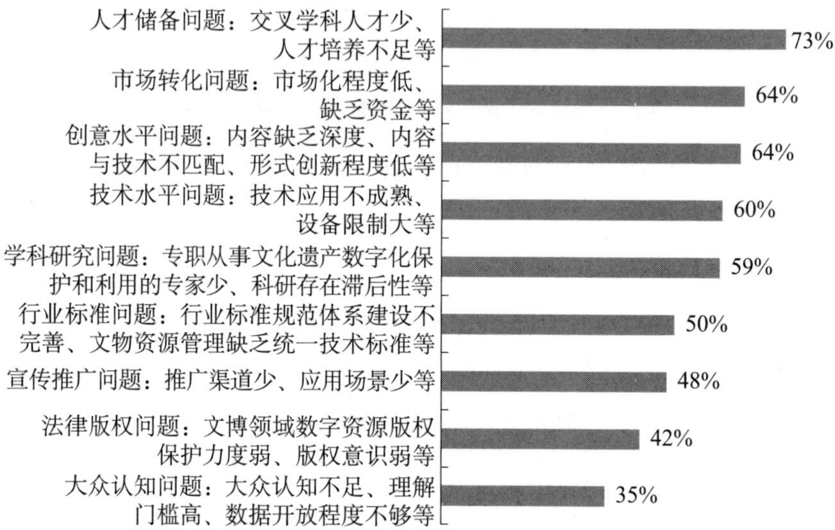

图2-14 文博机构在推进文化遗产数字化保护和利用时遇到的障碍

文博机构迫切希望获得相关支持，弥补要素短板：89%的文博机构希望能获得资金支持；86%的文博机构希望拥有新兴技术支持，强调数字技术的外溢效应；82%的文博机构希望获得人才培养、专家指导支持（见图2-15）。围绕资金、技术和人才等核心要素水平提升的解决方案是文化遗产数字化实现高效发展的关键。

（2）数字化资金投入有限，主要依赖财政拨款。

资金作为首要制约因素，是我国文化遗产数字化发展的重点和难点问题。据调研结果，近三年，23%的文博机构未在文化遗产数字化保护和利用方面投入资金；平均投入10万～50万元的文博机构最多，占样本总量的22%；超六成文博机构在数字化方面平均投入低于50万元，数字化资金投入总量较少（见图2-16）。

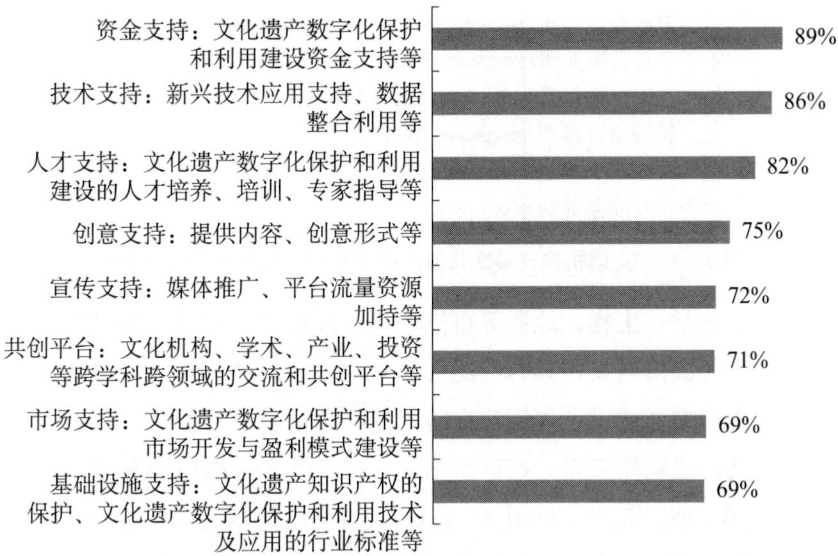

图 2-15　文博机构希望获得的文化遗产数字化保护和利用领域支持

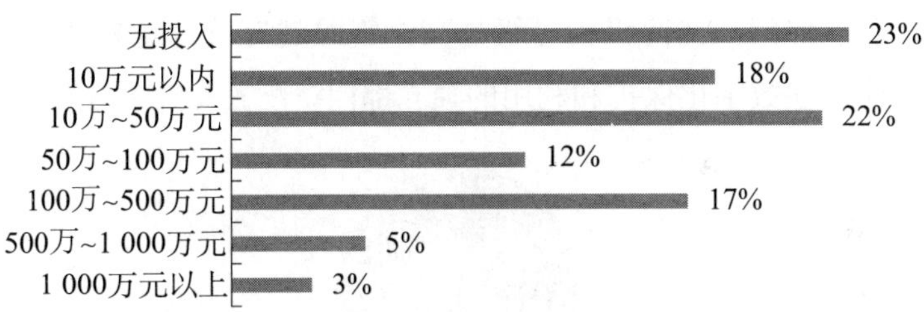

图 2-16　文博机构近三年在文化遗产数字化保护和利用方面实际投入的平均金额

目前，文化遗产数字化资金来源仍以财政专项经费为主（见图 2-17），占比达 66%，超其他渠道近一倍，可以看出国家财政主导文博机构事业发展的资金格局并未改变。27%的文博机构认为本单位行政事业费是重要渠道之一。另有 24%的文博机构是自筹方式，通过文创产品售卖、IP 授权等方式拓展机构资金来源。

（3）跨学科、数字化人才不足。

学科交叉实用性不够、跨学科及跨领域人才缺失成为制约文化遗产数字化发展的核心痛点之一。文化遗产一般属于社会科学范畴，涉及历史、考古、艺术、宗教等相关学科，但其保护、传承与利用又涉

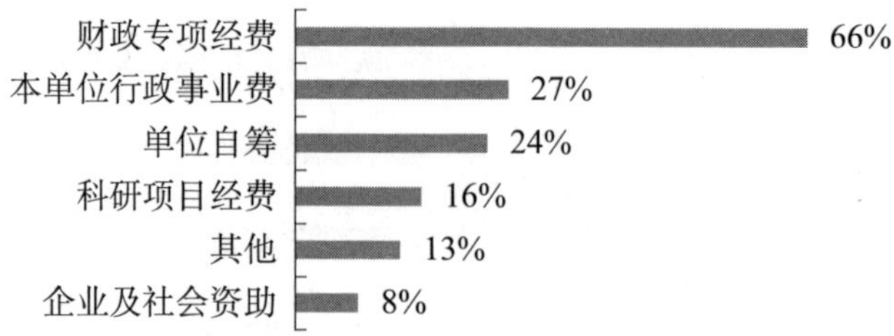

图 2-17　文博机构开展文化遗产数字化保护和利用的资金来源

及物理、化学、生物、地质等自然学科，现在更是涉及大量以数字技术为代表的前沿科技，具有广泛性和复杂性。需要加快文化遗产数字化交叉学科专业建设，探索建设跨专业的文化遗产人才培养体系。

从文博机构端来看，据调研结果，63％的文博机构没有建立文化遗产数字化独立部门（见图 2-18），现有文化遗产机构人员普遍存在平均年龄较大、数字化技能缺乏问题，数字化人才储备不足。

从博物馆等级来看，18％的国家一级博物馆设立了数字化保护和利用的独立部门。文博机构等级越高，资源越充分、重视程度越高，越有可能设立数字化保护和利用的独立部门，配置专业人才。

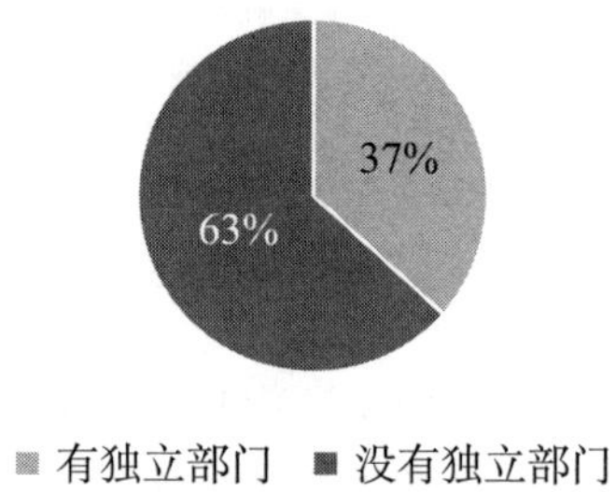

图 2-18　文博机构负责数字化保护和利用的独立部门分布

（4）技术内容开发浅层化，市场化程度弱。

对于作为文化资源提供方的文博机构，以及作为技术和产品供给方的企业/高校等市场主体，“数字科技＋文化遗产”的市场化开发和转化问题已成为制约文化遗产数字化发展的共识痛点。

调研结果显示，60％以上的文博机构认为内容创意水平和技术水平不足是核心阻碍，86％和 75％的文博机构分别希望在技术和创意方向获得支持。

根据对“探元计划”2022 项目征集企业、高校等主体的调研结果，22％的被调研主体认为存在科技支撑问题，15％的被调研主体认为存在内容创新不足问题，包括技术端对硬件和软件的沉浸式开发体验不成熟、对文化内涵的理解不够、创意策划不足、技术方式与文化资源的匹配度不够、同质化表层化现象严重等，凸显了“数字科技＋文化遗产”的市场化开发难点。

这背后体现了面向用户端和文博机构端的市场转化问题（13％），商业化想象空间有限、商业链条不完善制约着产业主体对文化遗产领域的商业化投入。而文化遗产相关产品市场的动力，又是文化遗产数字化体系可持续发展的内生动力。

从文化遗产消费端来看，据 T-ask 调研结果，被调研者认为，有科技感（60.9％）、内容丰富有趣（60％）是线上文化遗产应用的最大优点。但形式单一、缺乏新意（39.3％）以及不够沉浸、真实感不足（39.3％）是被调研者感知的线上文化遗产体验的主要劣势。

对于未来数字技术助力文化遗产保护和利用的方向，超六成被调研者希望能发挥数字技术和设备的优势，拓展创意体验形式，55％的被调研者希望能够丰富文化遗产的内容信息与呈现形式，助力文化遗产“活起来”（见图 2－19）。

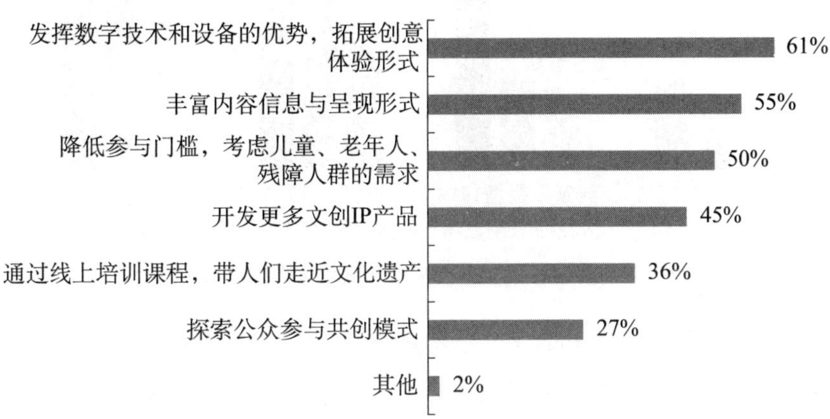

图 2－19　数字技术应从哪些方向助力文化遗产活化利用

5. 机构与地区数字化差异：关注分化和失衡现象

(1) 数字化发展分化：头部文博机构、东部地区领跑，拉开差距。

1) 头部文博机构文化遗产数字化水平高，领跑数字化应用创新。

头部高等级文博机构具有资金、人才、技术等核心资源优势，对文博机构数字化转型认知深刻，更注重数字化应用发展，数字化评价水平更高，在"数字科技＋文化遗产"的市场化开发、大众传播和体验等层面起到探索、带动作用。

据调研结果，在数字化保护、修复与采集应用方面，25%的未定级文博机构未开展文化遗产数字化保护、修复与采集应用（见图 2-20）。相比之下，仅有 5%的国家一级博物馆未开展相应数字化应用。在数字资产主要形态方面，国家一级博物馆的三维模型资料应用比例为 24%（见图 2-21），高于其他等级文博机构。

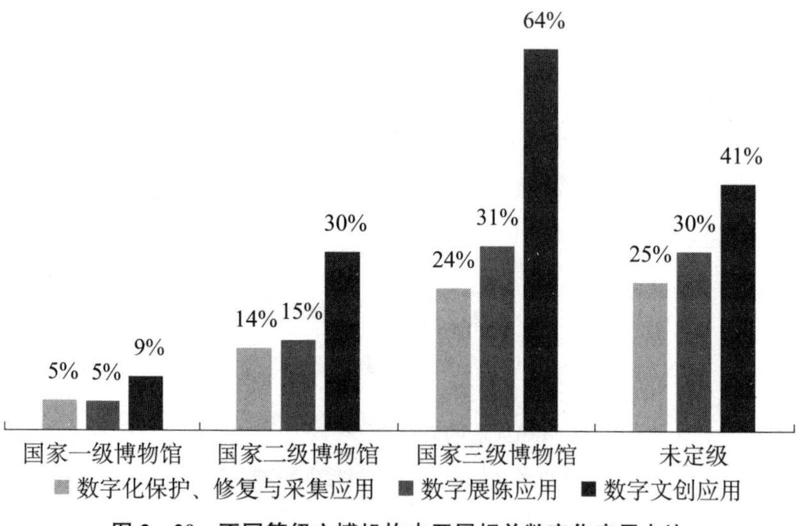

图 2-20 不同等级文博机构未开展相关数字化应用占比

在数字展陈应用和数字文创应用方面，国家一级博物馆未开展相关数字化应用的比例分别为 5%和 9%，比例远低于其他等级文博机构，相关产品形态也更加丰富多元。国家一级博物馆的资金、人才等

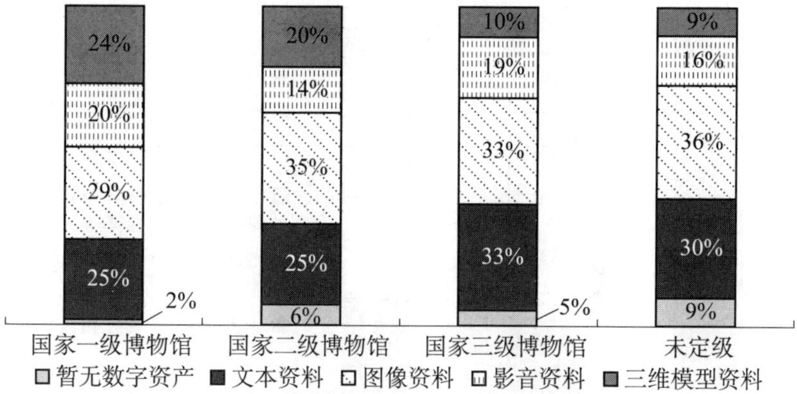

图 2-21　不同等级文博机构数字资产的主要形态

核心要素水平较高，文化遗产数字展陈和文创产品的创意内容应用也呈现出多元化、纵深化发展趋势。

2）东部地区文化遗产数字化先发优势明显。

经济实力和技术手段是文化遗产数字化发展的重要支撑。我国东部地区文博机构在文化遗产数字化保护和利用方面呈现应用范围广、形态创新多元等特征。

相比其他地区，东部地区文化遗产数字展陈与数字文创应用最为广泛，未开展相关应用的文博机构占比最小。东部地区庞大的休闲娱乐型文化消费群体也为数字展陈与数字文创应用提供了广阔市场。

中部地区和西部地区文博机构文化遗产数字化应用差异较小，在部分细分领域西部地区应用程度已超过中部地区。如西部地区有 24% 的文博机构采取了沉浸式线下展陈应用，高于中部地区 22%的比例（见图 2-22）；西部地区区块链数字文创版权保护与交易应用占比最高，达 14%（见图 2-23），“数字敦煌开放素材库”等平台的上线为文化遗产数据资源的确权交易提供了坚实基础。

（2）数字化投入失衡：关注中小型文博机构和中西部地区。[①]

在数字化发展分化的背后，可以看到中小型文化机构和中西部地

① 根据国家文物局标准，我国博物馆等级从高到低依次分为一级、二级和三级。

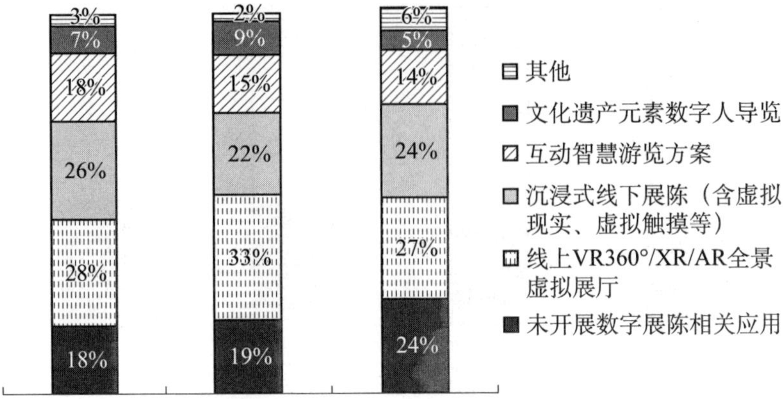

图 2-22　不同地区文博机构文化遗产数字展陈的具体应用形式

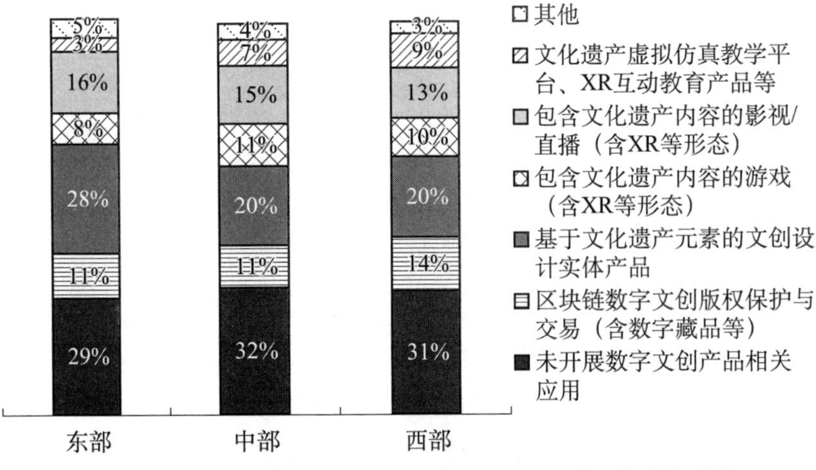

图 2-23　不同地区文博机构文化遗产数字文创的具体应用形式

区的数字化资源投入失衡的困境。

1）中小型文博机构数字化资源有限，更关注市场造血发展。

相比头部高等级博物馆，中小型文博机构数字化技术、创意和人才不足的短板更为突出，更加注重市场转化和资金问题（14%）。例如在数字化资金投入方面（见图 2-24），县级非遗机构无投入的占比最高（29%）。在数字化资金来源中（见图 2-25），未定级文博机构的财政专项经费占比最低（34%），更多依赖本单位行政事业费和自筹金额（38％）。对于中小型文博机构，由于财政经费不足，需要通过售卖文创产品等方式自造血，叠加文化资源 IP 影响力、市场开发水平等限制因素，需要关注其市场转化可持续性。

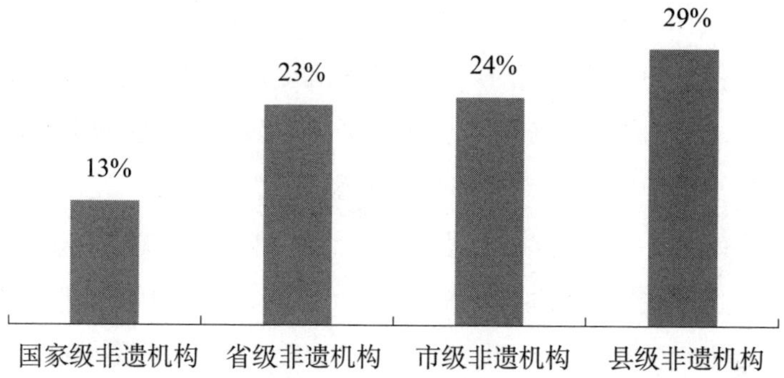

图 2－24　不同等级非物质文化遗产机构在文化遗产数字化保护和利用方面无投入占比

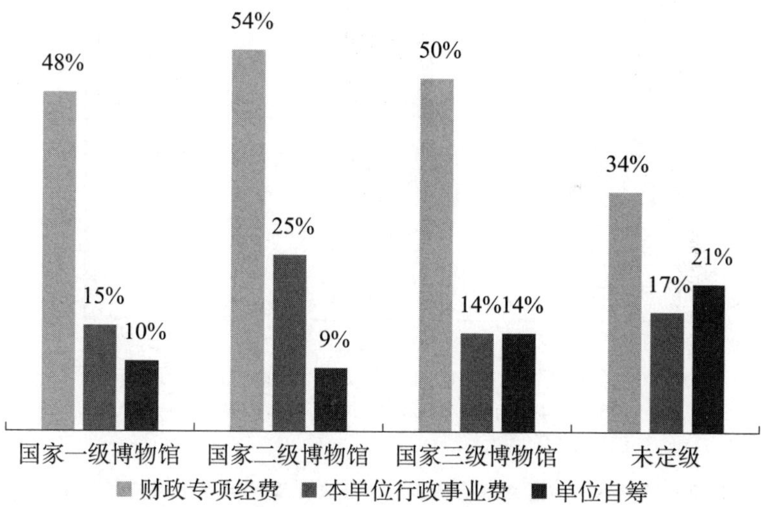

图 2－25　不同等级文博机构开展文化遗产数字化保护和利用的资金来源

2）受限于经济基础，中西部地区处于文化遗产数字化资源投入洼地。

各地区的经济水平影响其对文化遗产数字化的资金和人才支持力度。如东部发达地区对文化遗产数字化保护和利用的资金投入比例高、人才支持力度大，但其他地区资金投入程度普遍较低。

据财政部数据，在2022年国家文物保护资金年度预算中，西部地区获得的整体预算最多，但平均到每个省份，西部地区在三大地区中最低；在2022年国家非物质文化遗产保护资金年度预算中，西部地区资金预算显著增加，以新疆为例，虽然增加额位居第一，但预算总额排名仍处中后位。当前，国家已逐渐提升对西部地区文物事业发展的财政支持力度，对东西部资源不平衡等问题关注度显著提升，但分省份预算的地区鸿沟问题短时间内仍难以解决。

调研数据显示，在数字化资金投入方面（见图2-26），相比其他地区，东部地区无投入文博机构占比最小，仅为18%；中部、西部地区无投入文博机构占比较大，分别占27%和32%。三大地区投入金额占比最大的区间均为10万～50万元，低额资金投入难以弥补资源结构缺陷。

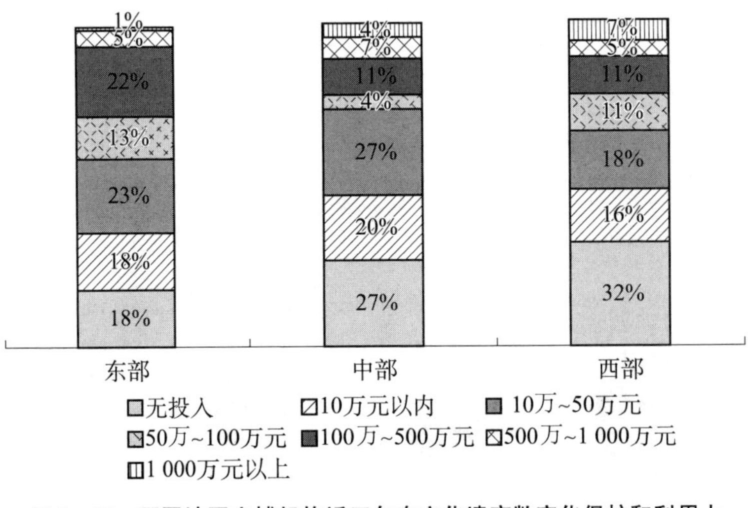

图2-26　不同地区文博机构近三年在文化遗产数字化保护和利用上实际投入的平均金额

（三）案例分析：文化遗产数字化的实践探索

数字技术在文化遗产保护、传承和利用等领域的助力将有效推动对文化遗产数字化可持续路径的探索，助力打造文化遗产保护修复、内容挖掘、智慧管理与活化利用实践新局面，实现文物保护技术升级、文化传承触达面扩张、文化利用转化性提高等目标。

“探元计划”2022 项目组通过对全国范围内的文化遗产数字化热点案例进行追踪分析，尝试搭建了文化遗产数字化的创新应用体系（见表 2-2）。

表 2-2　文化遗产数字化的创新应用体系

应用领域	表现场景	应用实例（部分）	应用技术（部分）
文化遗产保护修复	文化遗产数据采集	文物照扫项目、近景摄影测量采集数据、三维扫描采集、非遗等二维高清图像采集等	结构光法、三维激光扫描法、二维高清图像采集、光栅投影扫描、摄影测量技术、工业 CT 技术等
	文物本体病害防治与修复	高清扫描预防性防护文物病害、壁画材料与工艺分析保护、石窟环境检测、馆藏文物保存环境检测等	高光谱技术、多光谱技术、智能认知技术等
	出土文物数字修复	虚拟建模修复文物、AI 技术修复破损文物、实时光影还原保护考古现场、出土文物的数字化识别、拼对与修复等	三维重建算法、AI 影像修复技术、精确纹理映射、碎片扫描、特征识别（人脸识别技术）等
文化遗产内涵挖掘	文化遗产知识图谱	非遗基因知识图谱、文化遗产转化案例库、中国元素数据库平台、中华民族文化基因库、文化遗产标本库等	机器学习、数据标注、数据编码技术等
文化遗产智慧管理	考古现场数字化工作平台	考古现场灾害检测平台、考古数据实时收集检测平台、智慧考古 SaaS 综合平台等集调查、发掘、科技检测、文物保护、室内整理为一体的数字化平台	大数据挖掘技术、物联网技术、GIS 空间信息技术、航空摄影、RTK 测绘等
	文博机构和文物资产管理	博物馆文物监控管理、文物可视化数据平台、文物普查资料平台、博物馆文物数据库等	多媒体数据库存储、多媒体加密与数字水印技术、OCR 识别技术、智能图像处理技术、物联网传感技术、数据采集、大型数据库建设、动态检测技术等

续表

应用领域	表现场景	应用实例（部分）	应用技术（部分）
文化遗产活化利用	文化遗产体验与传播应用	数字博物馆、线上云展览、全息投影展览、文化遗产全息舞台剧、3D 打印展陈文物交互展示平台、古籍图像化展示等；文化遗产类游戏、影视作品、VR 短视频/直播、AR 交互文创等；文化遗产文旅智慧景区、文献挖掘还原历史城市、数字人导览、AR 导览等	扩展显示技术（VR、AR、MR）、智能屏技术（裸眼 3D）、人机交互技术、3D 打印、数字人算法训练、动捕设备采集、高清全景影像获取、虚幻引擎、三维建模技术、渲染技术、IP 网络流媒体等
	文化遗产版权管理与交易	文化遗产 IP 生产、文化遗产数字藏品、文化遗产数字版权、区块链资产交易平台等	AIGC 技术、区块链技术、大数据与人工智能技术等
	文化遗产教育	文化遗产线上学习平台、虚拟仿真教学平台、VR 沉浸式教育产品、开放式知识共享交互平台等	实时同步交互技术、音视频处理技术、数字化课程技术等
……	……	……	……

1. 数字孪生与预防保护：数字文保应用走向纵深发展

（1）数字化采集探索低成本、轻量化模式。

截至 2021 年底，我国共有可移动文物 1.08 亿件（套），不可移动文物 76.7 万处，并有各级非遗代表性项目 10 万余项，资源丰富程度居世界前列。数字化采集已成为文化遗产数字化保护的首要步骤，形式单一、技术落后等痛点和庞大的文物存量资源对数字化采集提出了精确性、便捷化等要求。随着三维激光扫描、摄影测量等技术的成熟应用，有望通过降低成本、简化采集流程等方式突破现有成本困境，开展高效、高速、高精度的数字化采集工作。

面对非遗传承人提出的轻量化和平民化的非遗数据采集需求，“基于近景摄影测量法的竹木雕三维数字化存储与数字平台的展示”项目（见图 2-27）通过摄影测量法采集非遗数据，建立非物质文化遗产在线数据库，立体化呈现非物质文化遗产，探索为非遗传承人提供低成本、便捷化的数字化采集手段、非遗保护服务和市场化对接路径。

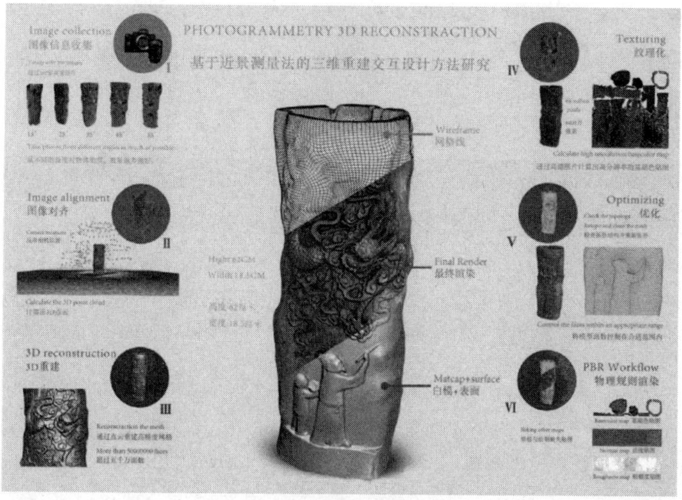

图 2-27　“基于近景摄影测量法的竹木雕三维数字化存储与数字平台的展示”项目

（2）游戏技术提升文化遗产数字扫描效率。

游戏技术已成为助力虚实融合的重要技术力量，虚幻引擎等技术的更新迭代彰显了游戏引擎走向整合性内容生产中台的特征。通过建构数字内容制作软件矩阵，游戏引擎可实现集渲染、场景合成等于一体的生产流程，破解数字化扫描的效率低、流程长、信息流失等痛点，契合文化遗产数字化采集工作需求。

游戏引擎将结合文化遗产数字孪生技术完成高定制、高品质的文物数字化采集工作。光子照扫专项“投影游戏现实虚幻交互，实现高效数字留存”项目（见图 2-28）结合高性能扫描设备、定制化拍摄流程等技术管线应用，通过数字图像处理等技术，打造了将二维图像信息转化为数字点云，进而生成三维模型的完整生产管线：通过光子美术中心技术美术团队原创的照扫全流程技术处理流，及室外照扫现场的自研实时预览系统，结合腾讯云高性能云计算平台，及时完成对拍摄图片的重合度、清晰度、拍摄角度的确认，有效避免生成多余的图片组，从而节省算力、提升资产处理效率，为后续“点云转模型”提供“眼见为实”的数据支持。光子照扫专项对文化遗产数据进行高精度、高质量采集，借助游戏引擎技术，对采集的数字孪生资产在游戏内进行实时渲染，在虚拟世界中实现了文化遗产的高保真三维展示。

图 2－28　光子照扫专项“投影游戏现实虚幻交互，实现高效数字留存”项目

（3）数字孪生技术创新探索文化遗产保护利用一体化方案。

运用单一角度、技术的传统文化遗产保护方案已无法满足信息时代文化遗产的前端保护需求。随着三维建模、数据采集与数据库构建等技术的发展，以数字孪生为底层支撑的文化遗产保护利用解决方案将有效解决文物扫描效率低、数据资源质量低、深度复原水平低等问题，有助于对文化遗产实施“监测—修复—保护”的一站式保护。

如“基于虚实融合的文化遗产保护传承”项目（见图 2－29）便通过文化遗产自动化结构建模等技术进行创新性探索，解决了文化遗产的动态、复杂场景和高效建模等难题，并统筹了不同文化遗产类型的采集数据，形成了包括大体量、全种类、多模态关联数据的数字资源库和三维实景展示平台，探索了集文化遗产监测预警、文物修复、展览展示等应用场景于一体的文化遗产保护传承全链条服务体系。

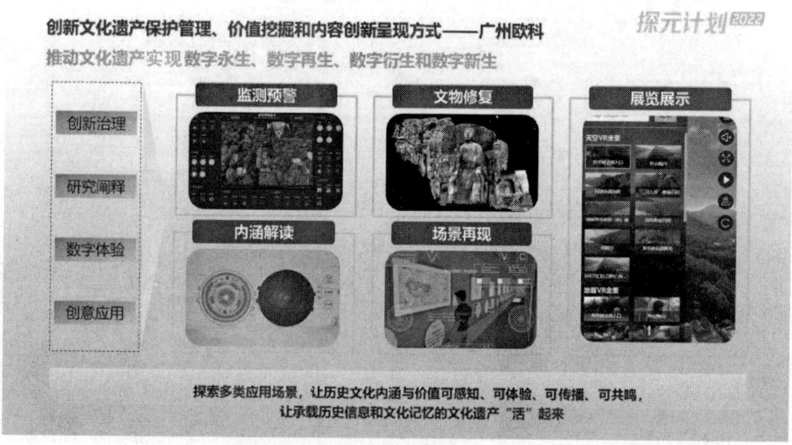

图 2-29 “基于虚实融合的文化遗产保护传承”项目

（4）数字化技术为文化遗产提供预防性保护方案。

当前，数字化技术在国内文物保护修复领域应用范围较小，随着高精度数字化信息采集和实验室分析等技术和手段逐步应用，数字化技术能够对文物本体的监测与预防性保护提供有效的数字化方案。

为拓展数字化技术在文物保护领域的应用，最大限度发挥数字化技术准确、科学的优点，“石窟寺表面风化速度定量测定研究”项目（见图 2-30）通过建立高精度测量控制网，利用三维激光扫描技术，经过长时间数据采集和对比，对云冈石窟第 9、10 窟列柱进行高精度、全方位三维信息采集，在世界上首次定量表述了石窟寺表面的风化速度，形成了集石窟本体与赋存环境相结合的监测体系，有效预测了石窟风化趋势，为石质文物本体预防性保护提供了数字化方案。

“佛光寺数字化展示”项目（见图 2-31）通过对佛光寺进行长期持续、全面深化的勘察研究，利用高精度数字化信息采集和实验室分析等技术和手段，开展对建筑、彩塑、壁画等文物本体的研究保护项目、周边环境整治以及监测与预防性保护工程。同时，将数字化勘察研究和保护监测的既有数据转化利用，搭建佛光寺数字化文物信息系统，为研究者、管理者和公众等多方主体提供信息集成平台。

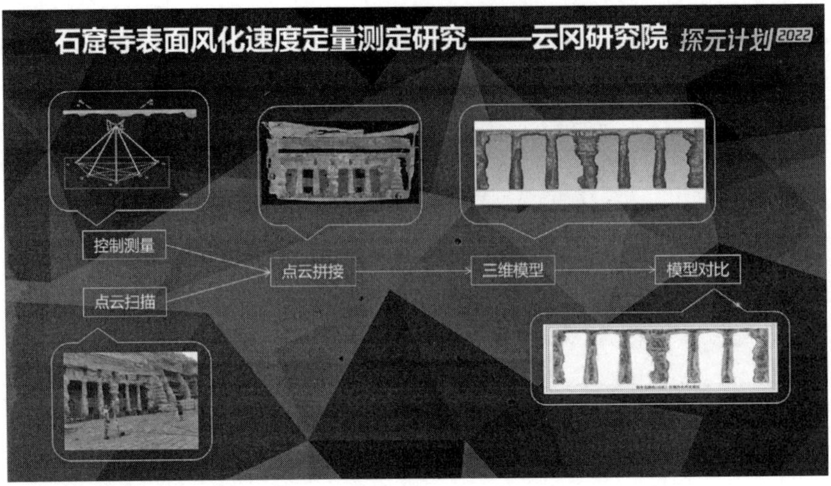

图 2-30 “石窟寺表面风化速度定量测定研究”项目

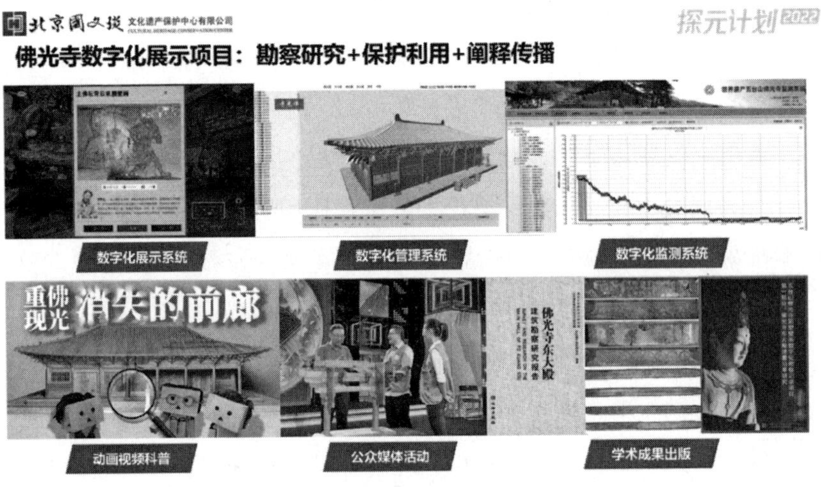

图 2-31 “佛光寺数字化展示”项目

2. 机器学习与知识图谱：文化遗产内容的智能挖掘与转换新手段

知识图谱技术创新文化遗产传承和转化范式。

文化遗产知识图谱作为内容挖掘的新型手段，能够为学术研究、艺术表达和社会传播提供全新思路和途径，为文化遗产保护提供系统性思维参考。通过机器学习、数据标注等技术，知识图谱可构建“解构—归类—关联”链条，实现数据到文字、文字到视觉的转化，赋予文化遗产数据二次转化的生命力和更强的造血功能。

“中国非物质文化遗产基因挖掘与知识图谱绘制”项目（见图 2－32）借助文本分析算法、图像分析算法等专利技术，深入挖掘中国非遗的工艺、色彩、纹案等文化基因及其演化路径，打造非遗领域的数据整合平台，提供面向非遗创意需求方的知识生产管理与转化应用解决方案，探索非遗数字化保护传承与市场化开发推广的创新路径。

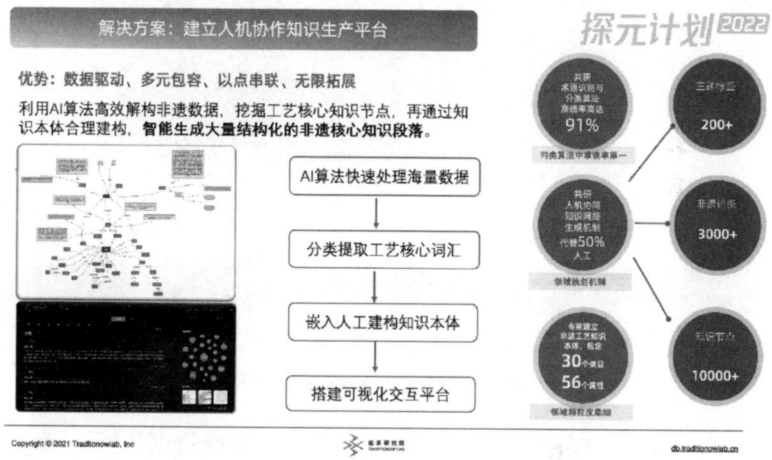

图 2－32　“中国非物质文化遗产基因挖掘与知识图谱绘制”项目

3. 数据中台与可视系统：文化遗产智慧管理的创新模式探索

（1）SaaS 应用模式为考古行业提供低门槛数字化转型方案。

数字考古已成为信息时代考古领域的重要发展趋势。智慧考古 SaaS 云服务平台通过打造“全流程＋高便捷＋体系化”的数字考古新局面，助力考古能力建设，为促进考古工作在技术方法和工作模式上实现数字化转型提供了有效途径，为打造中国气派的考古学提供了技术保障。

面对考古领域数字化发展水平不够均衡，信息化投入高、见效慢的现状，“智慧考古 SaaS 云服务平台”项目（见图 2－33）采用“软件即服务”的云端自动化服务模式，是 SaaS 在考古领域的首次延伸。平台在设计上遵循国家文物局《田野考古工作规程》等规范要求，以考古现场文物数字化采集为基础，以考古时空数据库的构建为中心，通过对考古信息资料的全面记录与规范管理、对业务过程的实时跟踪与反馈、对考古资料的深度挖掘与利用，辅助考古研究与分析决策，建成了集智慧感知、智慧提取、智慧管理、智慧研究及智慧服务于一体的考古全流程业务模式，最终为考古遗址和考古单位提供了低成本、便捷、高效的 SaaS 应用服务和数字化整体解决方案。

图 2-33 “智慧考古 SaaS 云服务平台”项目

(2) 数据中台统一格式规范，助力文化遗产数据流通。

随着文化遗产数字化进程的加快，标准化、规范化的数据格式将打通作为“数据来源”的文物本体和作为“数据出口”的产品市场之间的信息交互通道。未来，针对不同格式与形态的文化遗产数据，设计流通范围更广、编目成本更低的数据格式规范将为文物数据转换、共享提供重要保障，有助于进一步满足数字化工作需要。

面对文化遗产数据资产在网络及不同软硬件应用中出现的数据交换问题，“基于文化遗产信息模型（CHIM）的场景应用开发”项目（见图 2-34）构建了以 CHIM 格式规范为基础的数据中台，践行国家文化大数据相关标准，通过对文化遗产标本库内不同媒体格式数据的解构加工与重新结合，形成了基于 CHIM 格式的素材库与基因库，为教育、展览等应用生产线的组建提供了数据基础，探索解决了文物数据的存档和流通问题。

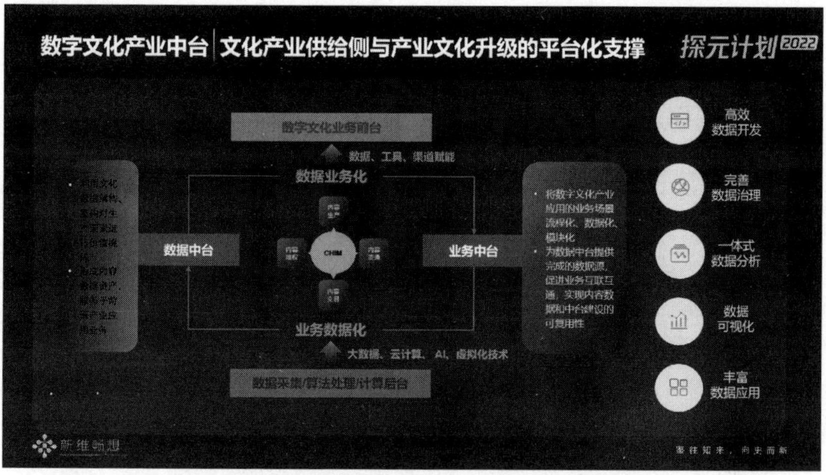

图 2-34　“基于文化遗产信息模型（CHIM）的场景应用开发”项目

（3）可视化体系为文化遗产管理提供智能化交互体验。

以视觉表征手段呈现文化遗产数据已成为文化遗产智慧管理的时代趋势。融合信息图像技术与数据分析技术，以“二维数据—三维图像”的转换突破传统纸质化、平面化的数据呈现与管理方式，文化遗产可视化管理将有效提升文物信息的可读性、可理解性，提升文博领域信息管理的数字化水平。

数据是文化遗产数字化保护与活化利用的关键。面对基于海量数字资源的智能化管理和展示交互需求，“数字化技术在文博美术领域的应用创新”项目（见图 2-35）展示了中艺库数据可视化项目——通过三维展示和交互、智能图像处理等技术，构建了数据丰富、结构规范、形式多样的可视化管理体系，实现了对艺术品、艺术家和艺术数据的交互关联展示，为文博行业的信息化管理、艺术展览、美育教育等场景提供了一站式数据可视化方案。

4. 虚实共生与多元体验：文化遗产“以用促保”的活化新场景

（1）多维度数字技术应用探索“在线+在场”展陈新体验。

数字技术企业与机构正借助虚实融合、互联网等技术打造在线与在场相结合的文化遗产数字展陈新体验，推动文化遗产从传统线下、

图 2-35 “数字化技术在文博美术领域的应用创新”项目

实体应用场景向云端线上、沉浸式场景拓展。大体量不可移动文物的数字展陈仍处在探索阶段，但智能终端设备可在互联网技术的支持下实现不可移动文物的立体空间式展览，为文物数字化展陈内容提供沉浸式新手段。

多维度数字技术应用正在成为文物内容释放的新出口，为不可移动文物带来沉浸式、强交互的“在线+在场”展陈新途径。“基于3D打印和VR技术的文化遗产传播与利用”项目（见图2-36）运用光学定位、三维激光扫描、3D打印等技术，对云冈石窟进行数字化采集与文物原比例3D打印复制，重现遗产。同时，通过构建多人在线的沉浸式交互系统，打造“石窟原大复制品巡展+石窟VR交互体验”的文物新体验，为我国大体量的不可移动文物的数字化展示提供了模式参考。

（2）游戏化互动拓展文化遗产保护传承新方式。

基于动机诉求、互动交流和场景体验等游戏化三大关键要素，文化遗产数字化传承可在虚幻引擎、人工交互等技术的支持下突破传统文化遗产文创产品的时间、空间等传播限制，打造以“高价值、多形式、深交互”为特征的文化遗产游戏传播链路。未来，以跨地域性、强交互性为特征的游戏将成为文化遗产活化传承的重要载体。

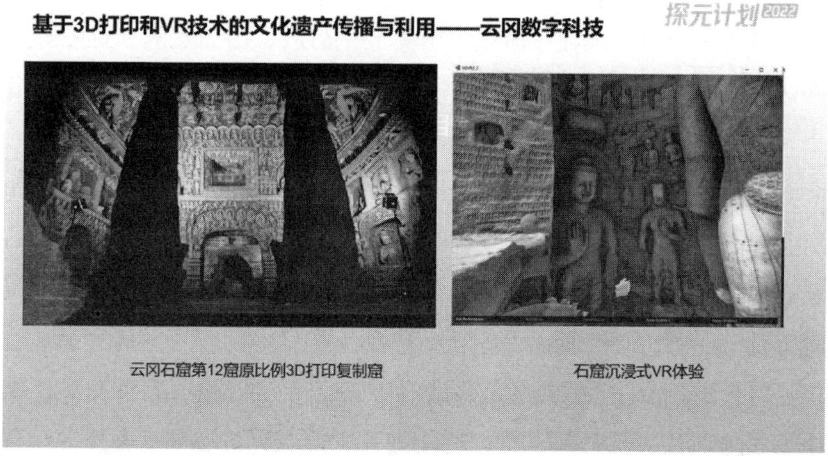

图 2-36　“基于 3D 打印和 VR 技术的文化遗产传播与利用”项目

游戏化互动将有效激发大众层面的文化遗产数字化保护和传承理念。“基于 AR/VR 技术的文化遗产游戏类项目——《VR 曾侯乙编钟音乐游戏》研发及展示”项目（见图 2-37）基于数字孪生的激光雷达和摄影测量技术，融合文物的属性特点，设定文物数字化的互动游戏方式，充分还原了曾侯乙编钟的场景体验，创新了文化遗产数字化利用的体验交互场景。

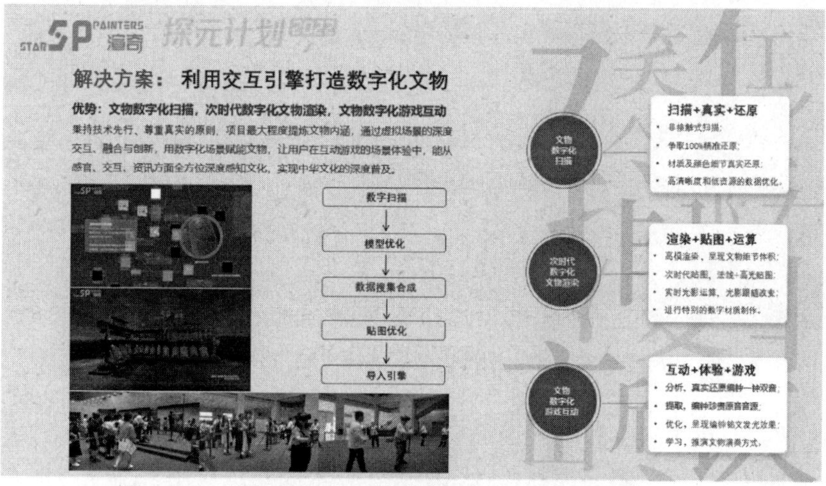

图 2-37　“基于 AR/VR 技术的文化遗产游戏类项目——《VR 曾侯乙编钟音乐游戏》研发及展示”项目

(3) 文化遗产数据融入城市历史，助力城市更新。

城市更新持续加速，城市中历史文化街区、历史建筑（群）等空间文化遗产的存在，让我们亟须更灵活、也更有效地认识城市的过去、现状和未来的关系。可以将城市整体看作研究对象，用更先进的全时段的含人物/场景/事件的分析方式，帮助构建“历史空间”和“当代人文”之间的逻辑链条。依此建立起来的历史城市空间信息的动态模型，在保护并传播城市遗产的符号信息的同时，还可以延续城市鲜活的生命力。

“再造长安：基于文本大数据的历史城市分析与生成系统”是以小见大的项目（见图 2-38）。它借助人工智能、机器学习等技术，对与隋唐长安城相关的大量历史文本进行大数据建档，提取文字隐藏的逻辑信息，搭建出针对历史城市的时、空、人、事动态演绎生成系统，以现代人的角度观察城市的时空变迁，为历史文化街区的更新与保护提供工具支持。

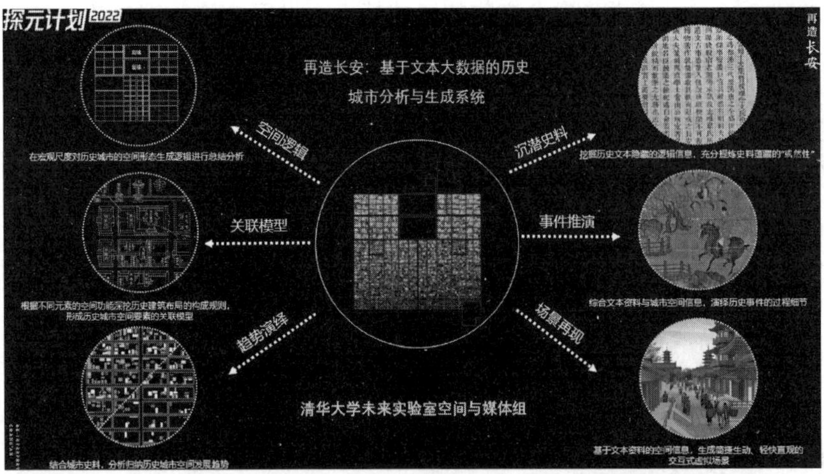

图 2-38 “再造长安：基于文本大数据的历史城市分析与生成系统”项目

(4) 虚实交互打造文化遗产游览新体验。

随着技术的不断成熟，对 AR/MR 技术的熟练应用将增强虚拟内容在实践环境中的匹配度，并提升实践内容在虚拟环境中的表现力。

在文化遗产数字展陈场景中，MR 终端可实时收集终端使用者看到的博物馆展陈数据，并经过算法实时叠加虚拟图像，为文化遗产数字化沉浸式交互展览增添更多交互与虚拟体验内容。

传统静态文化遗产的展陈游览体验日益固化，无法满足游客对文化遗产内容获取和交互体验的升级需求，但“三星堆 MR 导览‘古蜀幻地’”项目（见图 2－39）利用 AR/MR 技术，以影视级的制作水准对三星堆进行相关剧情策划和内容开发，通过将虚拟内容与现实展陈点位结合，为游客营造了场景内容丰富、视觉效果逼真的增强现实游览空间，创造了文化遗产展陈游览的新体验场景。

图 2－39　“三星堆 MR 导览‘古蜀幻地’”项目

（5）智能设计应用助力文化遗产实现市场价值转化。

目前，文化遗产数字化生产力发展仍然不充分，文化事业和文化产业无法产生联动效应。文博机构借助语义理解、信息标注等智能设计技术提取文化元素，可实现元素数据的结构化、关联化，为文化遗产创新性发展和创造性转化提供素材源泉，建构文化事业与文化产业的“提取—设计—转化”关联链条，最终通过数据资产化实现文化遗产数据的市场价值。

文化遗产元素资源将为数字化文化设计生产提供源动力。“基于智能设计方法的中国风格数字文化创新与设计应用”项目（见图 2 - 40）构建了“数字—工具—平台”转化链条，借助超高清扫描技术、图像语义理解等技术提取具有中国风格和文化内涵的数字资源，构建了中国风格经典文化元素与数据库平台，为市场化设计和产品开发中融入有需求的文化遗产元素提供方案，助力文化遗产和实体经济的融合。

图 2 - 40 “基于智能设计方法的中国风格数字文化创新与设计应用”项目

（6）文化遗产数字 IP 化拓展活化多元场景。

IP 经济的快速发展为文化遗产国潮 IP 注入了商业基因，但传统国潮 IP 产品存在销售渠道窄、创意水平低等痛点。借助 VR/AR、区块链等数字技术与成熟的 IP 版权交易平台，文化遗产国潮 IP 开发可串联上、中、下游产业链，健全商业闭环链条，实现文化遗产的文化价值与产业价值双统一。

可借助数字化手段及“数字内容＋实物产品”的双重模式构建优质国潮 IP 商业生态。凤凰数字科技的“画游千里江山”项目（见图 2 - 41）运用巨幅动态投影、虚拟现实混合剧场等技术，挖掘《千里江山图》《清明上河图》等中国传统书画作品的文化内涵，运用科技化、艺术化手段将其转化为数字艺术 IP，并通过研创线下沉浸式光影展演、数字主题馆及衍生消费品等进行 IP 产业化开发，探索社会价值和经济价值的平衡，有效实现了线下线上消费的双向转化。

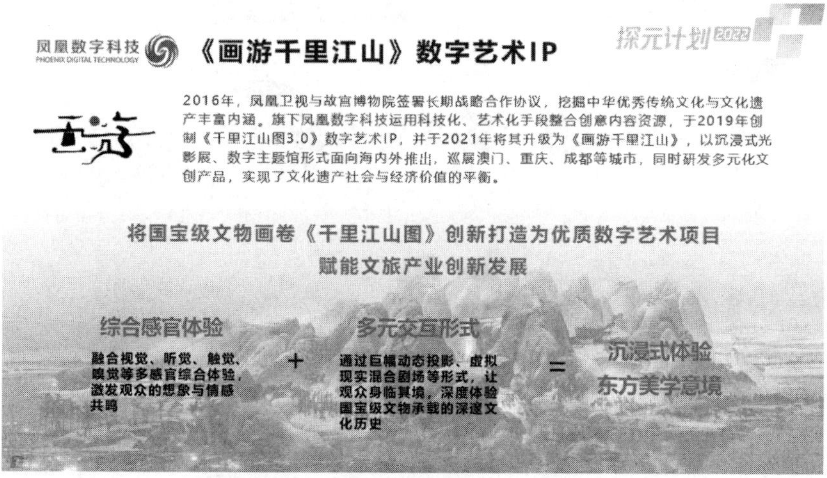

图 2-41 “画游千里江山”项目

（7）虚拟仿真教学推动文化遗产创新、传承和推广。

我国文化事业的快速发展正在推动文化遗产教育内容和手段的自我更迭，VR 互动式教学、虚拟仿真平台教学等教学新趋势正在重构文化遗产教育模式，为突破文化遗产教育浅层化、单一化、质量低等困境提供了新可能。

文化遗产在美育教育中有独特价值。数字技术应用于文化遗产的教育培训创新场景，有效支持了文化遗产领域的大众认知提升和人才培养建设。“传统技艺创新传承中可持续发展的元宇宙构建——《预见珐琅》”项目（见图 2-42）基于省级重点“银珐琅烧制虚拟仿真实验”项目中的安全教育、设备工具、烧制预备、烧制实验、实验报告等模块，开发了“银珐琅虚拟仿真教学推广”平台，在互联网虚拟空间内提供了银珐琅烧制的技艺型非遗教学体验，同时面向消费者和设计师开展开放共创，结合 3D 打印生产工艺流程和技术，探索体验式、定制化和可消费的非遗可持续发展模式。

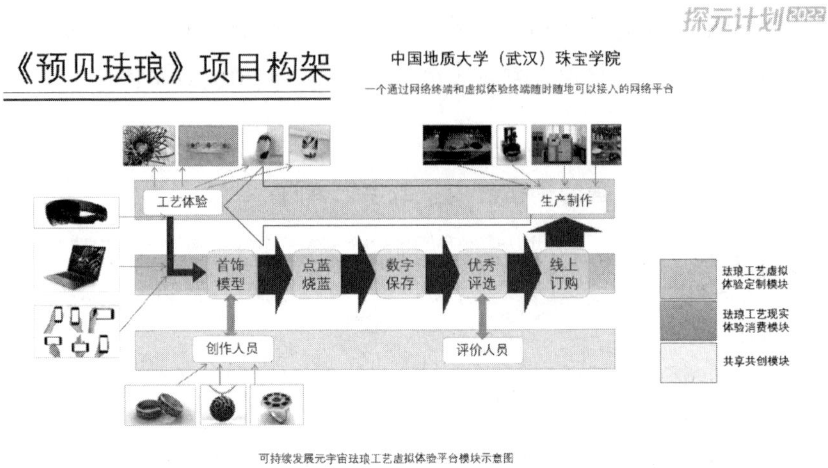

图 2-42 “传统技艺创新传承中可持续发展的元宇宙构建——《预见珐琅》”项目

(四) 社会共创：探索文化遗产数字化的可持续发展路径

以数字技术赋能文化遗产的保护、传承与利用，是契合我国文化产业数字化战略和文化强国建设的重要路径。在此背景下，“探元计划”2022 项目作为探索文化遗产数字活化新纪元的项目，先行先试，力图将“探元”打造成文化遗产资源整合的社会共创平台。

在角色定位方面，文化遗产数字化作为跨领域、跨学科的社会性事业，政府、文博机构、数字技术企业、高校科研单位、投资机构等多元主体分别在文化资源持有、技术研发、产业应用、理论研究、创投资金等领域各具优势。“探元计划”2022 项目面向文化遗产数字化进程中的核心痛点，作为串联文化遗产政府端、资源端、产业端、高校端、投资和媒体端等社会多元角色的“共创平台”（见图 2-43），不断探索新一代数字科技助力文化遗产活化利用的创新生态，助力构建共建、共享、共益的文化遗产保护传承新格局。

在技术解决方案方面，提供文化遗产数字化在技术应用创新方面的供需对接，为文化遗产领域引入更多技术创新应用和资金支持，为数字技术企业进行市场化转化提供更多文化资源场景，并通过整合多元场景数字化方案，为文博机构提供数字化路径指引和参考案例。

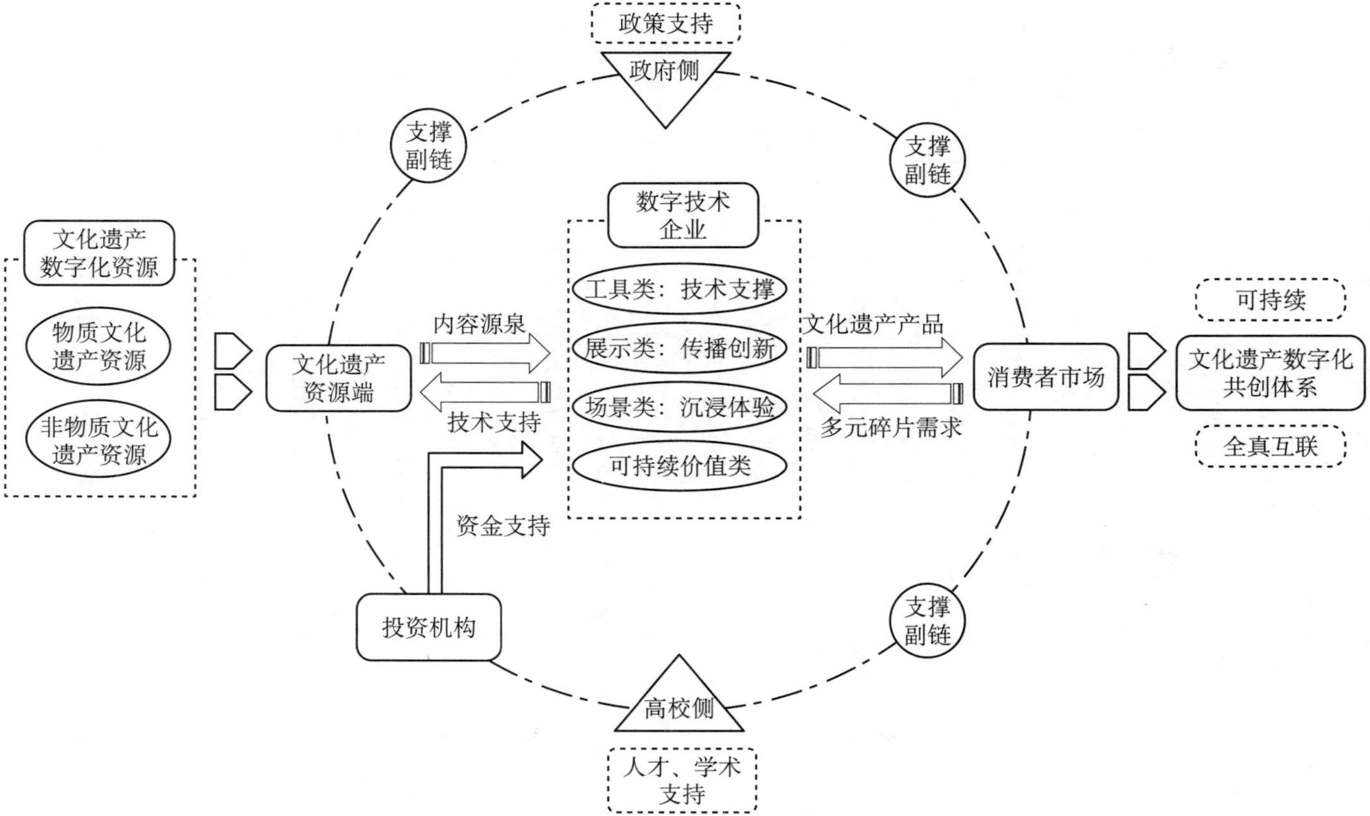

图 2－43　“探元计划”2022 项目共创主体链路图

在资金和展示推广方面，实现文博机构、数字技术企业和投资机构、宣推平台的对接，为文化遗产数字化创新应用的落地推广提供创投机会和项目机会，提升中长尾机构的市场影响力。

在学科建设和人才培养方面，通过产学研合作开展跨领域研讨、研究、培训等，促成相关交叉领域交流、输出成果，助力文化遗产数字化理论体系建设和人才培养。

在运作模式方面，“探元计划”2022 项目通过构建以文博机构、数字技术企业、消费者市场为主链，以政府、高校与投资机构等为支撑底座的共创链条，旨在探寻文化遗产数字化的可持续发展路径，推动多主体共建共享文化遗产保护传承新格局。

在共创主链方面，文博机构从资源端统筹，为数字技术企业提供文化遗产内容资源；数字技术企业探索文化遗产领域的技术应用创新，面向市场打造文化遗产市场化产品，助力文化遗产的创新性发展与创造性转化；消费者参与文化遗产的内容共创和大众传播。多方共创旨在打通从文化遗产资源端到数字技术企业生产端再到消费者市场端的全链条，协同推动共创链条的可持续运转。

在支撑副链方面，政府侧可通过政策指导数据采集加工、数据治理等环节，健全文物资源数据分享、监管与保护机制，引导文化遗产数字化有关标准的制定与推行，助力数字技术企业与文博机构加快文化遗产的创造性转化；高校侧可发挥自身的人才、学科研究等优势，积极推进文化遗产数字化相关学科建设与技术研究，培养跨学科应用型人才，解决文化遗产数字化长远发展中的瓶颈性问题；投资机构和宣推平台可分别利用资金和流量优势，助力数字技术企业突破早期投入成本高等痛点，打破文化遗产市场转化的壁垒。

二、重点产业集聚——重庆云谷・永川大数据产业园

重庆云谷・永川大数据产业园（以下简称“园区”）成立于 2008

年，依托重庆永川高新技术产业开发区（国家高新技术产业开发区），设立在永川新城片区中央商务区，坐拥兴龙湖湿地公园，包括兴龙湖、神女湖和高铁站三个片区，规划面积 3 平方公里，现已建成 1 平方公里，投用产业楼宇 70 万平方米，人才公寓 3 000 套，形成“一园五区”空间布局，由园区管委会对园区日常工作进行专业化运营管理。

园区以人工智能、大数据、虚拟现实、云计算等新技术为支撑，现已集聚了 104 家具有代表性和示范性的文化科技企业，以及达瓦数字内容制作园、永川科技影视产业基地、中国人民大学文化科技园西部分园、爱奇艺文创产业园等 10 余家特色园区与文化科技创新载体，建成重庆市大数据产业人才联盟和数字内容人才实训基地，拓展川渝两地院校至 120 所，聚集相关企业 390 余家，联盟内院校与企业合作项目达 110 个，每年培养输送 3.2 万名大数据产业人才，逐步形成了以数字内容制作为核心，贯穿数据标记关联、数字版权服务、智能交互体验的数字文化产业全链条的产业集群，不断推动园区文化科技创新价值链延伸，辐射永川区及重庆市文化产业数字化转型和新兴文化业态规模化发展。

（一）发展概况

1. 发展定位

重庆云谷·永川大数据产业园以人工智能、大数据、虚拟现实、云计算等新技术为支撑，以数字内容制作为核心，辐射带动数据标记关联、数字版权服务、智能交互体验等领域，形成数字文化产业全链条的发展定位和目标。

（1）打造数字内容制作中心。

园区以打造文化科技创新和产业发展的示范载体为目标，依托数字内容创意和制作两大核心体系，大力发展影视制作、数字动漫、游戏、直播、创意制作等数字内容业态。通过引进爱奇艺、达瓦科技等数字内容领域优质项目，累计引进、培育影视文创项目 50 余个。建成数字影视棚、达瓦先进影像平台等数字内容制作平台，营造虚拟世界与真实世界无缝结合的数字化创作环境。落地科技影视产业基地、虚拟现实教育联盟人才培养基地、重庆市虚拟现实实训基地，每年平均培育数字内容上下游产业链专业技术人才 5 000 人，为产业发展提供专业人才保障和孵化支持。

（2）搭建智能交互体验基地。

园区以文化科技为引领，以数字内容为驱动，赋能实体空间，推动数字孪生、元宇宙、数字人、融合现实影视体验基地、电竞体验空间等新兴文化科技业态发展，助力文化科技成果产业化推广应用。例如在数字孪生领域，园区打造了永川“数字孪生城市平台”，集合了达瓦数字内容 S 级的制作效果和航天科工军用级的数字推演系统，在永川智慧城市建设领域实现了虚拟仿真应用。同时，园区依托完美世界数字文创职教园、重庆市虚拟现实实训基地、元宇宙研究院等平台，在西南片区率先建成了以数字内容赋能的智能交互体验基地。

（3）建成西南数字版权交易枢纽。

园区依托中国人民大学文化科技园西部分园、中国人民大学国家版权贸易基地、中国技术交易所，建设国际一流、国内顶尖的数字版权服务平台，形成以版权服务为核心、以版权交易和版权金融为支撑的一体两翼的专业化服务平台，提供版权登记、版权保护、版权展示、版权交易、版权金融、产业服务六大功能；开展影视娱乐和动漫游戏等数字内容的播出权、改编权、复制权的代理服务、生产授权、交易服务等；通过完善支撑体系带动专业服务机构为西南地区数字版权产业发展提供一站式、全流程的综合服务，打造聚焦数字内容产业的西南数字版权交易枢纽。

（4）打造数据标记关联产业示范高地。

园区聚焦数据采集、数据标记关联、数据审核、云计算、数据模型分析与应用等领域，以阿里巴巴、博彦科技、文德数慧、知道创宇等龙头企业为引领，持续聚集人和集团、字节跳动、B站等数据标记关联项目，数据处理坐席现已达到8 000席。同时，园区以建设“成渝中部数据枢纽节点”为目标，力争“十四五”期间建设15 000个机柜、12万台服务器。目前已落地阿里云重庆云节点、华为云能力中心、浩云网络数据中心等一批云计算重点项目，为永川大数据产业上下游和数字内容制作产业提供了云计算支撑。

2. 发展现状

截至2022年底，园区深入贯彻落实永川区“2235”总体发展思路，抢抓成渝地区双城经济圈建设和重庆“一区两群”协调发展的重大机遇，共聚集企业472家，在运营企业198家，整体营收203亿元，同比增幅20%，其中，规模以上企业32家，产值45亿元，同比增幅25%；完成税收约1.1亿元。新引进完美世界、BOSS直聘、瑞云渲染、华为云能力中心等项目55个，合同引资60.3亿元，已完成全年目标任务的109.63%，其中，市外合同引资55.6亿元，已完成全年目标任务的101%；完成市外项目到位资金29.7亿元，按照园区28亿元的目标，已完成全年目标任务的106.07%；新开工项目26个，推动市外项目实现70%的开工率，已完成全年目标任务的100%。在创新创业方面，孵化新企业28家（文创类企业7家），为企业举办各类创新创业活动68场，讲师活动超过28场，创业培训12场，活动沙龙9场，专项培训4场，行业交流活动8场，节日主题活动8场。帮助企业对接银行，组织一对一或一对多企业融资需求交流会4场，为5家企业引入一对一辅导及项目对接活动，入驻企业带动就业人数约1 100余人，预计年度带动就业人数1 800余人。在科技创新方面，科企入库总量已达108家；高新技术企业总量达20家，全年走访指导新申报及复审企业9家。在资金申报方面，兑现重交、永友、中地六合3家企业的知识价值信用贷款担保服务费补贴3.68万元。

3. 企业园区

近年来，重庆云谷·永川大数据产业园依托达瓦未来，先后引进中国人民大学文化科技园西部分园、爱奇艺、完美世界、九紫文化等影视科技链主和生态企业100余家，不断完善永川数字文创产业链，数字人快速生成、特效高速实时渲染、全LED虚拟拍摄等多项“卡脖子”核心技术得以攻克。

园区现已集聚了104家具有代表性和示范性的文化科技企业，以及达瓦数字内容制作园、中国人民大学文化科技园西部分园、爱奇艺文创产业园等10余家特色园区与文化科技创新载体，基本形成了数据标记关联示范产业园、数字内容制作、数字版权交易、智能交互体验等文化科技产业集群。

此外，在技术配套方面，永川数字内容制作产业建有1 000台服务器驻地渲染中心、400平方米超大杜比全景声终混棚等行业顶尖配套设施，技术与硬件设施的显著优势得以彰显；在人才引育方面，园区通过永川影视人才实训中心，年培育输送5 000余名实用性技能人才，已成为全国重要的可视化数字内容制作人才培养基地；在保障措施方面，成立2亿元文创产业基金，出台了“永川数字文创17条”等系列扶持政策。

(1) 达瓦未来（重庆）影像科技有限公司（以下简称“达瓦科技”）。

达瓦科技是中国数字内容制作方面的领军企业，是中国首批集虚拟现实、增强现实、混合现实、仿真、影视、动漫于一体的产学研投综合体。公司以XR技术、实时动作捕捉技术、实时渲染技术为抓手，以强大的数字内容生产规模与自身独有的数字内容生态圈为核心，服务我国数字内容产业等多个领域。2021年，达瓦科技携手中国航天科工三院在重庆市永川区成立研究院，并携手重庆市永川区政府、中国人民大学共建以达瓦先进数字技术为纽带的新经济产业园区，建设我国最大的数字科技影棚（见图2-44），打造西南地区数字内容制作新高地，形成数字内容产业新格局。目前，达瓦科技的“达瓦虚拟拍摄灯光控制系统关键技术及应用”“远程狙击射击训练虚拟仿真系统”等四项虚拟拍摄技术经科技部评审，已经获评国际领先技术。

图 2-44　数字科技影棚

在人才引育方面，达瓦科技聚集了一批国内最早从事图形学研究、虚拟影视制作、视觉创意设计、现场拍摄制作的专业技术人才，组成了一支从技术研发到项目制作全流程全方面应用的具备综合能力的团队。团队现拥有核心研发人员 95 人，其中博士 20 人，硕士 31 人，拥有新型数字制作人员 600 余人，储备人才 3 000 余人。达瓦科技是国家级高新技术企业、中关村高新技术企业、“双软”企业，并通过了 ISO9001 质量体系认证。

在项目案例方面，达瓦科技作为技术总体承接了“中华人民共和国成立 70 周年国庆阅兵模拟仿真推演项目”“冬奥会开幕式数字化演练系统”等 50 余项大型智能交互体验制作项目，带动数字内容制作园区相关企业实现产值 20 亿元。

(2) 达瓦数字内容制作园。

达瓦数字内容制作园是达瓦科技与永川区政府、赞基金合作共建的，以达瓦科技为重点的，位于重庆市的市级重点数字文创园区，面向社会企业、数字产业、文化机构提供数字文化技术指导。达瓦数字内容制作园联合重庆市、赞基金、达瓦科技三方成立 5 亿元文创基金，助力当地文创产业快速发展。达瓦数字内容制作园拥有我国规模最大、硬件设施最完善、技术配套最完整的数字影视棚，致力于打造数字内容基地，联合影视、动漫、游戏、VR 上下游企业等，共同促进永川区数字文化产业发展。自 2021 年起，达瓦数字内容制作园已引进或培育明星企业 6 家，相关企业 20 余家，员工规模达到 1 000 余人，累计实现产值上十亿元，累计实现税收上亿元；力争未来年产值突破 100 亿元，建成全国最大的先进影像和虚拟现实制作基地。

达瓦数字内容制作园现研究的实时影像技术可大幅提升影视、动漫、游戏、模拟仿真等产业的工业化规模生产能力，并大幅降低生产成本，同时通过与科研机构、政府部门、社会游资三方合作，共同致力于打造现代新型数字化产业园区。一方面，借助与航天院等机构合作，推进数字化技术的技术创新，并在与政府合作的项目中，合作研发数字孪生城市，自主研发构建的“数字人实时渲染系统”打破了国际公司对数字人的技术封锁。另一方面，基于对大数据、云计算、全维感知等技术的研发，致力于在数字空间再造一个与物理城市匹配对应的虚拟城市“黑科技”。相关项目通过在虚拟城市推演，实现了城市运行状态监控、规划效果预测、应急管理、重大事件超前决策等功能，使城市发展战略决策具备了前瞻性、科学性，并以城市的发展规划、城市应急管理为需求，开展了一些综合应用实践，重点解决了城市建设、市政规划等问题。

在技术服务方面，配有项目部、实训部、校企合作运营部，主要以提供影视、动漫、游戏制作等方面的服务为主，面对重庆市内需要文化数字技术支持的项目，提供相关技术支持，协助企业在数字化、可视化等方面解决相关问题。此外，通过利用积累多年的技术优势，搭建了线上线下信息共享平台，给予制作园内企业以可靠的相关信息。

在人才服务方面，现配有1 000平方米数字影棚，在职员工300人左右，每年在重庆地区额外培训500多名专业人才；在重庆地区与10多所高校开展了深度合作，通过校企联合，培养专业化知识型人才，让学生们在实践中逐渐成长。此外，通过达瓦科技的调度以及吸引，每年会有一定数量的其他地区人才来到制作园为重庆市永川区数字文化产业的蓬勃发展尽心尽力。

在创业辅导方面，为登记过的初创型企业提供基础的政府事务辅导；派遣相关人员到企业对企业决策等疑问提供解答；在项目审核过程中或编写商业计划书时，提供相关案例予以参考。

(3) 爱奇艺文创产业园。

爱奇艺文创产业园（以下简称“产业园”）是重庆爱奇艺潮行科技服务有限公司在永川区打造的约3 000平方米的“潮享”文创空间。产业园依托爱奇艺平台吸引下游生态企业在永川区落地，为企业注入流量、技术、IP、业务订单等资源，并搭建完善的文创产业生态，赋能区域产业发展，使产业园在数字内容、用户体验、场景等交互维度衍生出更多可能，强势助力西南地区数字内容制造发展。结合重庆云谷·永川大数据产业园的文创产业方向和定位，产业园团队聚焦游戏、动漫、影视三大领域开展生态企业落地、孵化服务等工作，截至2021年底已落地文创企业15家，空间入住率已达到100%，行业从业人员达到300余名。

已入驻产业园的企业均在行业里具有良好的影响力，如“灵猫创意”“花火影视”“群想动漫”“MCG”等。爱奇艺将持续打造内容生产基地，聚焦数字内容制作，逐步向外延扩展，推动永川区的文创企业孵化和产业集聚，扩大高校合作范围、提升高校合作数量，进一步完善高校合作机制，加快实现游戏、动漫、影视的“永川制造”。同时，结合永川科技影视产业基地的建设规划，努力推动影视、综艺等重大节目在永川拍摄制作，并举办相关文创行业峰会论坛，助力永川文创产业快速发展。

在培育数字内容品牌方面，产业园落户重庆市永川区，有利于全面带动西南地区数字产业发展，打造游戏、动漫、影视方面的“永川品牌”。产业园自运营以来，吸引了数十家知名的数字内容生产企业入驻，涵盖影视、动漫、游戏等多领域。产业园以开发“数字内容·永川制造”的品牌定位连接文化和科技，促进科技手段和数字内容的进一步融合创作，成为西南地区最具品质的数字内容生产地标之一，随着影响力的日益扩大，将培育出更多更好的数字内容品牌。

在发挥数字内容社会效益方面，爱奇艺文创产业园自运营以来，已经成功举办过50余次主题文化创意活动，由于场地条件卓越，加上特色鲜明的主题色彩，获得产业园企业的一致好评。产业园还为公众提供数字内容展示、人才教育、互动交流和新潮产品体验，丰富企业文化生活，做好数字内容生产传声筒工作，满足人们不断增长的文化需要，进一步促进精神文明建设的深入开展、回馈社会，扩大数字内容市场的规模。

在发展数字内容制作创业方面，爱奇艺文创产业园的建设能够在极大程度上发挥与完善永川区数字内容产业链条的作用，促进与其他产业紧密合作，搭建更广的产业输出渠道，打通产业内部的各个环节，通过集聚效应与产业互动为西南地区产业升级提供一个可行的方案。

随着爱奇艺文创产业园的发展与完善，物业服务质量不断提升，更多软性服务内容不断完善，各种活动持续不断举办，数字内容制造创业商业模式运作得更为成功，爱奇艺文创产业园必将在数字内容制造、动漫游戏品牌建设方面形成核心竞争力，为永川区赢得更多的商机和品牌影响力，为重庆市创造更多的商业价值，并带动西南地区劳动力就业。

（4）永川科技影视产业基地。

自2020年起，永川科技影视产业基地已引进或培育明星影视企业20余家，相关企业50余家，员工规模达到1 000余人，累计实现产值上十亿元，累计实现税收上亿元；力争在未来两三年成为西南地区最大的动作捕捉摄影棚，使产值突破 100 亿元。现已构建起“科技、平台、人才、服务”一体化产业生态，可全面承接大型剧组来渝拍摄，高效承制“影视剧、广播电视、广告、综艺”多元数字内容。

2022 年以来，基地建成 1 万平方米“永川科技片场”，构建起完善的影视产业生态。“永川科技片场”以虚拟拍摄技术为核心，配备了三个 3 000 平方米的标准影视棚，棚内搭建了 800 平方米的 LED 虚拟拍摄场地，拍摄质量对标好莱坞电影级别，可支持多套主流虚拍技术流程，是目前国内空间最大、亮度最高、标准最优的虚拟拍摄棚。

为更好服务川渝剧组，“永川科技片场”已联合瑞云科技、九紫文化、达瓦科技、火焰山等生态企业，设立了辐射西南的影视服务中心，成立了 2 亿元的文创产业基金，出台了“永川数字文创 17 条”政策，建成了包含 1 000 台服务器驻地渲染中心、400 平方米超大杜比全景声终混棚、1 000 平方米含 100 个 Vicon 摄像机的顶级光学动捕棚、西南影视器材和服化道调度中心，以及 3 000 余人的后期制作生态。“永川科技片场”应用的虚拟拍摄流程，可实现虚拟置景及实时渲染、实时合成、实时预览，为导演和演员提供了更多的创意空间和更高的拍摄可靠性，相比传统影棚拍摄，具有更高效率、更低成本等优势。

（二）发展成效

1. 经济效益

近年来，重庆云谷·永川大数据产业园已发展成为重庆市单体规模最大的大数据产业园，园区依托人才优势和政策支持，大力发展数字内容制作、数据标记关联、数字版权交易、智能交互体验等业态，不断增强产业集聚力，实现年总产值 200 多亿元。其中，文化科技企业总产值占比近 70%。

在数字内容制作领域，重庆云谷·永川大数据产业园依托达瓦科技等数字内容企业的有效集聚，现已落户近 80 家数字内容制作企业，业务范围涉及先进影像制作、文化创意设计、游戏运营、文体直播等数字文化业态，实现数字内容制作及其关联产值近 100 亿元。

在虚拟制作领域，达瓦科技以国际领先的好莱坞自主核心技术，屏幕点间距为 1.95 毫米的 LED 虚拟拍摄屏，以及行业顶尖的机械臂、伸缩炮、斯坦尼康、蔡司镜头、索尼电影摄影机与讯道机等拍摄器材，提高了“永川科技片场”在行业中的地位。目前，“永川科技片场”年产优质化数字内容在 8 000 分钟以上。《何处天涯》《寓言》《独木之渊》《霓裳大曲》《虚拟恐惧》《长大后我就成了你》《真真》七部影视剧项目现已签约落地永川，定档在“永川科技片场”拍摄，标志着重庆影视行业实现了由“拍重庆”向“重庆拍”的历史性转变。

2. 社会效益

重庆云谷·永川大数据产业园重视培养创新人才，积极创造劳动就业机会。园区依托重庆市大数据产业人才联盟，加强与盟内 102 所院校、292 家企业的定向培养与实习实训合作，建设 5 000 平方米公共实训中心，年培育输送产业人才 2 万余名；普天、讯飞两个大数据二级学院在校生规模达 2 000 余名，近 1 000 名学生将进入园区就业。

此外，园区依托数字内容实习实训基地、中关村人才创新中心、达瓦大数据学院、勾正数据全国实训中心等人才项目，每年将引进近 3 000 名来自全国的实训、就业人才，积极创造劳动和创业机会，在解决部分当地人员的就业问题的同时，为永川数字经济的发展提供了强有力的人才保障，带动了地区经济的快速发展，为区域经济建设提供了高效助推器，具有明显的正面社会影响。

（三）案例分析

1. 虚拟拍摄：破除天气等不可控因素的影响

由于户外取景拍摄受限于天气、时间、光线等诸多不可控因素，影视制作中在户外取景等工作有时难以正常开展。LED 显示屏成本的降低与技术的持续进步，成为解决该问题的关键，逐步形成了采用 LED 显示屏的 XR 虚拟拍摄的新型工作模式。相较传统的绿幕制作，XR 虚拟拍摄将 LED 显示屏作为摄影背景，在光影效果、后期制作、场景布置等方面优势较为明显，呈现出的效果以及制作效率有大幅度提升，能够实现虚拟置景、实时渲染、实时合成、实时预览，成为影视制作企业与从业人员较为青睐的制作模式。

全 LED 虚拟拍摄技术结合了实时渲染、实时算法、实时补偿、虚拟摄影机与真实摄影机联动融合等多项技术，能够实现实时拍摄、实时输出，大幅缩短拍摄周期、有效降低拍摄成本，实现了传统绿幕所不能实现的真实三维立体虚拟空间构建功能。

（1）搭建动作捕捉摄影棚，完善拍摄服务。

园区现已建成全国最大的动作捕捉摄影棚——“永川科技片场”，其应用的虚拟拍摄流程可实现虚拟置景及实时渲染、实时合成、实时预览。该屏幕弧长 42 米，高 7 米，屏幕点间距为 1.95 毫米，亮度可达 2 600 尼特，对标好莱坞虚拟制片标准，在 900 平方米的摄影棚内配置了 84 个高清摄像机，能 360 度无死角捕捉表演者的每一个细微动作，为导演和演员提供了更多的创意空间和更高的拍摄可靠性。相比传统影棚拍摄，其打破了舞台概念，使元宇宙与虚拟拍摄融为一体，具有更高效率、更低成本等优势。“永川科技片场”已构建起“科技＋人才”“平台＋服务”的全产业生态，可承接大型剧组拍摄和影视剧、广播电视、广告、综艺等多元数字内容拍摄，是目前国内空间最大、亮度最高、标准最优的虚拟拍摄棚。

（2）完成国内首部全虚拟拍摄概念片。

达瓦科技运用全球电影工业当下风靡的全 LED 虚拟拍摄技术打造了国内首部全虚拟拍摄概念片——科幻电影《未知行星》（见图 2-45）。

《未知行星》的拍摄地点位于达瓦科技在永川的虚拟拍摄棚，在全 LED 虚拟拍摄技术的赋能下，仅用时 22 天即拍摄完成。在美术置

图 2-45 《未知行星》

景和演员服装设计方面，为达到科幻视效，该片在拍摄造景时广泛采用了玻璃、金属等反光材质，借助 LED 的自发光特性营造出真实场景中的环境反光效果，配合拍摄现场考究的动态打光，将虚拟场景与真实置景无缝融合。

在拍摄过程中，充分发挥了全 LED 虚拟拍摄技术能够实时输出拍摄成片这一绝对优势，清晰、即时地呈现演员手中扬起的每一粒沙和头上被轻风吹动的每一根发丝。其一镜到底的灵活程度，可以在仅需用 1 个镜头拍摄的情况下，实现在 4 个不同类型场景中的实时切换，并输出完美衔接的影片，减少剧组转战各地取景的成本消耗，避免产生额外的时间成本和交通成本。且实时场面调度也能够满足导演在现场的指挥要求，更能够根据他对这个场景调度的把握，实现物体的运动控制需求，例如瞬时爆炸场景、电梯的升停，而这是传统拍摄无法实现的。

2. 数字人：即时演算数字人技术促进内容生产

数字人技术是一项结合了动作捕捉、扫描、绑定、虚拟现实、计算机技术等众多领域技术的技术，以其精致的细节成效与逼真的展示效果为众多观众带来了更为丰富的体验。达瓦数字人致力于在现有的技术与工艺水平的基础上，对高级扫描、绑定、动作捕捉、量产等技术进行探索研究，在进一步提高生产工艺的同时，将数字人面数、精细度进一步提升，为数字人技术开拓更多的应用场景。

经过多年的研发，达瓦数字人目前已经在虚拟演播、演唱会、游戏等场景开始应用与进一步研究：数字人在虚拟演播中打破现实与虚拟的壁垒，以更加多元新奇的方式向观众进行内容呈现；在虚拟偶像与演唱会方面的应用更是为人们追寻偶像提供了更多选择，让传统的舞台演绎更加精彩。

3. 虚拟制作：打造影视领域的全新视听体验

在虚拟制作方面，爱奇艺推出了自主研发的 X-Wonder 专业虚拟拍摄解决方案，通过整合计算机图形学、计算机视觉算法和 LED 等显示外设，应用爱奇艺 PBIS（制作商业智能系统）、IIPS（智能集成制作系统）、IPTS（智能制作工具集）等智能制作技术，实现了 XR 内容的实时拍摄，为广大创作者提供了强大、高效、便利的艺术创作工具。

《跨次元新星》节目集结了来自众多公司的虚拟人物，通过电影级动作捕捉技术完成全篇 600 分钟的制作，并将 CG 引擎实时 3D 渲染、数字孪生等多项技术应用于综艺节目，打造了全新视听体验，引领了行业技术赋能内容创新。该节目把动捕实时数据接入实时渲染引擎进行节目录制，让嘉宾可以在现场与虚拟人物直接互动。数字孪生技术也被应用于节目拍摄中，该技术通过构建三维孪生环境，把真实舞台、灯光、机械结构、表演等要素与虚拟环境融合，完成了虚拟人物的舞台表演，实现了电影级动作捕捉技术在国内规模最大、成片效率最高的一次应用。

（四）经验做法

园区为了推动数字内容制作领域的产业集聚，在技术、交易、创业、公共服务和政策支持等方面作出了巨大努力，有效推进了文化和科技的深度融合，为大数据产业园的创新发展打造了新引擎。

1. 搭建“动捕＋XR”数字内容制作开源平台

为更好地服务于影视行业制作，园区现已建成全国最大的动作捕捉摄影棚，在900平方米的摄影棚内配置了84个高清摄像机，能够实现360度无死角捕捉表演者的每一个细微动作。园区依托全国最大的“动捕＋XR”数字虚拟影棚，瞄准影视、动漫和游戏制作等行业痛点，集成云处理、主流软件、动作捕捉等先进能力，协同上游IP研发创意企业，配套出口端内容发行平台，扩充了1 000人规模的影视、动漫、综艺制作团队，打造了比肩好莱坞、迪士尼的数字内容生产流程，搭建了国内首个数字内容制作开源平台。同时，园区部署建设了“渲染云”和“云桌面”两大文创公共平台，依托达瓦科技数字内容制作全流程自控、九紫科技超杜比全景声等技术优势，解决了特效高速实时渲染、显示芯片和声音环境等核心技术问题，打造了“市场在外、制作在永川、服务全球”的数字内容生产高地。

2. 构建数字版权交易公共服务平台

为营造更好的版权交易市场环境，园区依托中国人民大学文化科技园西部分园、中国人民大学国家版权贸易基地、中国技术交易所，建设形成以版权服务为核心、以版权交易和版权金融为支撑的一体两翼的数字版权交易公共服务平台。以政策为导向，打造交易、咨询、金融、活动、配套、产业六个专题服务平台，实现版权登记、版权保护、版权展示、版权交易、版权金融、产业服务六大功能，通过支撑体系带动专业服务机构，为园区数字内容企业提供一站式、全流程综合服务。

3. 搭建数字孪生城市智能辅助决策平台

为进一步加快智慧城市建设，园区开展永川数字孪生城市研发及应用项目，由永川区政府、中国航天科工飞航技术研究院和达瓦大数据研究院有限公司三方合作建设，由中国航天科工三院在永川设立“中国航天科工三院体系对抗与智能信息系统总体部永川研发部”，从事数字孪生城市、智慧城市信息平台、虚拟现实和先进影像等领域的研发及推广应用。数字孪生城市智能辅助决策平台基于大数据、云计算、全维感知、虚拟现实等技术，在数字空间再造一座与物理城市匹配对应的虚拟城市，并开展仿真推演与智能评估，实现了城市运行状态监控、规划效果预测、应急管理处置、重大事件超前决策等，使城市发展战略决策更具前瞻性、科学性。

4. 开展创业孵化与管理咨询

园区为辅导小型企业加快成长，助推大型企业加快发展，构建文创企业孵化平台，联合中国人民大学、爱奇艺、山喵影视等企业搭建了多个数字文创专业孵化器，空间面积超 10 万平方米。依托爱奇艺幼虎、晨星、海豚、苍穹等十大孵化计划，借力爱奇艺天象种子基金等孵化政策，重点打造爱奇艺文创产业园，协助企业承接数字内容产品定制业务，构建文创企业孵化平台。园区力争在“十四五”期间，聚集引进和培育孵化数字文创企业 300 家，实现产值 200 亿元，建成文化引领、技术先进、特色鲜明的国家级文化创意产业园，为入园文创项目提供专业化发展环境。

5. 加强市场宣推，提升服务水平

在宣传推广方面，园区采取线上线下平台相结合模式。以“重庆云谷”微信公众号为基础平台，加强与永川区内外各政务媒体、网络媒体、新媒体合作。同时，结合线下机场、高铁站、高速公路等广告渠道，全面宣传推广园区产业发展、重点企业发展等前沿信息。此外，园区拥有完善的基础设施、较强的综合服务能力。园区位于永川新城片区中央商务区，周边教育、医疗、金融机构、商业配套齐全；园区建设人才公寓近 3 000 套，可实现近 5 000 人拎包入住，食堂 3 000 平方米，可容纳近 800 人同时就餐；同时建有配套酒店、咖啡厅等相关场所和设施。

6. 落实各项政策，加强保障措施落地

近年来，重庆市根据国家产业发展政策，在资金、土地、人才、规划、审批等方面对园区推出众多支持政策。例如：2022 年出台《重庆市永川区人民政府关于印发重庆市永川区支持数字文创产业高质量发展若干政策的通知》；2021 年印发《重庆市经济和信息化委员会关于印发重庆市软件产业高质量发展“十四五”规划的通知》《重庆市人民政府关于印发重庆市数字经济“十四五”发展规划（2021—2025 年）的通知》《重庆市人民政府关于印发重庆市数据治理“十四五”规划（2021—2025 年）的通知》；2020 年针对永川大数据智能化产业发展出台了《重庆市永川区人民政府关于加快永川大数据产业发展的意见》。园区充分利用这些政策，推出各项具体措施，为自身的发展注入了强大的政策动能。

三、重点展示平台——中国（南京）文化和科技融合成果展览交易会

（一）展会概况

1. 展会定位

中国（南京）文化和科技融合成果展览交易会简称“文化科技融交会”或“融交会”，由江苏省人民政府指导，江苏省委宣传部、江苏省科学技术厅、江苏省委网信办、江苏省文化和旅游厅、江苏省广播电视局、南京市人民政府共同主办，南京市委宣传部、南京市科学技术局、南京市委网信办、南京市文化和旅游局、南京市工业和信息化局、南京市文化投资控股集团承办，是全国首个深度践行国家文化数字化战略的国家级专业性展会平台，是文化和科技领域影响大、规格高的“风向标”盛会。文化科技融交会聚焦广播影视、动漫游戏、演艺娱乐、文化旅游等行业产业数字化转型需求，搭建观点碰撞、机遇共享、供需

对接、品牌宣传的行业平台，展示和交易新技术、新产品、新一代解决方案，树立文化科技融合的“风向标”，打造产业数字化的“指南针”。

2. 展会规划

文化科技融交会从根本上而言，是贯彻落实国家战略的生动体现。从 2012 年科技部、文化部、中宣部等六部门印发《国家文化科技创新工程纲要》，2019 年科技部、中宣部等六部门印发《关于促进文化和科技深度融合的指导意见》，到 2022 年中共中央办公厅、国务院办公厅印发《关于推进实施国家文化数字化战略的意见》，以至到党的二十大报告提出要“实施国家文化数字化战略”，文化科技融交会始终以加快文化科技成果产业化推广为使命，以打造交流对接平台、破解信息不对称难题为职责，以树立文化科技融合的“风向标”、打造产业数字化的“指南针”为定位，以成为国家级文化科技融合展览交易平台为奋斗目标。

文化科技融交会多年来聚焦文物保护、非遗研究、新闻出版等文化机构的数字化转型需求，聚焦博物馆、图书馆、文化馆等公共文化服务的数字化建设需求，聚焦影视与融媒体、文化旅游、数字出版、动漫电竞、文博非遗、艺术品交易、文化装备、数智文旅、演艺体娱、网络视听等十大重点领域的数字文化产业链“强链补链”需求，聚焦云端展览、数字演艺、虚拟旅游、沉浸式体验、超高清影视、网络文学、社交电商等文化消费新场景的发展需求。

在展览板块上，围绕国家文化和科技融合示范基地展区、国家文化大数据建设成果、文化科技融合典型应用场景、数字文化新体验和文化科技成长型企业等多个方向进行设置，集中展示文化大数据、区块链、人工智能、云计算、文化数字装备、数字孪生、虚拟人、元宇宙、裸眼 3D、AR/VR/XR/MR、8K 显示、数字视觉内容创意等数字文化新基建、新服务、新场景、新体验，铺开引领性的文化数字化产业图景，在国家文化数字化战略驱动下，为中国文化产业与科技的深度融合提供全方位展示平台。

在活动设置上，既体现出趋势性与前瞻性，又体现出行业性与专业性。连续多年举办中国（南京）文化和科技融合热点和趋势论坛、中国沉浸产业发展论坛，以及每年围绕行业热点，策划如“文化+科技”融合助力中华优秀传统文化走出去论坛、虚拟现实产业生态高峰论坛、大模型时代 AIGC 赋能文化产业发展论坛等多个活动。

立足数字经济发展趋势，全力推动数字技术向文化产业各领域深入融合，中国（南京）文化和科技融合成果展览交易会正成为文化科技企业引领示范争先创优，展示发展特色成效和推广新技术、新产品、新模式的国家级平台。

3. 发展现状

数字经济是产业的发展方向，数字文化产业是数字经济的重要业态和应用场景，党的二十大报告提出要“实施国家文化数字化战略”。2022 年 5 月，中共中央办公厅、国务院办公厅印发《关于推进实施国家文化数字化战略的意见》，正式开启了我国文化数字化建设的新篇章。

作为全国最早聚焦文化与科技深度融合的展会平台，中国（南京）文化和科技融合成果展览交易会在新一轮科技革命和产业革命的机遇下，可谓抢占先机、态势蓬勃。文化科技融交会积极响应政策指导，以推动文化数字化转型为主攻方向，加快发展新型文化企业、文化业态、文化消费模式，赋能文化产业高质量发展。同时，伴随着国家政策的出台，文化数字化发展已成潮流趋势，文化科技融交会前景无限。

当前，文化科技融交会的发展也面临着诸多挑战：一是全国“唯一性”被打破。随着产业的发展和政策的驱动，全国聚焦文化数字化的展会、活动如火如荼地举办，青岛、深圳、苏州、上海、北京、包头等纷纷由政府主导，围绕文化科技融合、传承创新发展等主题方向，举办文化科技融合发展成果展，打破了文化科技融交会的行业“唯一性”。二是后疫情时代会展业复苏面临“不确定性”。疫情给全球经济造成巨大创伤，虽然通过“数字会展”的形式，融交会正常举办，但产业链上不少中小型参展主体面临关闭、市场收缩状态，会展业的前景仍然充满不确定、不稳定因素。三是政府展会市场化转型亟待提升“产业性”。作为由政府主导主办的展会，融交会经过数年市场培育，需要进一步释放平台效能，通过市场化运作不断提升展会的专业化、品牌化、国际化水平，通过展会服务模式的创新，为本地产业的转型不断赋能。四是技术发展与实体展会融合的“有效性”。传统意义上的实体展会的局限性越来越大，互联网、物联网、区块链、元宇宙、数字技术等新科技突破了时空的限制，把各种要素有机串联在一起，如何将这些优势技术有效地运用到会展中，实现线上线下展览会的可持续发展，促进展览数字化、展品数字化、观众数字化的有机结合，提升办展的效率和效益，也是融交会当前面临的挑战之一。

围绕当前面临的挑战，文化科技融交会着力将落脚点放在产业服务上，坚持以现代化展会运作手段，通过“＋展会＋”链式模型，创新政府办展的手段和内容，提升展会的效益和质量：一是立稳“展会＋产业”，聚焦本地产业发展需求，通过展会平台积极链接、引进国内相关市场主体，助力产业集群，着力解决政府需求和市场需求之间的矛盾；二是积极引进先进的办展理念、管理经验和专业技能，提升融交会的专业化水平，瞄准品牌化、国际化目标办展办会；三是优化“市场工具＋展会”，通过活动策划、招商招展、观众组织等核心业务，引入市场激励机制，实现融交会办展资源配置效益最大化、效率最优化；四是拓展“技术手段＋展会”，积极学习、引入前沿的技术成果，运用大数据、元宇宙、人工智能、人脸识别等新科技及新媒体手段与展会进行跨界融合，不断提升办展办会的效率和效益，提升市场主体和观众的参展参会体验。

（二）展会成效

1. 经济效益

顺应数字产业化和产业数字化发展趋势，加快构建“4＋4”数字文化产业新格局。自 2018 年至 2022 年，中国（南京）文化和科技融合成果展览交易会已成功举办五届，累计有 41 个国家文化和科技融合示范基地、4 000 余家市场主体以融交会为载体先后集聚南京，吸引了 185 家投融资机构、247 个商协会、300 家文旅集团景区、53 000 余位专业观众参观展会和参与论坛等；促成现场项目签约金额超 800 亿元，在推动文化与科技深度融合的同时，促进各类主体交流交易、参观考察，释放产业合作动能。

截至 2022 年底，南京共建成 1 个国家级文化科技融合示范基地，11 个国家级、34 个省级、103 个市级文化产业园区；以互联网为基础的数字出版、动漫、数字内容服务等 16 个文化新业态行业小类对产业增加值的贡献度超过 75%，超 60 个数字文化载体、1 000 余家数字文化规模以上企业，厚植创新沃土。

2. 社会效益

随着近几年国家政策的陆续出台，特别是《“十四五”文化和旅游发展规划》《“十四五”文化产业发展规划》《关于推进实施国家文化数字化战略的意见》等的出台，融交会积极整合国内聚焦文化科技融合的行业力量，开展文化科技融合创新领域研究，展示文化和科技融合的产品技术和应用场景，为平台提供智力、资本、人才上的服务支持，持续发挥融交会“风向标”“指南针”的平台价值。

自 2018 年至 2022 年，关于展会的相关报道全网阅读量达 9.7 亿次，央视新闻、新华社、人民网、《经济日报》、《科技日报》、《中国文化报》、《中国旅游报》等多家中央媒体聚焦报道。2022 年，对文化科技融交会的举办，中央及地方各级媒体、商业媒体精心组织，全方位、高密度宣传报道，人民网、新华网、央视网、中国网等中央媒体发布相关报道 234 篇；《新华日报》、《现代快报》、《扬子晚报》、中国江苏网、交汇点新闻等省级媒体发布相关报道 449 篇；《南京日报》、南京广电、紫金山新闻、牛咔视频等地市级媒体发布相关报道 522 篇；腾讯新闻、今日头条、新浪网等商业媒体发布相关报道 136 篇。

其中，新华社发布近 20 篇稿件、整体 1 000 万+浏览量的高质量传播，展示了数字文化新基建、新服务、新场景、新体验等。新华社客户端在首页推荐了本届文化科技融交会，并开设专题，汇聚相关展会最新资讯，集纳《江苏南京：这场大会，用科技“点亮”文化》《聚焦融交会“裸眼3D”“元宇宙”数字文化新产品精彩亮相》等42篇稿件，对大会亮点、热点项目进行“超前点播”，并预告开幕时间、地点、主要内容，文章阅读量达120.8万次，反响热烈。《人民日报》、央视频推送了本届融交会亮点论坛——2022第五届文化和科技融合热点和趋势论坛直播链接，让更多人领略文化和科技前沿资讯、了解领域内文化科技融合发展的现状与趋势。中国经济网介绍了本届融交会汇聚线上线下各类参展主体共675家，聚焦文化数字化战略，实现线上线下“双线”融合等具体情况。中国科技网介绍了本届融交会进一步提升展会服务效能，创新开设成长型企业展示专区，集聚一批“元宇宙”浪潮中数字内容策划与制作、数字营销与传播、数字装备与体验领域的市场主体在展会现场与业界观众见面，为成长中的中小微企业提供展示和交易空间。文旅中国报道了本届融交会将打造“永不落幕”的线上平台，还将进一步强化会展支撑产业高质量发展的“长尾效应”，在线下展览结束后，将持续举办产业资源闭门对接会系列活动，撮合融交会平台积聚的企业资源与产业场景方、应用方深入洽谈，让产业高质量发展的资源要素通过会展平台充分涌流。中国旅游报在其客户端、官网介绍了融交会集中展示了文化数据专网、数字化公共文化服务、元宇宙等数字文化新基建、新服务、新场景、新体验，展开了引领性的文化数字化产业图景。

整合行业资源，集中行业头部力量、专家学者共同为文化数字化发展群策群力。近几年来，融交会举办多场全国性高端行业论坛，如文化和科技融合热点和趋势论坛、中国沉浸产业发展论坛、中国科普科幻产业研讨会、中国影视工业分享交流会、夜间文旅专场资源对接会、金融科技助力文化金融高质量发展论坛、南京直播经济创新增长大会、百度大脑-AI赋能文化分论坛、行业新品发布会等深度垂直活动，Mycotoo 首席研发官、执行创意总监 Fri Forjindam，Moment Factory 全球沉浸式夜游标杆项目 Lumina 系列制作人 Jamie Tobin，原故宫博物院院长、故宫学院院长单霁翔，河南博物院副院长张得水，中国科学院自动化研究所研究员张树武，华为战略研究院院长徐文伟，千方科技副总裁韩婧，Nreal 副总裁呼显龙，蓝色光标副董事长熊剑，完美世界高级副总裁王雨蕴，风语筑董事长李晖，奥雅股份联合创始人李方悦，博涛文化创始人肖迪，中国文化娱乐行业协会秘书长孔明等超百位国内外文化科技融合领域的专家学者和国内外龙头企业的高管做客融交会现场，分享前沿观点，进行趋势分析，共谋产业发展。

(三) 创新亮点

1. 虚实融合推出“在线在场”实践新场景

伴随技术的应用，文化科技融交会将技术发展与实体展会充分融合，利用大数据、区块链、元宇宙等新科技应用突破时空的限制，把各种要素有机串联在一起，打造展览数字化、展品数字化、观众数字化的有机结合，一方面让市场主体在线下展览交易，另一方面让更多国内市场主体集聚文化科技融交会“云平台”进行线上展示，搭建“元宇宙”展厅，囊括优质企业，从“在线”到“在场”，实现线上线下展会的可持续发展。展会不断探索“直播+元宇宙”的线上线下联动办会新模式，顺利举办文化和科技融合热点和趋势论坛、中国沉浸产业发展论坛等多场行业性论坛活动。极佳的在场式、沉浸式活动体验，实现观众平均在线时长近两小时，文化科技融交会自身已经成为文化数字化的新场景新体验。

2. “云平台”服务精准对接助力企业转化

打造高效对接的数字云平台，文化科技融交会精准邀约行业内外的参展参观群体在“云端相约”，在线展示及对接功能常态化开放。

融交会一方面依托云平台充分展示国内各类市场主体的产品内容和企业优势，另一方面有效邀约省内外专业观众超过 2 000 人次，涵盖国有文化（旅游）集团、景区度假区、文商旅街区和宣传、文旅行业主管部门，实时对接、汇总精准需求。展会结束后，融交会组委会精准梳理服务方和场景方资源，打造 365 天永不落幕的展会服务平台，举办全省文旅资源闭门对接会等一系列产业活动，促动技术与市场双向奔赴，持续放大文化科技融交会的精准对接功能。

3. 聚焦前沿，打造“上云用数”的资源聚合体

融交会作为全国首个落实《关于推进实施国家文化数字化战略的意见》和《关于促进文化和科技深度融合的指导意见》的专题展会，始终聚焦前沿，最直观、最及时地呈现国家政策，积聚了众多国家文化和科技融合示范基地的前沿技术、先进成果。百度、蚂蚁链、利亚德、商汤科技、风语筑、优必选、哈工大机器人等先后在展会现场展示国内外领先的数字技术，呈现技术与文化结合的丰富场景和创新业态，打造“文化科技融合典型应用场景展区”。沉浸式体验、元宇宙、大数据、动作捕捉、VR/AR/XR 等技术的代表主体，文化旅游、动漫影视、演艺娱乐等各类行业部门、公共文化空间、文旅载体、行业协会，通过展会平台实现资源汇聚、在场交流对接。

（四）经验总结与展望

1. 紧跟政策导向，推动数智发展

从 2019 年的《关于促进文化和科技深度融合的指导意见》到 2022 年的《关于推进实施国家文化数字化战略的意见》，围绕文化数字化基础设施和服务平台建设要求，中国（南京）文化和科技融合成果展览交易会始终积极响应政策号召，顺应时代大势，致力于成为全国性文化数字化发展的展示舞台、交流交易载体，打造文化和科技深度融合的风向标与指南针。

展会率先聚焦国家文化数字化战略和数字中国建设要求，对标“两办”意见中的重点任务要求规划展览板块，展出数字文化新基建、数字文化新服务、数字文化新场景的具体案例。围绕探索数字化转型升级有

效途径，策划推出数字文化城市论坛、中国沉浸产业发展论坛、数智文旅高质量发展论坛、直播经济大会等一批产业活动，使展会进一步成为推动文化数字化的引领性平台，“风向标”与“指南针”再赋新意。

2. 智慧统筹管理，强化专业资源集聚能力

展会坚持为数字文化企业找场景、为文化企业数字化找伙伴的产业服务属性不动摇，紧扣培育新业态、创造新机会、发现新企业的市场振兴需求，通过数年深挖和持续运营，不断优化专业观众邀请、行业买家邀约、供需精准配对撮合。融交会组委会先后邀请江苏、浙江、山东、安徽等地国资文化（旅游）企业参会观展，使展会进一步成为催化产生数字文化新项目的服务性平台，始终围绕产业服务多点发力，以专业化、品牌化的产业服务精神统筹展会管理，培育数字化创新主体更添心意。

2023 年，展会进一步扩大邀请面，围绕国家战略精准策划，依托大数据技术，在展会平台资源积累的基础上再做增量，积极对接北京、上海、深圳、成都等地商协会、行业组织、垂直媒体，通过策划一系列行业活动、定向邀约参观团体、开展精准营销等市场化运作，促进行业资源的积累和匹配，不断提升平台对资源的吸引力、向心力、凝聚力。

3. 完善云端平台，促进政企对接服务

升级践行“＋展会＋”，打造融交会线上云平台 365 天永不落幕，集聚一批文化数字化产业链当中的本地初创和高成长中小型技术创新企业，以展为媒批量亮相。联合中国人民大学创意产业技术研究院、腾讯研究院等头部伙伴，共同发起“探元计划”2022 项目，前移展会对行业与企业的影响力和吸引力，为当年度新涌现的数字化案例提供展示平台。进一步增强文化和科技融合热点和趋势论坛、中国沉浸产业发展论坛、元宇宙创新投资大会等多个活动对南京市发展需求的服务支撑力，邀请企业嘉宾到项目点位参观洽谈、走访考察，发挥活动促进文化产业数字化高质量发展的“长尾效应”。

4. 扩充宣发途径，拓宽市场宣传触达面

历届展会期间，各级媒体深度挖掘、多角度呈现文化数字化发展成果和展会盛况。新华社客户端开设专题，聚焦展会盛况，连续报道活动实效；《人民日报》客户端、央视频客户端、《中国旅游报》、《科技日报》、学习强国、《中国文化报》及文旅中国、中新网、中国网、国际在线等中央级媒体，《新华日报》、《文化产业周刊》、交汇点新闻、江苏卫视、我苏网等江苏省级媒体，《南京日报》、紫金山新闻、龙虎网、牛咔视频、南京广电等南京市级媒体对展会进行全方位宣传推广。

5. 丰富展会内容，契合行业与社会多元需求

为进一步满足百姓对美好生活的需求，文化科技融交会走出主会场、联动分会场，打造多场极具创造性、艺术性、体验性的展览分会场活动，将科技与文化融合的成果以艺术展的形式赋能城市生活。2020 年，融交会推出“城市空间”沉浸体验第一站——《浮山之白》；2022 年，“平行生长”AR 概念艺术展暨“江苏省首届元宇宙艺术节”拉开帷幕，一系列形式创新、体验丰富的展会内容，将行业的发展和社会的多元需求紧密结合，展示了文化和科技融合的丰富业态。

2023 年，文化科技融交会再发力，联动南京本地沉浸式演艺、展览、戏剧等多家体验品牌场所和文化街区共同发起“沉浸南京・沉浸消费季”活动，联动南京市科技馆等多个空间载体打造展会分会场，释放文化科技融合的魅力，让展会内容走出展馆，让更多市民可知、可观、可感、可体验文化数字化成果。

附　录

文化科技融合重要政策梳理

年份	发布单位/会议	文件名称	要点
2011	中共中央	《中共中央关于深化文化体制改革 推动社会主义文化大发展大繁荣若干重大问题的决定》	强调要推进文化科技创新，发挥文化和科技相互促进的作用，深入实施科技带动战略，增强自主创新能力
2012	中共中央、国务院	《中共中央 国务院关于深化科技体制改革加快国家创新体系建设的意见》	强调要加强文化科技创新，推进科技与文化融合，提高科技对文化事业和文化产业发展的支撑能力
2012	科技部、中宣部、财政部、文化部、广电总局、新闻出版总署	《国家文化科技创新工程纲要》	明确提出要推进文化和科技相互融合的目标，并初步构建了文化与科技融合战略的框架，提出了总体目标与主要任务、基本原则以及保障措施
2012	文化部	《文化部“十二五”时期文化改革发展规划》	强调要实施文化与科技融合促进工程，通过国家文化科技提升计划和文化科技创新项目，研发一批具有自主知识产权的核心技术，推广一批高新技术成果，提升文化行业技术与装备水平
2012	中共中央	党的十八大报告	强调要促进文化和科技融合，发展新型文化业态，提高文化产业规模化、集约化、专业化水平

续表

年份	发布单位/会议	文件名称	要点
2012	中共中央办公厅、国务院办公厅	《国家"十二五"时期文化改革发展规划纲要》	明确提出要实施"文化数字化建设工程"，包括文化资源数字化、文化生产数字化与文化传播数字化三大任务。文化数字化正式以国家级工程项目的形态起步
2013	国务院	《"十二五"国家自主创新能力建设规划》	提出要实施文化科技创新工程，突破一批核心、关键、共性技术，推进相关技术标准研制，充分利用信息技术等先进技术支撑文化装备、材料、工艺、软件、系统的研制和发展，提高科技对传统文化业态的升级改造和对新兴文化业态的培育能力
2013	文化部	《文化部"十二五"时期公共文化服务体系建设实施纲要》	强调促进公共文化领域文化和科技融合发展，强化公共文化服务的技术支撑，如利用"云计算"和"三网融合"技术，提升整个网络的管理水平和服务能力
2015	中共中央办公厅、国务院办公厅	《关于加快构建现代公共文化服务体系的意见》	强调要推进公共文化服务与科技融合发展，并从加大文化科技创新力度、加快推进公共文化服务数字化建设、提升公共文化服务现代传播能力三个方面阐明公共文化服务与科技融合发展的基本方向
2016	国务院	《"十三五"国家战略性新兴产业发展规划》	提出要促进数字创意产业蓬勃发展，创造引领新消费。以数字技术和先进理念推动文化创意与创新设计等产业加快发展，促进文化科技深度融合、相关产业相互渗透

续表

年份	发布单位/会议	文件名称	要点
2017	文化部	《文化部关于推动数字文化产业创新发展的指导意见》	首次从国家层面针对数字文化产业发展推出宏观性、指导性政策文件，是首个明确提出数字文化产业概念的政策文件
2017	文化部	《文化部“十三五”时期文化发展改革规划》	强调要提升文化科技支撑水平，深入实施科技带动战略，促进科学技术在文化领域的应用与推广，推动文化与科技融合向纵深发展
2017	文化部	《文化部“十三五”时期文化科技创新规划》	提出全面推进科技融入文化领域的发展目标
2019	国务院	《国务院关于文化产业发展工作情况的报告》	指出要推动文化和科技深度融合，明确提出建设文化大数据服务体系的具体要求
2019	科技部、中宣部、中央网信办、财政部、文化和旅游部、广电总局	《关于促进文化和科技深度融合的指导意见》	明确到 2025 年，基本形成覆盖重点领域和关键环节的文化和科技融合创新体系，实现文化和科技深度融合的目标；强调要加快国家文化大数据体系建设
2020	文化和旅游部	《文化和旅游部关于推动数字文化产业高质量发展的意见》	指出要促进文化产业与数字经济、实体经济深度融合，扩大优质数字文化产品供给，促进消费升级，积极融入“双循环”新发展格局
2020	中共中央	《中共中央关于制定国民经济和社会发展第十四个五年规划和二〇三五年远景目标的建议》	提出“公共文化数字化建设”和“文化产业数字化战略”两个数字化目标，强调要健全现代文化产业体系，为文化数字化政策进一步升级提出新要求

续表

年份	发布单位/会议	文件名称	要点
2020	中央文化体制改革和发展工作领导小组办公室	《关于做好国家文化大数据体系建设工作的通知》	首次明确国家文化大数据体系建设的八大重点任务，贯彻国家大数据战略，推进文化和科技融合；建设物理分散、逻辑集中、政企互通、事企互联、数据共享、安全可信的文化大数据服务及应用体系
2021	文化和旅游部	《“十四五”文化产业发展规划》	强调要坚持创新驱动，推进文化和科技深度融合，以创新激发动力、增强活力、释放潜力，推动产业结构升级、链条优化、价值拓展，提高质量效益和核心竞争力
2021	十三届全国人大四次会议	《中华人民共和国国民经济和社会发展第十四个五年规划和2035年远景目标纲要》	提出要实施文化产业数字化战略，加快发展新型文化企业、文化业态、文化消费模式，壮大数字创意、网络视听、数字出版、数字娱乐、线上演播等产业；加快推动数字产业化，培育壮大人工智能、大数据、区块链、云计算、网络安全等新兴数字产业
2021	文化和旅游部	《“十四五”文化和旅游科技创新规划》	提出要以科技创新引领和支撑文化和旅游发展，提高文化和旅游生产要素水平，推动文化和旅游更好融入新发展格局，实现高质量发展
2022	中共中央办公厅、国务院办公厅	《关于推进实施国家文化数字化战略的意见》	明确到2035年，建成物理分布、逻辑关联、快速链接、高效搜索、全面共享、重点集成的国家文化大数据体系，中华文化全景呈现，中华文化数字化成果全民共享。文化数字化正式从部门层面上升到国家层面